税務研究会出版局

は　し　が　き

我が国における在留外国人は270万人を超え（2018年末）、また、訪日外国人の消費額は3.6兆円を超え（2019年１～９月）過去最高額に達するなど、在留又は訪日外国人は、日本経済に大きな影響を与え、我が国における所得税や消費税の申告・納税などへの対応を求められるケースが増加しています。

このような外国人に対する所得税等の手引書としては、平成26年に『Q&A外国人の税務』が出版されました。この本は外国人の税務について、所得税及び消費税の基本的事項が容易に理解できるように質疑応答形式で作成されたものであり、これまで外国人の税務に携わった方々が20年を超える年月にわたり書き続けてきたものです。

ところで、外国人に対する課税など我が国の国際課税制度は、平成の終わりから令和の始めにかけて、総合主義から帰属主義への移行に係る抜本改正、BEPS勧告に基づく恒久的施設関連規定や外国子会社合算税制等の大幅改正、国外財産等に係る資料情報制度の強化、非永住者の課税所得に係る定義や外国税額控除についての改正、更に、国境を越えた役務提供に係る消費税の改正等々大きく変動しています。また、租税条約についても、我が国と多数の国との条約改定等が急速に進められる中、BEPSプロジェクトにおいて策定されたBEPS防止措置のうち租税条約に関連する措置を各国間の既存の租税条約に導入することを目的とした「BEPS防止措置実施条約」が我が国を含め多数の国に採択・発効されているところです。

このようなことから、旧来の『Q&A外国人の税務』は、近時の国際課税制度の激変に十分な対応ができておらず、税務研究会の方からは、

「改訂版が出ないと廃版になりますよ」とまで言われるなど、多方面の方々から新たな改訂版の作成が求められておりました。そこで、このような要望に応えるべく、かつて『Q&A外国人の税務』の執筆、編集に携わった者が集まり、先人の知恵をお借りしつつ、新しい税制に対応できる「Q&A」の作成に努め、この度やっと改訂版の発行に至りました。今後、一層、充実したものに改めてまいりたいと考えておりますので、忌憚のないご意見を賜りますようにお願いいたします。

終わりに、本書発行について、終始ご協力を頂いた税務研究会出版局の長倉潤氏に心から感謝を申し上げます。

令和２年２月

編著者代表
橋本　秀法

〔凡　例〕

(1) 本書中に引用する法令等については，次の略称を使用しています。

通法 …………………… 国税通則法
通令 …………………… 国税通則法施行令
所法 …………………… 所得税法
所令 …………………… 所得税法施行令
所規 …………………… 所得税法施行規則
所基通 ……………… 所得税基本通達
消法 …………………… 消費税法
消令 …………………… 消費税法施行令
消規 …………………… 消費税法施行規則
消基通 ……………… 消費税法基本通達
特減法 ……………… 平成○年分所得税の特別減税のための臨時措置法
負担軽減法 ………… 経済社会の変化等に対応して早急に講ずべき所得税及び法人税の負担軽減措置に関する法律
措法 …………………… 租税特別措置法
措令 …………………… 租税特別措置法施行令
措通 …………………… 租税特別措置法関連通達
災法 …………………… 災害被害者に対する租税の減免，徴収猶予等に関する法律
復興財確法 ………… 東日本大震災からの復興のための施策を実施するために必要な財源の確保に関する特別措置法
国外送金等調書法 … 内国税の適正な課税の確保を図るための国外送金等に係る調書の提出等に関する法律
国外送金等調書令 … 内国税の適正な課税の確保を図るための国外送金等に係る調書の提出等に関する法律施行令

国外送金等調書規 … 内国税の適正な課税の確保を図るための国外送金等に係る調書の提出等に関する法律施行規則

日○租税条約 ……… 所得に対する租税に関する二重課税の回避及び脱税の防止のための日本国と○○との間の条約

実施特例法 ………… 租税条約等の実施に伴う所得税法，法人税法及び地方税法の特例等に関する法律

実施特例省令 ……… 租税条約等の実施に伴う所得税法，法人税法及び地方税法の特例等に関する法律の施行に関する省令

日米地位協定 ……… 日本国とアメリカ合衆国との間の相互協力及び安全保障条約第６条に基づく施設及び区域並びに日本国における合衆国軍隊の地位に関する協定

日米臨時特例法 …… 日本国とアメリカ合衆国との間の相互協力及び安全保障条約第６条に基づく施設及び区域並びに日本国における合衆国軍隊の地位に関する協定の実施に伴う所得税法等の臨時特例に関する法律

外交関係ウィーン条約 … 外交関係に関するウィーン条約（昭39年６月26日条約第14号）

領事関係ウィーン条約 … 領事関係に関するウィーン条約（昭58年10月11日条約第14号）

〈例〉　所法161①十二イ　＝　所得税法第161条第１項第12号イ

（注）本書は，原則として，令和２年１月１日現在の法令・通達によっています。

⑵　本書中で使用している次に掲げる用語については，説明の便宜上，それ

それ次に掲げる意義で使用しています。

永住者 ………………	非永住者以外の居住者をいいます（所得税法上定義されている用語ではありません。）。
出国 …………………	個人が日本を出て外国へ行き，国内に住所及び居所がなくなることをいいます(所得税法第２条第１項第42号で定義されている意義では用いていません。)。
所得税法第172条に … 規定する申告書	所得税法第172条第１項及び東日本大震災からの復興のための施策を実施するために必要な財源の確保に関する特別措置法第17条第５項に規定する申告書をいいます。

■目　次

第１章　外国人課税の概要

第２章　居住者・非居住者の判定

第３章　課税される所得の範囲

第４章　非居住者の課税方法

第５章　租税条約

第6章　公的機関等に勤務する者の課税関係

第7章　配当所得

第8章　不動産所得

第９章　給与所得

第10章　事業所得

第11章　恒久的施設

第12章　譲渡所得

第13章 退職所得

第14章 一時所得

第15章 雑所得

第16章　所得控除

第17章 税額控除

第18章　損益通算

第19章　申告及び納付

第20章 資料情報制度等

第21章 その他

第22章 外国人の消費税

【参　　考】

第 1 章

外国人課税の概要

1　はじめに

近年，経済のグローバル化により，多くの外国人が来日し，内国法人や外国法人の日本支店で勤務を行ったり，また，自分自身で事業活動を行ったりしています。

このような外国人の税（特に所得税）の申告及び納付については，次のような点を押さえる必要があります。

１点目は「納税者の居住形態と課税範囲」，２点目は「申告方法等」，３点目は「租税条約の適用関係」です。

個別具体的な内容については各Q&Aで説明しますが，以下で上記３点の概要を説明します。

2　納税者の居住形態と課税範囲

日本の所得税法では，日本における住所又は居所の有無等に基づいて，納税者を「居住者」と「非居住者」に区分し，更に居住者については，「永住者」と「非永住者」に区分しています（所法２①三，四，五）。

また，上記３種類の居住形態における課税範囲は，以下のように定められています。

すなわち，「永住者」の場合は，国内及び国外で生じた全ての所得が課税対象となり（所法７①一），「非永住者」の場合は，①国外源泉所得以外の所得及び②国外源泉所得で国内において支払われ，又は国外から送金されたものが課税対象となり（所法７①二），「非居住者」の場合は，国内源泉所得のみが課税対象となります（所法７①三）。

居住形態を決定づける重要な要素である「住所」の有無については，所得税法施行令や所得税基本通達に判定の方法が規定されており，各Q&Aにおいて詳細な説明を行います。

また，外国の親会社等から日本の子会社等に派遣されてくる外国人派遣社員（いわゆるエキスパッツ）の給与には，基本給や賞与のほかに，株式等を利用した報酬や各種の手当・経済的利益が含まれることが多く，それらが課税対象となるか否かの判定が個別に必要となります。その点についても，各Q&Aにおいて詳細な説明を行いますが，要は第一段階として，納税者自身の居住形態と課税範囲を明確にすることが重要となります。

3　申告方法等

(1)　永住者

「永住者」に該当する外国人は，全ての所得が課税対象となりますので（所法７①一），国内在住の日本人と同じように確定申告及び納付を行います（所法120，128）。

(2)　非永住者

非永住者に該当する外国人は，以下のことが必要です（所法７①二，95④，所令17④）。

①　所得金額（給与所得の場合には収入金額）を，国外源泉所得以外の所得に該当する金額と国外源泉所得に該当する金額に分けます。

②　国外源泉所得の金額のうち国内の支払に係るものの金額を確認します。

③　国外源泉所得で国外の支払に係るもののうち国内に送金されたものとみなされるものを確認します。

(3)　非居住者

イ　国内源泉所得の区分

「非居住者」の課税範囲は，上述のように国内源泉所得のみですが，その国内源泉所得は所得税法上詳細に分類がなされています（所法161）。そこで，「非居住者」に該当する外国人は，はじめに，自分自身が得た所得が所得税法第161条第１項各号のどの区分に該当するのかを確認します。

ロ　恒久的施設の有無

次に「非居住者」に該当する外国人は，自分自身が国内に恒久的施設（所法２①八の四）を有する者に該当するか否かを判断します（所法164）。

ハ　恒久的施設帰属所得の確認

恒久的施設を有する場合は，国内源泉所得がその恒久的施設に帰属する所得かどうかを確認します（所法161①一）。

ニ　自分自身の国内源泉所得が，どのような課税となるのか，つまり，①課税対象外，②総合課税，③源泉徴収の上，総合課税，④源泉分離課税（所得税等の源泉徴収により課税関係が完結）のいずれに該当するのかを確認します（所法164，所基通164－1）。

ホ　源泉徴収の有無の確認

非居住者に対し，国内において所得税法第161条第1項各号に規定している国内源泉所得のうち，特定の所得の支払をする者は，その支払の際，所得税及び復興特別所得税を徴収し，国に納付しなければならないとされています（所法212①，②，213①，復興財確法28②）。

したがって，自分自身が得た国内源泉所得が所得税等の源泉徴収の対象となっているか否かにも留意した上で，確定申告をする必要があります。なお，源泉分離課税で課税関係が終了する場合もあります。

4　租税条約の適用関係

日本の所得税法に従って，上記のような流れで課税の有無等を検討した後に，租税条約の適用関係を確認することも必要です。

租税条約は二重課税の調整と両国間での情報交換を主な目的として締結されていますが，日本の税法と租税条約の規定の内容が異なる場合には，原則として，租税条約の規定が優先して適用されます（憲法98②）。

以下，租税条約により国内法が修正されるケースとして代表的なものを列挙します。

(1)　居住形態の修正

個人が，日本と条約相手国との双方で居住者に該当する場合に，いずれの国の居住者とするかについての規定，いわゆる双方居住者の振分け規定が租税条約にあります。

そして，租税条約の規定に沿って振り分けた場合，国内法による判定が修正されるケースがあります（実施特例法6）。

(2) 国内源泉所得の修正

例えば使用料について，国内法では，「国内において業務を行う者から受ける…使用料又は対価で当該業務に係るもの」が国内源泉所得であるとの「使用地主義」が採用されています（所法161①十一）。一方，例えば，日伊租税条約では，使用料の支払者の居住地を使用料の源泉地とする「債務者主義」が採用されています（日伊租税条約12）。

このように国内法と租税条約で国内源泉所得についての規定が異なる場合があります。

所得税法には，こういったケースを想定して，国内法における国内源泉所得の源泉地の考え方を，租税条約におけるそれに置き換える規定が存在します（所法162）。

(3) 適用税率の修正

例えば使用料については，国内法における所得税等の源泉徴収の税率は20.42％ですが，日伊租税条約では10％の限度税率となっています（日伊租税条約12）。

このように国内法における源泉徴収税率が租税条約に規定される限度税率よりも高い場合，国内法に規定する税率に代えて，その租税条約に規定にされる限度税率によって源泉徴収が行われます（実施特例法3の2①）。

5　外国人の消費税等

短期的に日本に滞在し，芸能活動を行ったり，スポーツの大会等に参加する外国人は，消費税等の申告及び納付に留意する必要があります。

日本の消費税法では，所得税法のように，納税義務者を「居住者」や「非居住者」のように区分することをせず，個人事業者で基準期間の課税売上高が1千万円を超える場合（平成25年1月1日以後に開始する年については基準期間の課税売上高が１千万円以下であっても特定期間の課税売上高が１千万円を超える場合)，に納税義務があるとされています。

各Q&Aにおいて詳細な説明を行いますが，個人である納税者が国内に住所及び居所を有しないか又は有しなくなる場合に，確定申告や納税を行う必要があるときは，納税管理人を選任し，申告等の手続を代わりに行ってもらう必要があります（通法117)。

なお，2016年（平成28年）４月１日以後に，外国人の芸能人やスポーツ選手が行う特定役務の提供については，その特定役務の提供を受ける事業者に申告納税義務が課されています（リバースチャージ方式)。

第 2 章

居住者・非居住者の判定

2—1　居住形態の判定

居住形態によって課税所得の範囲や課税方法が異なるとのことですが，所得税法上，どのように区分されているのですか。

日本国内に住所を有するか否か又は１年以上居所を有するか否かにより「居住者」と「非居住者」に区分されます。

更に，「居住者」のうち，日本国籍を有せず，かつ日本国内に住所又は居所を有していた期間が５年以下である者は「非居住者」とされます。

解　説

〔１〕　我が国の所得税法は，日本において住所を有し，又は現在まで引き続き１年以上居所を有するかによって，個人を「居住者」と「非居住者」の二つに区分し，更に「居住者」のうち日本国籍を有しておらず，かつ，過去10年問のうちに日本国内に住所又は居所を有していた期間の合計が５年以下である者は，「非永住者」に区分されます（所法２①三～五）。

そして，個人に対するこれらの三つの区分を居住形態といいますが，所得税法は，居住形態に応じて，それぞれ異なる課税範囲と課税方法を定めています。

住所と居所の違いについては，問２—２「住所と居所の相違」を，また，課税される所得の範囲については，問３—１「居住形態別の課税所得の範囲（１）」を参照してください。

〔２〕　居住形態の区分は次のとおりです。

①　居住者

居住者とは，国内に住所を有しているか，又は現在まで引き続いて１年以上国内に居所を有する個人をいいます（所法２①三）。

イ　非永住者

非永住者とは，居住者のうち日本国籍を有しておらず，かつ，過去10年以内において国内に住所又は居所を有していた期間の合計が５年以下である個人をいいます（所法２①四）。

ロ　永住者

永住者とは，居住者のうち日本国籍を有している者及び過去10年間のうちに日本国内に住所又は居所を有していた期間の合計が５年超である個人をいいます。

②　非居住者

非居住者とは，居住者以外の個人をいいます。

したがって，非居住者とは，国内に住所・居所を全く有しない個人，又は国内に住所を有せず，かつ，居所を有している期間が１年未満の個人をいいます（所法２①五）。

〔３〕　以上を表にまとめると，次のとおりです。

<table>
<tr><th>住所の有無</th><th>居所を有する期間</th><th>居住者・非居住者の区分</th><th>日本国籍の有無</th><th>過去10年のうち住所又は居所を有していた期間の合計</th><th>居住形態</th></tr>
<tr><td rowspan="3">住所あり</td><td rowspan="3"></td><td rowspan="6">居住者</td><td>有</td><td></td><td rowspan="2">永住者</td></tr>
<tr><td rowspan="2">無</td><td>５年超</td></tr>
<tr><td>５年以下</td><td>非永住者</td></tr>
<tr><td rowspan="4">住所なし</td><td rowspan="3">引き続き１年以上</td><td>有</td><td></td><td rowspan="2">永住者</td></tr>
<tr><td rowspan="2">無</td><td>５年超</td></tr>
<tr><td>５年以下</td><td>非永住者</td></tr>
<tr><td>１年未満</td><td>非居住者</td><td colspan="2"></td><td>非居住者</td></tr>
</table>

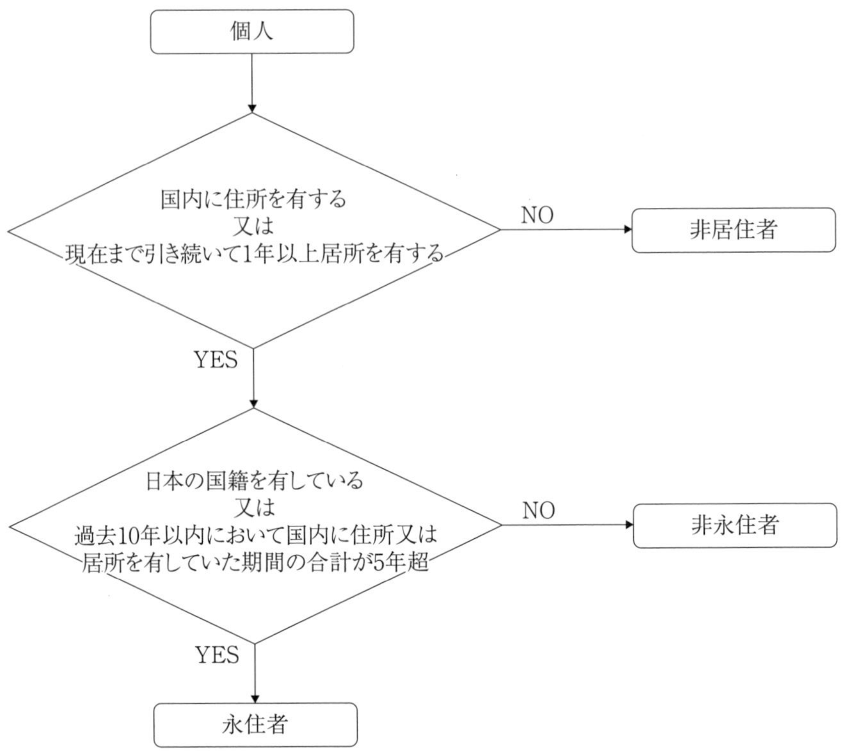

（注）　居所を有する者が出国して再入国した場合に，国外に赴いた目的が一時的なものであると認められるときは，在外期間中も引き続き国内に居所を有するものとして取り扱われます（所基通２－２）。

関係法令等

〈所法２①三～五，所基通２－２〉

2―2　住所と居所の相違

住所と居所とはどう違うのですか。

A　「住所」とは，その人の生活の本拠をいい，「居所」とは，生活の本拠ではないが相当期間継続して居住する場所をいうとされています。

解　説

〔1〕 外国人が国内に住所又は居所を有するか否かによって，問２―１「居住形態の判定」，問３―１「居住形態別の課税所得の範囲(１)」のとおり，その居住形態が異なり，課税される所得の範囲も異なりますので，「住所」，「居所」の有無等の判定は非常に重要です。

〔2〕 所得税法上，個人の「住所」については特に定義がされていませんが，民法上の「住所」（民法22）の概念を借用して「法に規定する住所とは各人の生活の本拠をいい，生活の本拠であるかどうかは客観的事実によって判定する」こととされています（所基通２－１）。

〔3〕 「居所」の意義については，所得税法及び所得税基本通達のいずれにおいても特段の規定は設けられていませんが，一般的に，「居所」とは，人が相当期間継続して居住しているものの，その場所とその人の結び付きが「住所」ほど密接でないもの，すなわち，そこがその人の生活の本拠であるというまでには至らない場所をいうとされています。

関係法令等

〈民法22，所基通２－１〉

2―3 国内における住所の推定規定

Q 居住者と非居住者を区分する場合，「国内に住所を有するか否か」の判定は，具体的にはどのようにするのでしょうか。

A **国内に住所を有するか否かは，客観的事実により判定することとされています。なお，国内又は国外に居住することとなった場合，その者が国内に住所を有するか否かについては，推定規定が設けられています。**

解　説

住所とは，個人の生活の本拠をいい，生活の本拠であるかどうかは客観的事実によって判定することとされています（所基通２－１）。

しかしながら，国内又は国外に居住することとなった者の生活の本拠がどこにあるかの判定が困難な場合があり，その判断について，次のような推定規定が設けられています。

〔１〕 国内に住所を有する者と推定する場合（所令14）

国内に居住することとなった個人が，次のいずれかに該当する場合には，国内に住所を有する者と推定されます。

① 国内において，継続して１年以上居住することを通常必要とする職業を有すること。

この場合，国内において事業を営み又は職業に従事するため国内に居住することとなった者は，国内における在留期間が契約等によりあらかじめ１年未満であることが明らかであると認められる場合を除き，「国内において継続して１年以上居住することを通常必要とする職業を有する」ものとして取り扱われます（所基通３－３）。

② 日本の国籍を有し，かつ，国内において生計を一にする配偶者その他の親族を有することその他国内におけるその者の職業及び資産の有無等の状況に照らし，国内において継続して１年以上居住するものと推測するに足りる事実があること。

〔２〕 国内に住所を有しない者と推定する場合（所令15）

国外に居住することとなった個人が，次のいずれかに該当する場合には，国内に住所を有しない者と推定されます。

① 国外において，継続して１年以上居住することを通常必要とする職業を有すること。

この場合，国外において事業を営み又は職業に従事するため国外に居住することとなった者は，国外における在留期間が契約等によりあらかじめ１年未満であることが明らかであると認められる場合を除き，「国外において継続して１年以上居住することを通常必要とする職業を有する」ものとして取り扱われます（所基通３−３）。

② 外国の国籍を有し又は外国の法令によりその外国に永住する許可を受けており，かつ，国内において生計を一にする配偶者その他の親族を有しないことその他国内におけるその者の職業及び資産の有無等の状況に照らし，再び国内に帰って，主として国内に居住するものと推測するに足りる事実がないこと。

関係法令等

〈所令14，15，所基通２−１，３−３〉

2―4 「生活の本拠」の判断に係る裁判例

Q 所得税法に規定する住所とは各人の生活の本拠をいい，生活の本拠であるかどうかは客観的事実によって判定するとしていますが，生活の本拠について，どのように判断すればよろしいですか。

A **住所とは，生活の本拠，すなわち，その者の生活に最も関係の深い一般的生活，全生活の中心を指すものであり，一定の場所がある者の住所であるか否かは，客観的事実，すなわち，住居，職業，資産の所在，親族の居住状況，国籍などにより判定されます。**

また，国内における滞在日数も判定要素の一つとなると考えられます。

解　説

所得税法第2条1項3号は，居住者とは「国内に住所を有する個人」等と定義しているところ，所得税基本通達2－1は，法に規定する住所とは各人の生活の本拠をいい，生活の本拠であるかどうかは客観的事実により判定する旨定めています。

贈与税の課税（所得税についても住所の判定方法は同様と考えられます。）について，納税者の住所が国内にあるかどうか争われた事件（武富士事件）において，住所の判定について，最高裁判所は次のように判示しています（最高裁平成23年2月18日第二小法廷判決・集民236号71頁）。

「ここにいう住所とは，反対の解釈をすべき特段の事由はない以上，生活の本拠，すなわち，その者の生活に最も関係の深い一般的生活，全生活の中心を指すものであり，一定の場所がある者の住所であるか否かは，客観的に生活の本拠たる実体を具備しているか否かにより決すべきものと解するのが相当である。」

そして，この判示の基になった最高裁判所の判例として，最高裁昭和29年10月20日大法廷判決・民集8巻10号1907頁，最高裁昭和32年9月13日第二小法廷判決・裁判集民事27号801頁，最高裁昭和35年3月22日第三小法廷判決・民集14巻4号551頁の三つが挙げられています。

また，生活の本拠であるかどうかを判定する「客観的事実」には，「例えば，住居，職業，資産の所在，親族の居住状況，国籍などが挙げられる。」とされています（三又修＝樫田明＝一色広巳＝石川雅美共編『平成29年版所得税基本通達逐条解説』（大蔵財務協会，2017）21頁）。

なお，上記武富士事件の最高裁判決の中で，国内の滞在日数と国外（香港）での滞在日数も検討の対象とされていることから，国内における滞在日数も判定要素の一つとなると考えられます。

関係法令等

〈所法２①三，所基通２－１〉

2—5 在留資格と居住形態との関係

Q 来日した外国人の居住形態は，その者の在留資格により判断してよいのでしょうか。

A 居住形態の判定においては，在留資格の種類や在留期間は判断の参考にはなりますが，それだけで決定することはできません。

解　説

在留期間が３か月又は６か月という在留資格を所有している場合であっても，在留期間の更新を行うことにより日本に滞在する期間を実質的に延長することができますので，居住形態（非居住者，非永住者，永住者）の判定に当たっては在留資格の種類や在留期間等のみではなく，その者の職業（会社員の場合には雇用契約等の期間等），居住する場所（賃借している場合には家屋の契約期間等），家族の状況等も含めて，総合的に判断する必要があります。

関係法令等

〈所法２①三～五，所令14，15，所基通３−１～３−３〉

2―6　1年未満の在留資格で日本に滞在している場合

私（米国市民）は，本年4月，米国法人U社から日本の子会社の社員（任期2年）として派遣されてきましたが，在留期間が3か月の在留資格で滞在しています。この場合，私はどのような居住形態に該当するのでしょうか。

日本に入国した本年4月以降，居住者に該当するものとして取り扱われます。

解　説

〔1〕 職業に従事するため，日本国内に居住することになった者が，国内において継続して1年以上居住することを通常必要とする職業を有する場合には，国内に住所を有する者と推定されます（所令14①一）。

〔2〕 そして，あなたの場合は，日本の子会社で働くため2年の任期で日本に滞在しているため，在留期間が3か月の在留資格であったとしても，入国した本年4月から国内に住所を有する者と推定され，居住者となります。

関係法令等

〈所令14①一〉

2—7 ワーキングホリデービザ（特定ビザ）での入国

Q

私（オーストラリア人）は，ワーキングホリデービザ（在留期間：6か月，1回更新可能）でオーストラリアから来日し，英会話教室で教師としてアルバイトをして給料を得ていますが，私はどのような居住形態になりますか。

A

ワーキングホリデービザで来日している外国人の方は，1年未満の間，日本に滞在する期間については，一般的には，所得税法上は非居住者に該当します。

解　説

〔1〕 ワーキングホリデー制度とは，二国・地域間の取決め等に基づき，各々が，相手国・地域の青少年に対し，以下のような条件のもとで休暇目的の入国及び滞在期間中における旅行・滞在資金を補うための付随的な就労を認める制度で，2019年（平成31年）4月1日現在，23か国・地域との間で同制度を導入しています（外務省 HP)。

・ 相手国・地域に居住する相手国・地域の国民・住民であること。
・ 一定期間相手国・地域において主として休暇を過ごす意図を有すること。
・ 査証申請時の年齢が18歳以上30歳以下であること（国によって相違あり。)。
・ 子又は被扶養者を同伴しないこと。
・ 有効な旅券と帰りの切符（又は切符を購入するための資金）を所持すること。
・ 滞在の当初の期間に生計を維持するために必要な資金を所持すること。
・ 健康であること。
・ 以前にワーキングホリデー査証を発給されたことがないこと

〔2〕 あなたは，ワーキングホリデービザで来日しているとのことですが，ワーキングホリデービザは日本において休暇を過ごすことを主な目的とし，上記〔1〕のような条件で発行されるビザであり，特定活動の在留資格が与えら

れ，就労は付随的に認められるものですので，一般的にはあなたの住所（生活の本拠）はオーストラリアであり，日本における滞在場所は，住所ではなく居所であると考えられます。

したがって，１年未満の間，日本に滞在する期間については，所得税法上は非居住者に該当します（所法２①三，五）。

関係法令等

〈所法２①三，五〉

2―8　居住者か非居住者かの判定

Q

私（英国人）は，IT関連の内国法人の役員を務めており，来日してから10年になります。家族は妻と子供が一人で，4年前に購入した東京都区内の自宅に同居していましたが，最近は仕事の関連でシンガポールに行くことが多くなり，本年の3月から継続してシンガポールにマンションを賃借し，シンガポールに滞在するときにはそのマンションに居住しています。IT関連の内国法人の役員としての仕事は，シンガポールにいてもインターネット等で指示をすれば用が足りることもあり，本年のシンガポールでの滞在日数は200日程度になりそうです。

年間の半数（183日）以上をシンガポールで過ごすことになるので，本年分の確定申告を行う際には，日本では非居住者（シンガポールの居住者）となると考えていますが，いかがでしょうか。

なお，私の資産としては，東京にある自宅のほか，預貯金がそれぞれ日本の銀行，英国の銀行及びシンガポールの銀行にあります。

滞在日数のみにより，居住者か非居住者かを判定することはできません。本事例では，日本に生活の本拠（住所）があると判断され，居住者と判定される可能性が高いと考えられます。

解　説

〔1〕 居住者とは，国内に住所を有し，又は現在まで引き続いて1年以上居所を有する個人をいう（所法2①三）こととされ，住所とは各人の生活の本拠をいい，生活の本拠であるかどうかは客観的事実によって判定する（所基通2－1）と定められています。

〔2〕 また，生活の本拠であるかどうかを判定する「客観的事実」には，「例えば，住居，職業，資産の所在，親族の居住状況，国籍などが挙げられる。」とされています（三又修＝樫田明＝一色広巳＝石川雅美共編『平成29年版所得税基本通達逐条解説』（大蔵財務協会，2017）21頁）。

なお，武富士事件の最高裁判決（問２－４参照）の中で，国内の滞在日数と国外（香港）での滞在日数も検討の対象とされていることから，国内における滞在日数も判定要素の一つとなると考えられます。

〔３〕 あなたの場合，本年のシンガポールにおける滞在日数が200日程度と年の半数を超える見込みとのことですが，①国内に引き続き自宅を有していること，②シンガポールにおいて仕事をすることが多いとはいえ，職業は内国法人の役員であること，③家族は日本に居住していることからすると，引き続き日本に生活の本拠があり，日本の居住者と判定される可能性が高いと考えられます。

〔４〕 このように，日本では，住所の有無，住所がない場合には１年以上の居所を有するかどうかで居住者かどうかを判定し，欧米のように，いわゆる183日ルールは採用していません。そこで，滞在日数のみにより居住者か非居住者かを判定することはできません。

〔５〕 なお，日本・シンガポール租税条約では，居住者とは一方の締約国の法令の下において，住所・居所等の基準により一方の締約国において課税を受けるべきものとされる者とされ，その結果，双方の締約国の居住者に該当することとなる場合には，

①　人的及び経済的関係が最も密接な国

②　その者が有する常用の住居が所在する国

③　その者が国籍を有する国

の順で居住国を判定し，それでも判定できない場合は両国の権限ある当局の合意により解決されます（日本・シンガポール租税条約４①，②）。

関係法令等

〈所法２①三，所基通２－１，日本・シンガポール租税条約４①，②〉

2—9 非永住者か永住者かの判定(1)

Q 　私（インド人）は，2016年（平成28年）7月に初来日し，レストランに勤務し給与を得ています。私は来日以降，日本人の妻とともにその実家に居住していますが，将来は日本で自分の家を取得して永住するつもりです。私は，どのような居住形態の判定を受けるでしょうか。なお，私は過去に日本に居住したことはありません。

A 　**2016年（平成28年）7月の来日以降居住者に該当しますが，過去10年以内に国内に住所又は居所を有していた期間が5年以下ですので，非永住者となります。**

解　説

〔1〕 居住者とは，国内に住所を有し，又は現在まで引き続いて1年以上居所を有する個人をいいます（所法2①三）。

〔2〕 そして，非永住者とは，居住者のうち，日本の国籍を有しておらず，かつ，過去10年以内において国内に住所又は居所を有していた期間の合計が5年以下である個人をいいます（所法2①四）。

〔3〕 あなたの場合，2016年（平成28年）7月の来日以降，日本人の妻とともにその実家に居住しており，日本に生活の本拠である住所を有していますので居住者に該当します（所法2①三）。

〔4〕 そして，日本国籍の有無及び過去10年以内における国内に住所又は居所を有していた期間の合計が5年以下かどうかで，非永住者に該当するか否かを判定することになり，あなたはインド国籍で，今回が初めての来日とのことですから，非永住者になります（所法2①四）。

関係法令等

〈所法2①三，四〉

2―10　非永住者か永住者かの判定（２）

私（英国人）は，英国の銀行に勤務していましたが，2019年（令和元年）７月１日に日本の支店に期間３年の予定で派遣され，勤務することになりました。

私は，どのような居住形態の判定を受けるでしょうか。なお，私は，2012年（平成24年）４月から2016年（平成28年）３月まで４年間日本の大学に留学していた経験があります。

2019年（令和元年）７月の来日以降，居住者に該当し,2020年（令和２年）７月１日までは非永住者，2020年（令和２年）７月２日以降は永住者になります。

解　説

〔１〕居住者とは，国内に住所を有し，又は現在まで引き続いて１年以上居所を有する個人をいいます（所法２①三）が，国内に居住することとなった個人が次のいずれかに該当する場合には，国内に住所を有する者と推定されます（所令14）。

①　国内において，継続して１年以上居住することを通常必要とする職業を有すること。

②　日本の国籍を有し，かつ，国内において生計を一にする配偶者その他の親族を有することその他国内におけるその者の職業及び資産の有無等の状況に照らし，国内において継続して１年以上居住するものと推測するに足りる事実があること。

〔２〕非永住者とは，居住者のうち，日本の国籍を有しておらず，かつ，過去10年以内において国内に住所又は居所を有していた期間の合計が５年以下である個人をいいます（所法２①四）。

〔３〕あなたの場合，2019年（令和元年）７月に３年間の日本勤務の予定で来日していますので，入国後は日本に住所を有すると推定され（所令14），居住者に該当します（所法２①三）。

また，あなたは，日本の国籍を有していませんので，過去10年以内において国内に住所又は居所を有していた期間の合計が５年以下である2020年（令和２年）７月１日までは非永住者，その期間の合計が５年超である2020年（令和２年）７月２日以降は永住者になります。

関係法令等

〈所法２①三，四，所令14〉

2—11　非永住者か永住者かの判定（３）

私（米国市民）は，2012年（平成24年）１月から2017年（平成29年）12月までの６年間在日外交官として勤務していました。その後，米国に帰国し現地法人Ｐ社に転職しましたが，2019年（平成31年）１月から２年間の予定で，Ｐ社の日本子会社であるＳ社に勤務することとなり，再来日しました。

私は，外交官として勤務していた期間中，日本に居住していましたが，日本において所得税が課せられていないことから非居住者として取り扱われていたと考えられるので，2019年（平成31年）１月からの２年間は，非永住者と判定されると思うのですが，いかがでしょうか。

永住者・非永住者の判定に当たっては，外交官として国内に居住していた期間も含めて判定しますので，あなたの場合，2019年（平成31年）１月からの２年間は永住者と判定されます。

解　説

〔１〕 所得税法第２条第１項第３号は，「居住者」を「国内に住所を有し，又は現在まで引き続いて１年以上居所を有する個人をいう」と規定し，同項第４号は，「非永住者」を「居住者のうち，日本の国籍を有しておらず，かつ，過去10年以内において国内に住所又は居所を有していた期間の合計が５年以下である個人をいう」と規定しています。

このように，日本国籍を有しない居住者が所得税法第２条第１項第４号にいう非永住者に該当するか否かは，過去10年以内において国内に住所又は居所を有していた期間の合計が５年以下であるか否かにより判定します。

〔２〕 ところで，所得税法においては，国内に居住する外交官について我が国の非居住者とする旨の規定はありません。また，所得税法第９条第１項第８号は，外国の公務員等の給与については相互主義等を要件として非課税にする旨を，所得税基本通達９-11は，国内に居住する外交官等に対しては課税し

ない旨を定めていますが，これらの規定ないし定めは，外交官がそれぞれの国の主権を代表する者である点を考慮し，国際慣例に従い，所得税を課さない趣旨であり，外交官として日本に赴任している期間中，非居住者とすることを定めたものではありません。

〔3〕 また，外交関係ウィーン条約第34条は，外交官は，接受国内に源泉がある個人的所得等の特定の租税，賦課金を除き，人，動産又は不動産に関し，国又は地方公共団体のすべての賦課金及び租税を免除される旨規定していますが，外交関係ウィーン条約第34条は，外交官に対して，派遣先国内に源泉がある個人的所得等の特定の租税，賦課金を除き，派遣先国において全ての賦課金及び租税を免除することを定めているにすぎず，外交官を派遣先国において非居住者とすることを規定したものではありません。

〔4〕 したがって，非永住者の判定に当たっては，外交官として国内に居住していた期間も含めて判定することとなり，あなたの場合，2019年（平成31年）１月からの２年間は永住者と判定されます。

関係法令等

〈所法２①三，四，９①八，所基通９-11，外交関係ウィーン条約34〉

2―12　国内勤務の期間が変更になった場合

私（英国人）は，英国法人Ｇ社に勤務していましたが，２年間の日本支店勤務を命じられ昨年の９月20日に来日しました。しかし，事情があって，本社に復帰することになり，本年１月15日に出国しました。

私の居住形態はどのようになるでしょうか。

入国の当初から出国するまでの間は居住者となり，出国してからは非居住者となります。

解　説

〔１〕 入国した者の居住形態は，その者の住所が国内にあるか否か，また，住所を有していない場合には現在まで引き続いて１年以上居所を有しているか否かによって判定することとされています（所法２①三～五）。

〔２〕 国内に居住することとなった個人が，国内において継続して１年以上居住することを通常必要とする職業を有する場合には，その者は国内に住所を有する者との推定を受け，居住者に該当します（所令14①一）。

この場合，国内において職業に従事するため国内に居住することになった者は，国内における在留期間が契約等によりあらかじめ１年未満であることが明らかな場合を除き，国内に住所を有する者として取り扱われます（所基通３－３）。

〔３〕 あなたの場合，２年間の日本支店勤務を命じられて入国していますので，入国当初から国内に住所を有する者と推定され，居住者に該当します（所令14①一）。

その後に予定が変更になり，結果的に１年未満で出国することになった場合でも，入国に遡って居住形態の判定を変更することはありません。

これを図示すると，次のようになります。

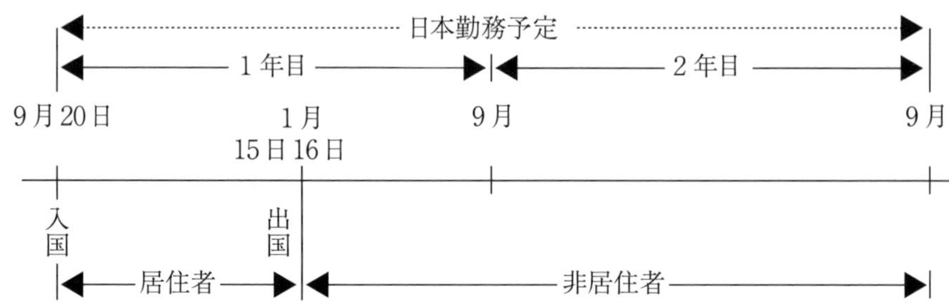

関係法令等

〈所法2①三～五，所令14①一，所基通3－3〉

2―13　海外勤務の期間が明確に決まっていない場合

私（米国人）は，米国法人Ｊ社の米国の親会社から日本の子会社に出向して３年目になります。

私は本年４月からＪ社の香港の子会社に出向することとなっていますが，香港支店への出向期間がどのくらいになるのかは決まっていません。

私は，どのような居住形態の判定を受けるのでしょうか。

出国の当初から非居住者となります。

解　説

〔１〕 国外に居住することとなった個人が，国外において継続して１年以上居住することを通常必要とする職業を有するようになった場合には，その者は出国の当初から国内に住所を有しない者との推定を受けることになります（所令15①一）。

〔２〕 そして，国外において職業に従事するため，国外に居住することとなった者は，国外における在留期間が契約等によりあらかじめ１年未満であることが明らかであると認められる場合を除き，〔１〕に該当するものとして取り扱われます（所基通３－３）。

〔３〕 あなたの場合には，香港の子会社への出向期間があらかじめ定められていませんが，香港における在留期間が１年未満であることが明らかであるということにはなりません。

したがって，あなたは，香港において継続して１年以上居住することを通常必要とする職業を有するものとして，出国の当初から非居住者となります。

関係法令等

〈所令15①一，所基通３－３〉

2—14 海外勤務の期間が事情により１年未満となった場合

Q

私（フランス人）は，フランス法人Ｔ社から日本子会社であるＡ社に派遣され４年間勤務した後，２年間のマニラ支店勤務を命ぜられ昨年７月10日に出国しました。しかし，病気のために本年３月１日に再び，日本勤務になりました。

私の居住形態はどのようになるでしょうか。

A

出国してから再入国するまでは非居住者となり，再入国してからは居住者として取り扱われます。なお，結果的に海外勤務が１年未満となったとしても，昨年７月に遡って居住者とされることはありません。

解　説

〔１〕 国外に居住することとなった個人が，国外において継続して１年以上居住することを通常必要とする職業を有することとなった場合には，その者は国内に住所を有しない者との推定を受け，非居住者に該当します（所令15①一）。

そして，国外において職業に従事するため，国外に居住することとなった者は，国外における勤務期間が契約等によりあらかじめ１年未満であることが明らかである場合を除き，国内に住所を有しない者と推定されることになります（所基通３－３）。

〔２〕 あなたの場合，当初２年間の予定でマニラに出国したのですから，出国してからは非居住者となり，事情により予定が変更され，結果的に海外勤務が１年未満となったとしても，出国の時に遡って居住者とされることはありません。

〔３〕 また，あなたは本年３月１日から再び日本勤務になるとのことですが，その期間は明らかではありません。そのため，国内における在留期間が契約等によりあらかじめ１年未満であることが明らかということにはなりません。

したがって，あなたは国内において継続して１年以上居住することを通常必要とする職業を有する者として取り扱われ，再入国した日から国内に住所を有する者と推定され，居住者となります（所令14①一，所基通３－３）。

〔４〕 ご質問の場合における居住形態について図示すると，次のようになります。

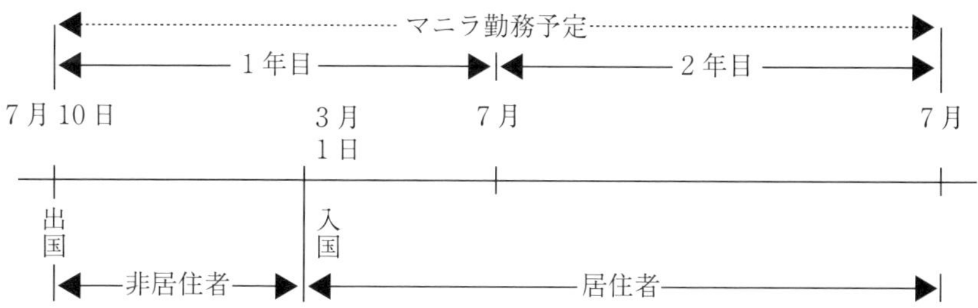

関係法令等

〈所令14①一，15①一，所基通３－３〉

2—15 海外勤務の期間が事情により１年以上となった場合

Q

私（米国市民）は，米国法人Ｈ社から日本の子会社であるＸ社に派遣され３年間勤務した後，７か月間の予定でＸ社のタイ支店に勤務するため本年５月11日に出国しました。しかし，業務の都合により11月13日付でタイ支店勤務を２年間延長することを命じられました。

私は，いつから非居住者として取り扱われるのでしょうか。

A

タイ勤務の期間が１年以上となることが明らかとなった日（本年11月13日）から非居住者となります。

解　説

〔１〕 国外に居住することとなった個人が，国外において継続して１年以上居住することを通常必要とする職業を有することとなった場合には，その者は国内に住所を有しない者との推定を受け（所令15①一），非居住者に該当します。

また，国外において職業に従事するため国外に居住することとなった者は国外における勤務期間が契約等によりあらかじめ１年未満であることが明らかである場合を除き，国内に住所を有しない者と推定されます（所基通３－３）。

〔２〕 あなたの場合，当初７か月間の予定でタイ支店に勤務するため出国していますので，国外で勤務していても引き続き居住者となります（所基通３－３）。

〔３〕 ところが，勤務延長命令等により，海外勤務が１年以上となることが明らかになった場合には，その明らかになった日以降は「国外において継続して１年以上居住することを通常必要とする職業を有する」ことになり，国内に住所を有しない者との推定を受けます（所令15①一）ので，11月13日以降，非居住者となります。

これを図示すると，次のようになります。

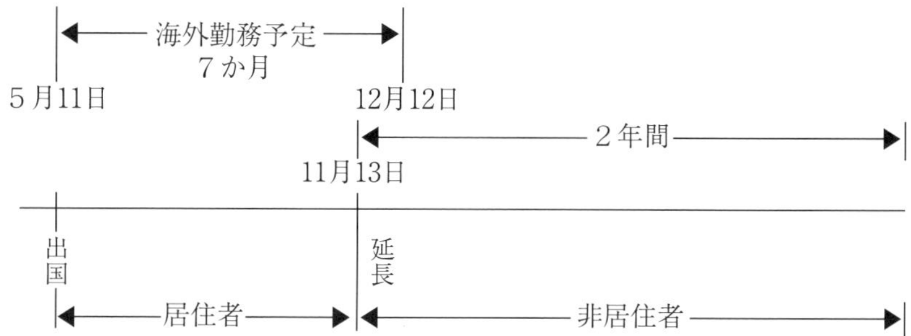

関係法令等

〈所令14①一，15①一，所基通３－３〉

2—16 国内勤務の期間が事情により1年以上となった場合

Q

私（米国市民）は，米国法人H社から日本の子会社であるG社の設立のため，昨年4月1日に3か月間の予定で来日しました。G社の設立は昨年5月20日に終了しましたが，私は引き続きG社の社員として5月21日から2年間の勤務をすることになりました。

私は，いつから居住者として取り扱われるのでしょうか。

A

2年間勤務することが明らかとなった昨年5月21日以降は居住者となります。

解　説

〔1〕 国内に居住することとなった個人が，次のいずれかに該当する場合には，その者は国内に住所を有する者と推定されます。

① 国内において，継続して1年以上居住することを通常必要とする職業を有すること（所令14①一）

② 日本国籍を有し，かつ，国内において生計を一にする配偶者その他の親族を有することその他国内におけるその者の職業及び資産の有無等の状況に照らし，国内において継続して1年以上居住するものと推測するに足りる事実があること（所令14①二）

〔2〕 あなたの場合には，当初3か月間の予定で来日したのですから，日本での在留期間が1年未満であることは明らかであり，5月20日までは国内の住居は住所ではなく居所であると考えられますので，この期間は非居住者に該当します（所基通3－3）。

〔3〕 しかし，5月21日以降，2年間の予定でG社の社員として勤務することになりましたので，この日から国内において継続して1年以上居住することを通常必要とする職業を有する者として，住所を有する者と推定する場合に当てはまりますので，この日から居住者となります（所令14①一）。

以上を図示すると，次のようになります。

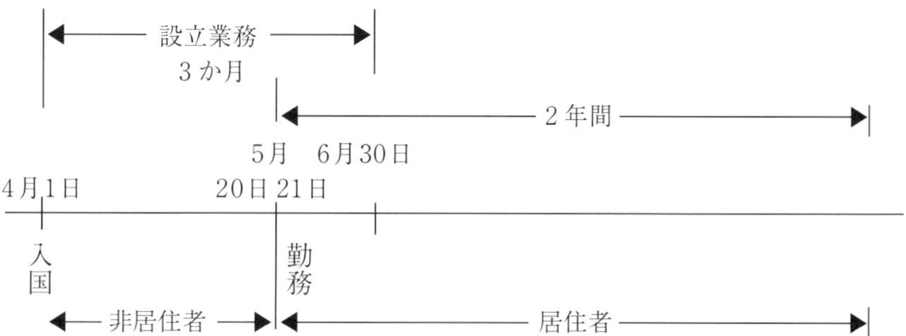

関係法令等

〈所令14①一，二，所基通3－3〉

2―17　一時帰国した場合の居住形態の判定

Q

私（フランス人）は，興行の在留資格（在留期間：６か月）で本年，フランスから来日して日本全国各地での興行に参加しています。日本での滞在期間は未定ですが，仕事の継続が可能であれば在留期間を更新して，日本での滞在を継続するつもりです。フランスでは，実家で両親と同居しており，帰国すれば引き続き，実家に住むことになりますが，日本では興行が開催される場所近くのホテルやウィークリーマンションに滞在しています。

本年は年末に一時帰国して，１週間ほどをフランスの実家で過ごし，その後に再来日して，仕事を続ける予定です。一時帰国する際には，ウィークリーマンションの契約は継続して，身の回り品はそこに置き，また，そこに戻ります。

私の日本での居住形態はどのようになるでしょうか。

入国から１年未満の期間は非居住者となりますが,1年を経過する日の翌日からは居住者（５年以下の期間は非永住者）となります。

解　説

〔１〕 あなたは，①フランスではフランスの実家でご両親と同居して暮らしていたこと，②日本には６か月の興行の在留資格で滞在しているが，日本での滞在期間は未定であること，③日本では全国各地を転々とし，ホテルやウィークリーマンションに滞在していること及び④帰国後は再びフランスの実家に住むことからすると，あなたの生活の本拠（住所）はフランスであり，日本での滞在場所は住所ではなく居所であると考えられます。

〔２〕 国内に住所を有しない者であっても，引き続いて１年以上国内に居所を有する場合は，居住者に該当します（所法２①三）。

〔３〕 また，国内に居所を有していた者が国外に赴き再び入国した場合において，国外に赴いていた期間中，国内に配偶者その他生計を一にする親族を残し，再入国後起居する予定の家屋若しくはホテルの一室等を保有し，又は生活用

動産を預託している事実があるなど，明らかにその国外に赴いた目的が一時的なものであると認められるときは，国外に赴いていた期間中も引き続き国内に居所を有するものとして，居住者に該当するかどうかの判定を行うこととされています（所基通２−２）。

〔４〕 あなたは，本年は年末に一時帰国して,1週間ほどをフランスの実家で過ごし，再来日して，仕事を続ける予定で，一時帰国する際には，ウィークリーマンションの契約は継続して，身の回り品はそこに置き，また，そこに戻るとのことですので，年末に一時的に国外に赴いていた期間も「国内に居所を有するもの」として居住形態の判定が行われます（所基通２−２）

したがって，入国から１年未満の間，日本に滞在する期間については，非居住者，入国から１年を経過する日の翌日以降は居住者（５年以下の期間は非永住者）となります（所法２①三，四，五，所基通２−３⑴，２−４）。

関係法令等

〈所法２①三，四，五，所基通２−２，２−３⑴，２−４〉

2—18 国内と国外の両方で法人役員として勤務する場合

私（米国市民）は，米国法人Ｐ社の取締役とＰ社のアジア地域の販売を担当する内国法人Ａ社の代表取締役を兼務し，日本を中心に活動しています。

Ａ社がアジア地域の支店を統括していることから，私は国内と国外の両方で勤務し，国内と国外での滞在日数はおおむね同程度ですが，家族は国内に居住しています。

私は，国内の自宅のほかに米国にも住宅を有し，Ｐ社に勤務するときはそこで生活をしておりますが，日本の居住者として取り扱われることになるのでしょうか。

A **日本の居住者となります。**

解　説

〔1〕 居住者とは，「国内に住所を有し，又は現在まで引き続いて１年以上居所を有する個人」をいいます（所法２①三）。ここで，住所とは「各人の生活の本拠をいい，生活の本拠であるかどうかは客観的事実によって判定する」こととされており（所基通２－１），生活の本拠であるかどうかを判定する「客観的事実」には，「例えば，住居，職業，資産の所在，親族の居住状況，国籍などが挙げられる。」とされています（三又修＝樫田明＝一色広巳＝石川雅美共編『平成29年版所得税基本通達逐条解説』（大蔵財務協会，2017）21頁）。

なお，武富士事件の最高裁判決（問２－４参照）の中で，国内の滞在日数と国外（香港）での滞在日数も検討の対象とされていることから，国内における滞在日数も判定要素の一つとなると考えられます。

〔2〕 あなたの場合には，①内国法人Ａ社の代表取締役であって，日本を中心に活動していること，②あなたの家族が国内に居住していること，③国内に起居する家屋があり生活用動産も国内にあることから，他の特段の事情がない限り，国内と国外の両方で法人役員として勤務し，国内と国外の滞在日数が

おおむね同程度であるとしても，あなたの生活の本拠（住所）は国内にあると考えられますので，居住者に該当します。

関係法令等

〈所法２①三，所基通２－１〉

2―19 船舶の乗組員の住所の判定及び課税範囲

Q 私（フィリピン人）は，パナマにある法人Ｐ社の貨物船の乗組員です。同貨物船は，日本法人Ｊ社に裸用船という形で賃貸され，石油関係商品を運搬して日本とサウジアラビアの間を往復しています。私は，Ｊ社と雇用契約を結び，日本で給与をもらっています。私は，仕事の性質上１年のほとんどを船の中で過ごしています。妻子はフィリピンに住んでおり，生活費等をフィリピンに送金していますが，休暇中はフィリピンで家族と過ごしています。私は，どのような居住形態の判定を受けるでしょうか。

A **非居住者に該当します。**

解　説

〔１〕 居住者とは，国内に住所を有し，又は引き続いて１年以上居所を有する個人をいい（所法２①三），非居住者とは，居住者以外の個人をいいます（所法２①五）。

また，船舶又は航空機の乗組員の住所が国内にあるかどうかは，その者の配偶者その他生計を一にする親族の居住している地又はその者の勤務外の期間中通常滞在する地が国内にあるかどうかにより判定する（所基通３－１）こととされています。

〔２〕 あなたの場合，生活のほとんどを船の中で過ごしますが，配偶者その他生計を一にする親族はフィリピンに住んでおり，休暇中は，家族のいるフィリピンで過ごしているとのことですから，生活の本拠すなわち住所はフィリピンと判定され（所基通３－１），非居住者に該当します。

関係法令等

〈所法２①三，五，所基通３－１〉

第 3 章

課税される所得の範囲

3―1　居住形態別の課税所得の範囲（1）

Q　日本国内に住所がある場合と，そうでない場合など，居住形態によって，日本の所得税の課税範囲が異なると聞いたのですが，どのように異なるのですか。

A　**永住者は全ての所得，非永住者は①国外源泉所得以外の所得及び②国外源泉所得で国内において支払われ，又は国外から送金されたもの，非居住者は国内源泉所得が課税対象となります。**

解　説

〔1〕 所得税法では，個人を居住者と非居住者とに区分しています。この「居住者」とは，「国内に住所を有し，又は現在まで引き続いて1年以上居所を有する個人」（所法2①三）と，また，「非居住者」とは「居住者以外の個人」（所法2①五）と定義しています。そして，この居住者について，「居住者のうち，日本の国籍を有しておらず，かつ，過去10年以内において国内に住所または居所を有していた期間の合計が5年以下である個人」を特に「非永住者」（所法2①四）と定義することにより，居住者を「非永住者」と非永住者以外の居住者であるいわゆる「永住者」とに区分しています。

このようにして個人については，居住形態に応じて，永住者，非永住者及び非居住者と区分され，それぞれの区分に従い異なる課税範囲及び課税方法が定められています。

居住形態の区分の判定や住所と居所の違いについては，第2章の「居住者・非居住者の判定」を参照してください。

〔2〕「永住者」，「非永住者」，「非居住者」別の所得税が課税される所得の範囲は，次のとおりとなっていますが，「国内源泉所得」，「国外源泉所得」の意義についてはそれぞれ，問3―3及び問3―4を参照してください。

イ　永住者

全ての所得が課税の対象となります（所法5①，7①一）。

したがって，外国人であっても，永住者に該当する場合には，「国外源泉所得」も含め，全世界において取得した全ての所得に対して課税されることとなります。

ロ　非永住者（所法５①，７①二）

①国外源泉所得以外の所得の全てと②国外源泉所得のうち国内において支払われ，又は国外から送金された部分が課税の対象となります（所法５①，７①二）。

ハ　非居住者

国内源泉所得に対してのみ課税されます（所法５②，７①三）。

この場合，日本国内における恒久的施設（注）の有無や所得の種類によって課税の方法が異なります。その詳細については，問４―１「非居住者に対する課税の概要」を参照してください。

（注）　恒久的施設については第11章で説明していますので，第11章を参照してください。

また，租税条約等により税の軽減又は免除が適用される場合もあります。

〔３〕　以上の居住形態に応じた課税所得の範囲は，次の図のようになります。

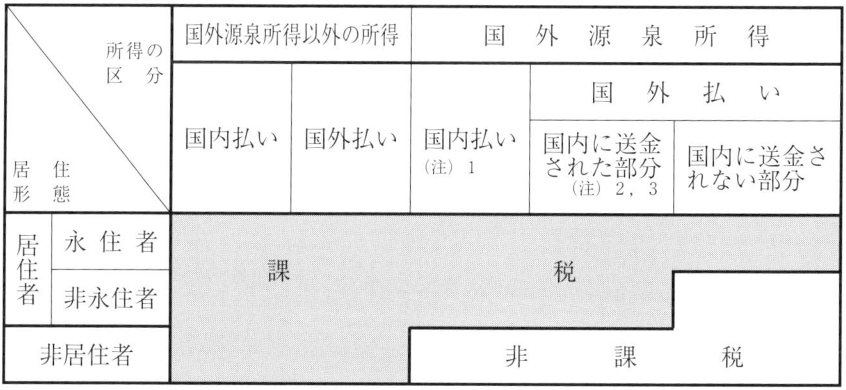

所得の区分／居住形態		国外源泉所得以外の所得		国外源泉所得		
		国内払い	国外払い	国内払い（注）１	国外払い	
					国内に送金された部分（注）２，３	国内に送金されない部分
居住者	永住者	課税	課税	課税	課税	課税
居住者	非永住者	課税	課税	課税	課税	非課税
非居住者		課税	課税	非課税	非課税	非課税

（注）　１「国内において支払われたもの」とは，次に掲げるようなものをいうとされています（所基通７－４）。

①　その非永住者の国外にある営業所等と国外の顧客との間に行われた商取引の対価で，為替等によりその非永住者の国内にある営業所等に直接送付され，若しくは当該国内にある営業所等に係る債権と相殺され，又は当該国内にある営業所等の預金口座に直接振り込まれたもの

② その非永住者の国外にある不動産等の貸付けによる賃貸料で，為替等によりその非永住者に直接送付され，又はその非永住者の国内にある預金口座に直接振り込まれたもの

2 国外源泉所得のうち「国内に送金された部分」の金額の計算については，所得税法施行令第17条第４項の規定に当てはめて行いますが，これについては問３－５及び問３－６の具体例を参照してください。

3 「国内に送金された部分」には，国内への通貨の持込み又は小切手，為替手形，信用状その他の支払手段による通常の送金のほか，次のような行為が含まれるとされています（所基通７－６）。

① 貴金属，公社債券，株券その他の物を国内に携行し又は送付する行為で，通常の送金に代えて行われたと認められるもの

② 国内において借入れをし又は立替払を受け，国外にある自己の預金等によりその債務を弁済することとするなどの行為で，通常の送金に代えて行われたと認められるもの

関係法令等

〈所法２①三～五，５①，②，７①一～三，所令17④，所基通７－４，７－６〉

3—2　居住形態別の課税所得の範囲(２)

Q

私は，日本に子会社及び支店を有するＡ国Ｂ社のグループで給与管理事務等を行うことになりました。Ｂ社のグループの日本子会社及び日本支店に勤務する従業員には，永住者に該当する居住者及び非永住者に該当する居住者並びに非居住者（国内に恒久的施設を有していません。）がいます。

これらの従業員の給与について，課税される所得，支払者の源泉徴収義務，従業員の申告義務及び申告義務がある場合に提出する申告書の内容等について概略を教えてください。

A

課税される所得，支払者の源泉徴収義務，従業員の申告義務及び申告義務がある場合に提出する申告書の内容等は，①従業員の居住形態，②給与の所得の源泉地，③給与の支払地及び④その他の状況により異なります。

解　説

〔１〕 課税される所得について

居住形態（永住者，非永住者，非居住者の区分）については問２—１を参照してください。

① 永住者の課税される所得は，全ての所得です（所法７①一）。

② 非永住者の課税される所得は，国外源泉所得以外の所得及び国外源泉所得のうち，国内において支払われ，又は国外から送金されたものとなります（所法７①二）。

③ 非居住者の課税される所得は，国内源泉所得のみとなります（所法７①三）。

そのため，非永住者の国外源泉所得のうち国外で支払われ，かつ，国外から送金されない部分は課税される所得となりません。

また，非居住者の国外源泉所得も課税される所得となりません。

課税される所得とならない場合は，給与の支払者の源泉徴収義務，従業員の申告義務もありません。

課税される所得がある場合の給与の支払者の源泉徴収義務並びに従業員の申告義務及び提出する申告書の内容等については以下のとおりとなります。

〔2〕 支払者の源泉徴収義務について

① 居住者に対する給与の支払に係る所得税の源泉徴収義務について

イ 居住者に対して国内において給与等の支払をする者は，その支払の際に，その給与について所得税を源泉徴収する義務があり，その源泉徴収した金額をその徴収の日の属する月の翌月10日までに，国に納付しなければなりません（所法183①）。

ロ しかし，居住者に対して国外において給与の支払をする者は，その支払の際に，その給与について所得税を源泉徴収する義務はありません。

② 非居住者に対する給与の支払に係る所得税の源泉徴収義務について

イ 非居住者に対して国内において国内源泉所得に該当する給与等の支払をする者は，その支払の際に，その給与について所得税を源泉徴収する義務があり，その徴収した金額を翌月10日までに，国に納付しなければなりません（所法212①）。

ロ 非居住者に対する国内源泉所得に該当する給与の支払が，国外において行われる場合において，その支払をする者が国内に住所若しくは居所を有し，又は国内に事務所，事業所その他これらに準ずるもの（以下「事務所等」といいます。）を有するときは，その給与を国内において支払うものとみなされますので，所得税を源泉徴収する義務があり，その徴収した金額を翌月末日までに，国に納付しなければなりません（所法212②）。

ハ 非居住者に対する国内源泉所得に該当する給与の支払が，国外において行われる場合において，その支払をする者が国内に事務所等を有しないときは，その給与について所得税を源泉徴収する義務はありません（所法212①，②）。

〔3〕 従業員の確定申告義務及び確定申告義務がある場合に提出する申告書の内

容等について

①　居住者の場合

課税所得金額に税率を適用して計算した所得税の額が，配当控除の額及び年末調整に係る（特定増改築等）住宅借入金等特別控除の額との合計額を超える人は，申告義務があり，その年の翌年２月16日から３月15日までの期間において，所得税法第120条に規定する事項を記載した申告書を提出し，納付しなければなりません（所法120①，128，措法41の２の２④二）。

ただし，給与収入が2,000万円以下で年末調整が済んでいる場合等，所得税法第121条に該当する場合は申告義務がありません（所法121）。

②　国内に恒久的施設を有しない非居住者で，上記〔２〕②イ及びロの場合

恒久的施設を有しない非居住者に対する給与の支払について，支払者に所得税の源泉徴収義務がある場合は，源泉分離課税となるため，源泉徴収により課税関係は完結します（所法164②二，169）。

③　国内に恒久的施設を有しない非居住者で，上記〔２〕②ハの場合

国内源泉所得に該当する給与等の支払が国外において行われ，かつ，その支払をする者が国内に事務所等を有しないとき（所得税が源泉徴収されないとき）は，その非居住者である従業員自身が所得税法第172条に規定する事項を記載した申告書を，その年の翌年３月15日（同日前に国内に居所を有しないこととなる場合には，その有しないこととなる日）までに，提出し，納税する必要があります（所法172）。

以上を表にまとめると，次のとおりです。

<table>
<tr><th colspan="2">居住形態</th><th>所得の源泉地</th><th>給与の支払地</th><th>その他</th><th>課税される所得</th><th>支払者の源泉徴収義務</th><th>従業員の申告義務</th><th>提出する申告書</th></tr>
<tr><td rowspan="9">居住者</td><td rowspan="4">永住者</td><td rowspan="2">国内</td><td>国内</td><td>—</td><td>有</td><td>有</td><td>有
(ただし,所法121該当の場合は無)</td><td>所法120</td></tr>
<tr><td>国外</td><td>—</td><td>有</td><td>無</td><td>有</td><td>所法120</td></tr>
<tr><td rowspan="2">国外</td><td>国内</td><td>—</td><td>有</td><td>有</td><td>有
(ただし,所法121該当の場合は無)</td><td>所法120</td></tr>
<tr><td>国外</td><td>—</td><td>有</td><td>無</td><td>有</td><td>所法120</td></tr>
<tr><td rowspan="5">非永住者</td><td rowspan="2">国内</td><td>国内</td><td>—</td><td>有</td><td>有</td><td>有
(ただし,所法121該当の場合は無)</td><td>所法120</td></tr>
<tr><td>国外</td><td>—</td><td>有</td><td>無</td><td>有</td><td>所法120</td></tr>
<tr><td rowspan="3">国外</td><td>国内</td><td>—</td><td>有</td><td>有</td><td>有
(ただし,所法121該当の場合は無)</td><td>所法120</td></tr>
<tr><td rowspan="2">国外</td><td>国外から送金した部分</td><td>有</td><td>無</td><td>有</td><td>所法120</td></tr>
<tr><td>国外から送金されない部分</td><td>無</td><td>無</td><td>無</td><td>無</td></tr>
<tr><td colspan="2" rowspan="4">非居住者
(国内に恒久的施設を有しない)</td><td rowspan="3">国内</td><td>国内</td><td>—</td><td>有</td><td>有
(源泉分離課税)</td><td>無</td><td>無</td></tr>
<tr><td rowspan="2">国外</td><td>国内に支払者の事務所等有</td><td>有</td><td>有
(源泉分離課税)</td><td>無</td><td>無</td></tr>
<tr><td>国内に支払者の事務所等無</td><td>有</td><td>無</td><td>有</td><td>所法172</td></tr>
<tr><td>国外</td><td>—</td><td>—</td><td>無</td><td>無</td><td>無</td><td>無</td></tr>
</table>

関係法令等

〈所法7①一～三，120①，121，128，164，169，172，183①，212①，②，措法41の2の2④二〉

3—3　国内源泉所得の定義

「国内源泉所得」とは，どのような所得をいうのですか。

「国内源泉所得」とは，日本国内で生ずる所得をいい，その支払地を問いません。

解　説

「国内源泉所得」とは，非居住者が国内の恒久的施設(注)を通じて事業を行う場合のその恒久的施設に帰属する所得，国内にある資産の運用，保有若しくは譲渡による所得などのほか，その他その源泉が国内にある所得をいい，その所得が国内で支払われたものか，国外で支払われたものかという「支払地」は問いません。

（注）恒久的施設については第11章で説明していますので，第11章を参照してください。

「国内源泉所得」の種類及び範囲については，所得税法第161条に規定されていますが，租税条約でこれと異なる範囲を定めている場合もあり，その際には，租税条約の規定が優先して適用されます（所法162）。

具体的な国内源泉所得は，次のとおりです。

種　類	内　容
1　国内の恒久的施設帰属所得	非居住者が国内の恒久的施設を通じて事業を行う場合において，その恒久的施設がその非居住者から独立して事業を行う事業者であるとしたならば，その恒久的施設が果たす機能，その恒久的施設において使用する資産，その恒久的施設とその非居住者の事業場等との間の内部取引その他の状況を勘案して，その恒久的施設に帰せられるべき所得（その恒久的施設の譲渡により生ずる所得を含みます。）（所法161①一）
2　国内の資産の運用・保有による所得	国内にある資産の運用又は保有により生ずる所得（以下の８～16を除きます。）（所法161①二，所令280）
3　国内の資産の譲渡による所得	国内にある資産の譲渡により生ずる所得として政令で定めるもの（所法161①三，所令281）

種　　類	内　　容
4　組合契約事業利益の分配	民法第667条第１項（組合契約）に規定する組合契約（これに類するものとして政令で定める契約を含みます。）に基づいて恒久的施設を通じて行う事業から生ずる利益でその組合契約に基づいて配分を受けるもののうち政令で定めるもの（所法161①四，所令281の２）
5　国内の土地等の譲渡による所得	国内にある土地若しくは土地の上に存する権利又は建物及びその附属設備若しくは構築物の譲渡による対価（政令で定めるものを除きます。）（所法161①五，所令281の３）
6　国内の人的役務提供事業の所得	国内において人的役務の提供を主たる内容とする事業で政令で定めるものを行う者が受けるその人的役務の提供に係る対価（所法161①六，所令282）
7　国内の不動産の賃貸料等	国内にある不動産，国内にある不動産の上に存する権利若しくは採石法の規定による採石権の貸付け，鉱業法の規定による租鉱権の設定又は居住者若しくは内国法人に対する船舶若しくは航空機の貸付けによる対価（所法161①七）
8　内国法人が発行する債券の利子等	所得税法第23第１項（利子所得）に規定する利子等のうち次に掲げるもの（所法161①八） ①　日本国の国債若しくは地方債又は内国法人の発行する債券の利子 ②　外国法人の発行する債券の利子のうちその外国法人の恒久的施設を通じて行う事業に係るもの ③　国内にある営業所等に預け入れられた預貯金の利子 ④　国内にある営業所等に信託された合同運用信託，公社債投資信託又は公募公社債等運用投資信託の収益の分配
9　内国法人から受ける配当等	所得税法第24条第１項（配当所得）に規定する配当等のうち次に掲げるもの（所法161①九） ①　内国法人から受ける剰余金の配当，利益の配当，剰余金の分配，金銭の分配又は基金利息 ②　国内にある営業所等に信託された投資信託（公社債投資信託及び公募公社債等運用投資信託を除きます。）又は特定受益証券発行信託の収益の分配
10　国内業務に係る貸付金利子	国内において業務を行う者に対する貸付金等でその業務に係るものの利子（所法161①十，所令283）
11　国内業務に係る使用料等	国内において業務を行う者から受ける次に掲げる使用料又は対価でその業務に係るもの（所法161①十一，所令284） ①　工業所有権その他の技術に関する権利，特別の技術による生産方式若しくはこれらに準ずるものの使用料又はその譲渡による対価 ②　著作権（出版権及び著作隣接権その他これに準ずるものを含みます。）の使用料又はその譲渡による対価

種　　類	内　　　容
12　国内で行う勤務に係る給与その他国内の人的役務の提供に対する報酬，公的年金等，退職手当等	次に掲げる給与，報酬又は年金（所法161①十二，所令285） ①　国内で行う勤務その他の人的役務の提供（内国法人の役員として国外において行う勤務その他の政令で定める人的役務の提供を含みます。）に基因する給与，賞与及び報酬等 ②　所得税法第35条第３項（公的年金等の定義）に規定する公的年金等（政令で定めるものを除きます。） ③　所得税法第30条第１項（退職所得）に規定する退職手当等のうちその支払を受ける者が居住者であった期間に行った勤務その他の人的役務の提供（内国法人の役員として非居住者であつた期間に行った勤務その他の政令で定める人的役務の提供を含みます。）に基因するもの
13　国内事業の広告宣伝のための賞金	国内において行う事業の広告宣伝のための賞金として政令で定めるもの（所法161①十三，所令286）
14　国内の営業所等を通じた生命保険契約に基づく年金等	国内にある営業所等又は国内において契約の締結の代理をする者を通じて締結した生命保険会社又は損害保険会社の締結する保険契約その他の年金に係る契約で政令で定めるものに基づいて受ける年金（所得税法第209条第２号（源泉徴収を要しない年金）に掲げる年金を除きます。）で上記12②に該当するもの以外のもの（所法161①十四，所令287）
15　国内事業所が受け入れた定期積金の給付補填金等	次に掲げる給付補填金，利息，利益又は差益（所法161①十五） ①　所得税法第174条第３号（内国法人に係る所得税の課税標準）に掲げる給付補填金のうち国内にある営業所等が受け入れた定期積金に係るもの ②　所得税法第174条第４号に掲げる給付補填金のうち国内にある営業所等が受け入れた同号に規定する掛金に係るもの ③　所得税法第174条第５号に掲げる利息のうち国内にある営業所等を通じて締結された同号に規定する契約に係るもの ④　所得税法第174条第６号に掲げる利益のうち国内にある営業所等を通じて締結された同号に規定する契約に係るもの ⑤　所得税法第174条第７号に掲げる差益のうち国内にある営業所等が受け入れた預貯金に係るもの ⑥　所得税法第174条第８号に掲げる差益のうち国内にある営業所等又は国内において契約の締結の代理をする者を通じて締結された同号に規定する契約に係るもの
16　国内で事業を行う者に対する出資につき，匿名組合契約等に基づく利益の分配	国内において事業を行う者に対する出資につき，匿名組合契約（これに準ずる契約として政令で定めるものを含みます。）に基づいて受ける利益の分配（所法161①十六，所令288）

種　　類	内　　容
17　その他の国内源泉所得	上記に掲げるもののほか，その源泉が国内にある所得として政令で定めるもの（所法161①十七，所令289）

関係法令等

〈所法23①，24①，30①，35③，161，162，174三～八，209二，所令280～289，民法667①〉

3—4　国外源泉所得の定義

「国外源泉所得」とは，どのような所得をいうのですか。

「国外源泉所得」とは，国外で生じる所得をいい，その支払地は問いません。

解　説

〔１〕「国外源泉所得」とは，居住者が国外事業所等（国外にある恒久的施設(注)に相当するもの）を通じて事業を行う場合におけるその国外事業所等に帰属すべき所得，国外にある資産の運用又は保有若しくは譲渡による所得などのほか，その他その源泉が国外にある所得をいい，その所得が国内で支払われたか，国外で支払われたかという「支払地」は問いません。

(注)　恒久的施設については第11章で説明していますので，第11章を参照してください。

〔２〕「国外源泉所得」は，従来は「国内源泉所得に係る所得以外の所得」と定義され，国外源泉所得自体については積極的な定義がありませんでしたが，2014年度（平成26年度）税制改正で，外国税額控除の規定の中で国外源泉所得について定義がされました（所法95④）。

具体的な国外源泉所得は次のとおりです。

種　　類	内　　容
1　国外事業所等帰属所得	居住者が国外事業所等（国外にある恒久的施設に相当するものその他の政令で定めるものをいいます。）を通じて事業を行う場合において，その国外事業所等がその居住者から独立して事業を行う事業者であるとしたならば，その国外事業所等が果たす機能，その国外事業所等において使用する資産，その国外事業所等とその居住者の事業場等との間の内部取引その他の状況を勘案して，その国外事業所等に帰せられるべき所得（その国外事業所等の譲渡により生ずる所得を含みますが，以下の15に該当するものを除きます。）（所法95④一，所令225の２）
2　国外の資産の運用・保有によ	国外にある資産の運用又は保有により生ずる所得（所法95④二，所令225の３）

種　　類	内　　容
る所得	
3　国外の資産の譲渡による所得	国外にある資産の譲渡により生ずる所得として政令で定めるもの（所法95④三，所令225の４）
4　国外の人的役務提供事業の所得	国外において人的役務の提供を主たる内容とする事業で政令で定めるものを行う者が受ける人的役務の提供に係る対価（所法95④四，所令225の５）
5　国外の不動産の賃貸料等	国外にある不動産，国外にある不動産の上に存する権利若しくは国外における採石権の貸付け，国外における租鉱権の設定又は非居住者若しくは外国法人に対する船舶若しくは航空機の貸付けによる対価（所法95④五）
6　外国法人が発行する債券の利子等	所得税法第23条第１項（利子所得）に規定する利子等及びこれに相当するもののうち次に掲げるもの（所法95④六） ①　外国の国債若しくは地方債又は外国法人の発行する債券の利子 ②　国外にある営業所等に預け入れられた預金又は貯金の利子 ③　国外にある営業所等に信託された合同運用信託若しくはこれに相当する信託，公社債投資信託又は公募公社債等運用投資信託若しくはこれに相当する信託の収益の分配
7　外国法人から受ける配当等	所得税法第24条第１項（配当所得）に規定する配当等のうち次に掲げるもの（所法95④七） ①　外国法人から受ける剰余金の配当，利益の配当若しくは剰余金の分配又は金銭の分配若しくは基金利息に相当するもの ②　国外にある営業所等に信託された投資信託（公社債投資信託並びに公募公社債等運用投資信託及びこれに相当する信託を除きます。）又は特定受益証券発行信託若しくはこれに相当する信託の収益の分配
8　国外業務に係る貸付金利子	国外において業務を行う者に対する貸付金で当該業務に係るものの利子（債券の買戻又は売戻条件付売買取引として政令で定めるものから生ずる差益として政令で定めるものを含みます。）（所法95④八，所令225の６）
9　国外業務に係る使用料等	国外において業務を行う者から受ける次に掲げる使用料又は対価でその業務に係るもの（所法95④九，所令225の７） ①　工業所有権その他の技術に関する権利，特別の技術による生産方式若しくはこれらに準ずるものの使用料又はその譲渡による対価 ②　著作権（出版権及び著作隣接権その他これに準ずるものを含みます。）の使用料又はその譲渡による対価 ③　機械，装置その他政令で定める用具の使用料
10　国外で行う勤	次に掲げる給与，報酬又は年金（所法95④十，所令225の８）

種　　類	内　　　　　容
務に係る給与その他国外の人的役務の提供に対する報酬，年金	①　国外で行う勤務その他の人的役務の提供（内国法人の役員として国外において行う勤務その他の政令で定める人的役務の提供を除きます。）に基因する給与，賞与及び報酬等 ②　外国の法令に基づく保険又は共済に関する制度で所得税法第31条第１号及び第２号（退職手当等とみなす一時金）に規定する法律の規定による社会保険又は共済に関する制度に類するものに基づいて支給される年金 ③　所得税法第30条第１項（退職所得）に規定する退職手当等のうちその支払を受ける者が非居住者であつた期間に行った勤務その他の人的役務の提供（内国法人の役員として非居住者であった期間に行った勤務その他の政令で定める人的役務の提供を除きます。）に基因するもの
11　国外事業の広告宣伝のための賞金	国外において行う事業の広告宣伝のための賞金として政令で定めるもの（所法95④十一，所令225の９）
12　国外の営業所等を通じた保険契約に基づく年金	国外にある営業所又は国外において契約の締結の代理をする者を通じて締結した外国保険業者の締結する保険契約その他の年金に係る契約で政令で定めるものに基づいて受ける年金（所法95④十二，所令225の10）
13　国外事業所が受け入れた定期積金の給付補填金等	次に掲げる給付補塡金，利息，利益又は差益（所法95④十三） ①　所得税法第174条第３号（内国法人に係る所得税の課税標準）に掲げる給付補塡金のうち国外にある営業所等が受け入れた定期積金に係るもの ②　所得税法第174条第４号に掲げる給付補塡金に相当するもののうち国外にある営業所等が受け入れた同号に規定する掛金に相当するものに係るもの ③　所得税法第174条第５号に掲げる利息に相当するもののうち国外にある営業所等を通じて締結された同号に規定する契約に相当するものに係るもの ④　所得税法第174条第６号に掲げる利益のうち国外にある営業所等を通じて締結された同号に規定する契約に係るもの ⑤　所得税法第174条第７号に掲げる差益のうち国外にある営業所等が受け入れた預金又は貯金に係るもの ⑥　所得税法第174条第８号に掲げる差益に相当するもののうち国外にある営業所等又は国外において契約の締結の代理をする者を通じて締結された同号に規定する契約に相当するものに係るもの
14　国外で事業を行う者に対する出資につき，匿名組合契約等に	国外において事業を行う者に対する出資につき，匿名組合契約（これに準ずる契約として政令で定めるものを含みます。）に基づいて受ける利益の分配（所法95④十四，所令225の11）

種　　類	内　　　　容
基づく利益の分配	
15　国外事業に係る国際運輸業所得	国内及び国外にわたって船舶又は航空機による運送の事業を行うことにより生ずる所得のうち国外において行う業務につき生ずべき所得として政令で定めるもの（所法95④十五，所令225の12）
16　租税条約により相手国等で課税できる所得	租税条約の規定により相手国等が租税を課することができることとされる所得で，相手国等において租税が課されるもの（所法95④十六，所令225の13）
17　その他の国外源泉所得	上記に掲げるもののほか，その源泉が国外にある所得として政令で定めるもの（所法95④十七，所令225の14）

関係法令等

〈所法23①，24①，30①，31一，二，95④，174三～八，所令225の２～225の14〉

3―5　非永住者が国外からの送金を受領した場合の計算(１)

私（カナダ人）は，カナダ法人の日本支店に出向し，勤務しています。非永住者に該当する者ですが，昨年は次のような収入がありました。この昨年の収入について課税される範囲を教えてください。なお，昨年末に日本で不動産を購入するための頭金として本国の私の銀行口座から日本の私の口座に3,500万円を送金しております。

なお，昨年の私の勤務は，全て日本で行われています。

(1)　日本での国内勤務に係る給与収入　4,000万円

1,000万円は日本支店から国内で支払われ，残額がカナダの本社から本国の私の銀行口座に振り込まれています。

(2)　香港法人から受ける剰余金の配当収入　300万円

同法人から日本の銀行口座に全額振り込まれています。

(3)　私が本国で所有しているカナダ法人の株式（1,600万円で取得）の売却収入　2,500万円

なお，このカナダ法人株式の譲渡所得については，カナダでも所得税が課税されます。

本国の証券会社を通じて売却し，売却収入は本国の銀行口座に振り込まれています。

A　給与所得及び配当所得については，全額が課税対象となります。株式等に係る譲渡所得については，900万円のうち500万円が国外源泉所得に係る所得について国内に送金があったものとして課税対象となります。

	国外源泉所得以外の所得	国外源泉所得	
国内払い	給与収入 1,000万円	配当収入 300万円	
国外払い	給与収入 3,000万円	株式の売却益 500万円	株式の売却益 400万円

国外からの送金額 3,500万円

（注）網掛け部分が課税の対象となります。

解　説

〔1〕 非永住者の所得のうち，日本で課税される所得の範囲は，①国外源泉所得以外の所得及び②国外源泉所得で国内において支払われ，又は国外から送金されたものとされています（所法7①二）。

〔2〕 また，非永住者が，各年において国外から送金を受けた場合，送金を受けた金額の範囲内でその非永住者のその年における国外源泉所得に係る所得で国外の支払に係るものについて送金があったものとみなして計算しますが，その非永住者が，その年における国内源泉所得に係る所得で国外の支払に係るものを有する場合には，まずその国内源泉所得に係る所得について送金があったものとみなし，なお残余があるときに当該残余の金額の範囲内で国外源泉所得に係る所得について送金があったものとみなして計算をすることとされています（所令17④一）。

なお，上記の計算をする場合において，国外源泉所得に係る所得で国外の支払に係るもの又は国内源泉所得に係る所得で国外の支払に係るもののうちに，給与所得又は退職所得があるときは，その収入金額を給与所得又は退職所得の金額とみなして計算することとされています（所令17④二）。

〔3〕 あなたの場合，⑴の給与収入は，国内勤務に係るものであり，国内源泉所得に該当しますから，国内で支払われたもの（1,000万円）及び国外で支払われたもの（3,000万円）のいずれも課税対象となります。

〔4〕 ⑵の香港法人からの配当収入は，外国法人に係る配当であり，国外源泉所得（所法95④七）に該当しますが，同法人から日本の銀行口座に振り込みされていますので，国内において支払われたもの（所基通7−4⑵）として，全額（配当所得300万円）課税対象となります。

〔5〕 ⑶のカナダ法人の株式譲渡収入は，外国法人株式を国外において譲渡したものであり，国外源泉所得（所法95④三，所令225の4①四，日加租税条約13④）に該当し，譲渡代金は国外において支払われていますが，同年中に国外から送金を受けた金額がありますので，課税対象は次のとおり計算されます。

〔6〕 国内源泉所得である給与収入について，国外で支払われた金額（3,000万

円）がありますので，国外から送金を受けた3,500万円のうち，まず3,000万円はその支払があったものとみなします。

次に残額の500万円（3,500万円－3,000万円）の範囲内において国外源泉所得に係る所得で，国外払のものについて送金があったものとみなして計算しますので，カナダ法人に係る株式等に係る譲渡所得900万円（譲渡収入金額2,500万円－取得費1,600万円）のうち，500万円について送金があったものとして課税対象となります。

関係法令等

〈所法７①二，95④三，七，所令17④一，二，225の４①四，日加租税条約13④〉

3—6 非永住者が国外からの送金を受領した場合の計算（2）

私（米国市民，非永住者）は，日本で不動産を購入するため，2017年（平成29年）に米国の不動産を売却したことで得た資金5,000万円を2019年（令和元年）6月に私の米国の銀行口座から私の日本の銀行口座に送金しました。しかし，購入を取り止めたため，同年9月にこの5,000万円を米国の銀行口座に返金しました。

2019年（令和元年）分の所得金額の内訳は次表のとおりですが，課税される所得金額はいくらになりますか。

国外源泉所得以外の所得		国外源泉所得		合　計
国内払い	国外払い	国内払い	国外払い	
1,000万円	3,000万円	0円	2,500万円	6,500万円

2019年（令和元年）分の課税対象となる所得金額は，6,000万円（4,000万円（国外源泉所得以外の所得）＋2,000万円（国外源泉所得））となります。

解　説

〔1〕 非永住者が日本で課税される所得の範囲は，国外源泉所得以外の所得及び国外源泉所得のうち国内において支払われ，又は国外から送金されたものとされています（所法7①二）。

〔2〕 所得税法施行令第17条第4項第1号は，非永住者が各年において国外から送金を受領した場合には，その金額の範囲内でその非永住者のその年における国外源泉所得に係る所得で国外の支払に係るものについて送金があったものとみなす旨，ただし，その非永住者がその年において国内源泉所得で国外の支払に係るものを有する場合は，まずその国内源泉所得に係る所得について送金があったものとみなし，なお残余があるときにその残余の金額の範囲内で国外源泉所得に係る所得について送金があったものとみなす旨規定しています。この規定から，課税所得となる国外源泉所得に係る所得で国外の支

払に係るものと送金の資金源を形成する所得の種類の同一性，又は課税対象となる国外源泉所得に係る所得で国外の支払に係るものの発生時期と送金時期の年分の同一性は必要ないことになります。

〔3〕 また，前記〔1〕の送金の内容には，特段の限定が付されていないことから，一旦国外の自己資金が国内に送金された事実があれば，前記〔1〕における送金があったということになり，たとえ同一年中に送金したものを国外に返金したとしても，課税される所得の範囲を計算するに当たり，送金額から返金額を控除することはできません。

〔4〕 あなたの場合，2019年（令和元年）6月に米国の銀行口座から送金した5,000万円の原資が2017年（平成29年）に発生したものであっても，また，その送金額を米国の銀行口座に返金したとしても，2019年（令和元年）分の課税される所得金額を算出するに当たり，国外からの送金額は5,000万円として計算することになります。

〔5〕 したがって，以下の<計算>のとおり，国外源泉所得の国外払について，送金があったとみなされるものは2,000万円となり，これに国外源泉所得以外の所得の金額4,000万円を加算し，課税所得の金額は6,000万円となります。

<計算>

① 国内源泉所得で国内において支払われたもの

1,000万円

② 国外払の国内源泉所得で国外から送金があったとみなされるもの

3,000万円

③ 国外源泉所得のうち国内において支払われたもの

0円

④ 国外払の国外源泉所得で国外から送金があったとみなされるもの

2,000万円(注)

(注) 国外からの送金額5,000万円のうち，まず②の国内源泉所得について送金があったものとみなされ，次に残額2,000万円（5,000万円−3,000万円）の範囲内において国外源泉所得に係る所得について送金があったものとみなして計算します（所令17④一）。

関係法令等

〈所法７①二，所令17④一〉

第 4 章

非居住者の課税方法

4—1 非居住者に対する課税の概要

Q 非居住者に対する課税はどのように行われるのでしょうか。

A 所得の種類及び国内における恒久的施設や恒久的施設帰属所得の有無等によって，その課税範囲及び課税方法が異なっています。

解　説

非居住者の所得のうち，日本で課税を受ける所得の範囲は，所得税法第161条に定める国内源泉所得に限られています（所法５②一，７①三）。

また，非居住者に対する課税は，日本国内に恒久的施設(注)を有するか，また，恒久的施設帰属所得を有するか否かでその方法が異なっており（所法164），非居住者を，①恒久的施設を有する者（恒久的施設帰属所得がある場合），②恒久的施設を有する者（恒久的施設帰属所得以外の所得を有する場合）及び③恒久的施設を有しない者の三つに区分して，この区分と所得の種類に応じ，①課税対象外，②総合課税，③源泉徴収の上，総合課税，④源泉分離課税（源泉徴収による分離課税）の四つに分かれます。なお，所得税法上，総合課税となる場合でも，租税特別措置法の規定により，申告分離課税又は源泉分離課税となる場合があります。その概要は，次ページのとおりです（所基通164－１）。

（注）恒久的施設については，第11章を参照してください。

また，国内源泉所得について租税条約に所得税法と異なる定めのあるものについては，租税条約の定めによることになります（所法162①）。

関係法令等

〈所法７①三，161，162①，164，所基通164-1，復興財確法28①，②〉

【非居住者に対する課税関係の概要】

<table>
<tr><td rowspan="3">非居住者の区分
所得の種類</td><td colspan="4">非居住者</td><td>（参考）
外国法人</td></tr>
<tr><td colspan="2">恒久的施設を有する者</td><td rowspan="2">恒久的施設を有しない者</td><td colspan="2" rowspan="2">所得税の源泉徴収</td></tr>
<tr><td>恒久的施設帰属所得</td><td>その他の所得</td></tr>
<tr><td>（事業所得）</td><td rowspan="3">【総合課税】</td><td colspan="2">【課税対象外】</td><td>無</td><td>無</td></tr>
<tr><td>①資産の運用・保有により生ずる所得
（⑦から⑮に該当するものを除く。）</td><td colspan="2" rowspan="2">【総合課税（一部）】</td><td>無</td><td>無</td></tr>
<tr><td>②資産の譲渡により生ずる所得</td><td>無</td><td>無</td></tr>
<tr><td>③組合契約事業利益の配分</td><td rowspan="13">【源泉徴収の上，総合課税】</td><td colspan="2">【課税対象外】</td><td>20%</td><td>20%</td></tr>
<tr><td>④土地等の譲渡による所得</td><td colspan="2" rowspan="3">【源泉徴収の上，総合課税】</td><td>10%</td><td>10%</td></tr>
<tr><td>⑤人的役務提供事業の所得</td><td>20%</td><td>20%</td></tr>
<tr><td>⑥不動産の賃貸料等</td><td>20%</td><td>20%</td></tr>
<tr><td>⑦利子等</td><td colspan="2" rowspan="9">【源泉分離課税】</td><td>15%</td><td>15%</td></tr>
<tr><td>⑧配当等</td><td>20%</td><td>20%</td></tr>
<tr><td>⑨貸付金利子</td><td>20%</td><td>20%</td></tr>
<tr><td>⑩使用料等</td><td>20%</td><td>20%</td></tr>
<tr><td>⑪給与その他人的役務の提供に対する報酬，公的年金等，退職手当等</td><td>20%</td><td>—</td></tr>
<tr><td>⑫事業の広告宣伝のための賞金</td><td>20%</td><td>20%</td></tr>
<tr><td>⑬生命保険契約に基づく年金等</td><td>20%</td><td>20%</td></tr>
<tr><td>⑭定期積金の給付補塡金等</td><td>15%</td><td>15%</td></tr>
<tr><td>⑮匿名組合契約等に基づく利益の配分</td><td>20%</td><td>20%</td></tr>
<tr><td>⑯その他の国内源泉所得</td><td>【総合課税】</td><td colspan="2">【総合課税】</td><td>無</td><td>無</td></tr>
</table>

（注）１　恒久的施設帰属所得が，上記の表①から⑯までに掲げる国内源泉所得に重複して該当する場合があることに留意する。

２　上記の表②資産の譲渡により生ずる所得のうち恒久的施設帰属所得に該当する所得以外のものについては，所令第281条第１項第１号から第８号までに掲げるもののみ課税される。

３　措置法の規定により，上記の表において総合課税の対象とされる所得のうち一定のものについては，申告分離課税又は源泉分離課税の対象とされる場合があることに留意する。

４　措置法の規定により，上記の表における源泉徴収税率のうち一定の所得に係るものについては，軽減又は免除される場合があることに留意する。

4―2 恒久的施設を有する非居住者への課税

Q

私（米国市民）は，米国に居住していますが，日本国内に２か所の店舗を設けて物品販売業を営んでいます。私には，他に内国法人Ｐ社（発行済株式の１％所有）からの配当収入もあります。

私の日本における課税関係はどうなりますか。

A

あなたは非居住者に該当しますが，国内にある２か所の物品販売業の店舗は恒久的施設に当たるため，物品販売による所得は恒久的施設帰属所得となり，総合課税の対象として確定申告をする必要があります。

内国法人からの配当については，20.42%の税率で源泉徴収されますが，この配当所得が恒久的施設帰属所得である場合には所得税等を源泉徴収の上，総合課税，恒久的施設帰属所得でない場合には源泉分離課税となります。また，その配当の基因となる株式が国内の店舗と実質的に関係がない場合には，日米租税条約により10%の限度税率の適用を受けることができます。

解　説

〔１〕 国内に住所を有さず，かつ，現在まで引き続き１年以上居所を有しない場合には，非居住者に該当し（所法２①三，五），その課税所得の範囲及び課税の方法は，国内に恒久的施設(注)を有しているか否か，また，恒久的施設帰属所得を有するか否か等により，異なることとなります（所法７①三，164①，②）。

(注) 恒久的施設については，第11章を参照してください。

〔２〕 あなたが日本国内に有している物品販売業の２か所の店舗は，「支店，工場その他事業を行う一定の場所」（所法２①八の四イ，所令１の２①一）に該当し，恒久的施設に該当しますから，物品販売による所得は恒久的施設帰属所得となり，総合課税の方法により課税されます（所法164①一イ）。

なお，恒久的施設帰属所得については，非居住者が国内の恒久的施設を通じて事業を行う場合において，その恒久的施設がその非居住者から独立して事業を行う事業者であるとしたならば，その恒久的施設が果たす機能，その恒久的施設において使用する資産，その恒久的施設とその非居住者の事業場等との間の内部取引その他の状況を勘案して，その恒久的施設に帰せられるべき所得（所法161①一）とされています。

〔3〕 内国法人から受ける配当も国内源泉所得に該当します（所法161①九イ）が，この配当所得が恒久的施設帰属所得である場合には所得税等を源泉徴収の上，総合課税，恒久的施設帰属所得でない場合には源泉分離課税となります。

〔4〕 この場合，内国法人が，非居住者に対してその内国法人からの配当（上場株式以外）の支払をする場合には，支払金額の20.42％の所得税等（住民税なし）（上場株式は15.315％の所得税等，住民税なし）を源泉徴収することになります（所法212①，213①，復興財確法28①，②）。

〔5〕 その配当所得について，その配当の基因となる株式が国内の恒久的施設と実質的に関係を有しないときには，日米租税条約の適用により，税率が軽減されます（日米租税条約10①，②，⑦，22，実施特例省令2，9の2）。具体的には，その配当の受益者が，その配当を支払う法人の議決権のある株式の10％以上を直接又は間接に所有する法人である場合には，その配当の額の5％，その他の場合には，その配当の額の10％に軽減されます。

ただし，他方の締約国の居住者（上場会社など特定の配当受益者）が12か月を通じて配当を支払う法人の議決権のある株式を50％超保有している場合等には免税となります。なお，この規定は2019年（令和元年）11月1日以後支払われる額については免税要件が更に緩和されます（アメリカ合衆国との租税条約を改訂する議定書に係る「批准書の交換」(2019年8月30日))。

〔6〕 居住者又は国内に恒久的施設を有する非居住者の配当等で，1回に支払を受けるべき金額が10万円に配当計算期間の月数を乗じてこれを12で除して計算した金額以下であるもの等一定の配当等については，配当所得から除外して申告をすることができます（措法8の5）。

なお，恒久的施設を有しない非居住者の配当については，第7章で説明しています。

関係法令等

〈所法2①三，五，7①三，161①一，九イ，164①，②，212①，213①，所令289，措法8の5，9の3①，②，復興財確法28①，②，日米租税条約10①，②，⑦，22，実施特例省令2，9の2〉

4―3　非居住者の国外払給与に対する課税（１）

私（英国人）は，英国法人Ｈ社から日本の子会社Ｎ社に，昨年３月，７か月間の予定で派遣されてきました。家族は本国に残っており，この期間に対応する給与は全てＨ社の本社で支払われております。

私のように，国外払いの給与だけを有する場合でも，日本で課税されることになるのでしょうか。

なお，日本国内にはＨ社の支店等の事業所はありません。

あなたは非居住者に該当しますが，日本勤務に基づいて受ける給与は，たとえ国外払いであっても，国内源泉所得として日本において課税の対象となります。

英国法人Ｈ社の事業所等が国内にありませんので，あなたが受け取る給与について所得税等は源泉徴収されず，確定申告を行う必要があります。

なお，あなたは，日本での滞在期間を開始し，又は終了するいずれの12か月間を通じても合計183日を超えて日本に滞在していることになるため，租税条約に基づく短期滞在者免税の適用はありません。

解　説

〔１〕　国内に住所を有し，又は現在まで引き続いて１年以上居所を有する個人は居住者となり（所法２①三），それ以外の個人は，非居住者となります（所法２①五）。

ここで，「住所とは各人の生活の本拠をいい，生活の本拠であるかどうかは客観的事実によって判定する」（所基通２−１）とされており，この「客観的事実」には，「例えば，住居，職業，資産の所在，親族の居住状況，国籍などが挙げられる。」とされています（三又修＝樫田明＝一色広巳＝石川雅美共編『平成29年版所得税基本通達逐条解説』（大蔵財務協会，2017）21頁。）

また，国内に居住することとなった個人が「国内において，継続して１年以上居住することを通常必要とする職業を有する」場合には，国内に住所を有する者と推定されます（所令14①一）。

そして，国内又は国外において事業を営み若しくは職業に従事するため国内又は国外に居住することとなった者は，その地における在留期間が契約等によりあらかじめ１年未満であることが明らかであると認められる場合を除き，上記の推定規定に該当するものとされます（所基通３－３）。

あなたの場合は,7か月の予定で日本の子会社に派遣されていますので，上記の国内に住所を有するものと推定する場合には当たりません。

〔２〕 あなたの場合，勤務期間７か月の予定で日本子会社に派遣されており，また，家族は本国に残っているとのことですので，あなたの生活の本拠（住所）は英国であり，日本ではないと考えられることから，非居住者に該当します。

〔３〕 非居住者に対しては国内源泉所得が課税の対象となります（所法７①三）。また，国内において行う勤務その他の人的役務の提供に基因する給与は，その対価の支払地が国内・国外いずれであるかを問わず国内源泉所得とされています（所法161①十二イ）。

〔４〕 国内において恒久的施設を有しない非居住者に対して支給される給与所得に対しては，分離課税の方法により，20.42％の税率で課税されることとなります（所法164②二，169，170，復興財確法８②，28①②）。

〔５〕 更に，非居住者の国内勤務に係る給与が国外において支払われた場合であっても，その支払者が国内に事業所等を有する場合には，国内において給与を支払ったものとみなされ，20.42％の税率による源泉徴収を行うこととなります（所法212②，213①，復興財確法８②，28①，②）。

〔６〕 あなたの場合，恒久的施設を有しない非居住者（所法164②二）に該当しますので，国内源泉所得である給与所得に対して分離課税の方法により，20.42％の税率で課税されることとなります（所法169，170）。

〔７〕 Ｎ社の勤務に基づく給与は全て国外で支払われ，日本の子会社Ｎ社は英国法人Ｈ社の「事業所等」に該当しなければ，源泉徴収の対象とはなりませんので，給与の受取額に20.42％の税率を適用した所得税法第172条に規定する

申告書を国内に居所を有しなくなる日までに所轄税務署長に提出し，納税をする必要があります。

提出すべき申告書の様式は，後掲のとおりです。

〔８〕 なお，日英租税条約第14条第２項では，勤務に関して取得する報酬についての短期滞在者免税を規定していますが，この免税を受けるためには，次の三つの要件の全てを満たすことが必要とされています（括弧内は質問に当てはめた場合を示します。)。

① その課税年度又は賦課年度において開始し，又は終了するいずれの12か月の期間においても，報酬の受領者が他方の締約国内（日本）に滞在する期間が合計183日を超えないこと

② その報酬が，他方の締約国（日本）の居住者でない雇用者（H社）又はこれに代わる者から支払われるものであること

③ その報酬が，雇用者（H社）の他方の締約国（日本）内に有する恒久的施設によって負担されるものでないこと

あなたの場合，昨年の３月に７か月の予定で日本に派遣されてきたとのことですので，日本での滞在期間を開始し，又は終了するいずれの12か月間を通じても合計183日を超えて日本に滞在していることになるため，日英租税条約に基づく短期滞在者免税の適用はありません。

関係法令等

〈所法２①五，７①三，161①十二イ，164②二，169，170，172，212②，213①，所令14①一，所基通３－３，復興財確法８②，28①，②，日英租税条約14②〉

個人番号(Individual Numbers)

令和　*年分所得税及び復興特別所得税の準確定申告書

（所得税法第172条第1項及び東日本大震災からの復興のための施策を実施するために必要な財源の確保に関する特別措置法第17条第5項に規定する申告書）

Income Tax and Special Income Tax for Reconstruction Quasi-Final Return (Under Article 172, Paragraph 1 of the Income Tax Law and Article 17, Paragraph 5 of Special Measures Act for the Reconstruction Funding After the Great East Japan Earthquake)

受付印	* Calendar year for which you file this Return (enter year of Heisei era)	税務署長 Name of the Tax Office where your return should be filed	(Year) (Month) (Date) 令和　年　月　日 Date of filing your return
氏名 Name(last,first,middle initial)			署名なつ印 Signature or seal of the taxpayer
住所又は居所 Domicile or residence			電話番号 Telephone number －　－
生年月日 Date of birth	年　月　日	性別 sex　男(male) □　女(female) □	国籍 Nationality

下記事項を記入してください。
Please fill out the following items.

当初の入国許可年月日 The date of original entry into Japan	年　月　日	在留期間 The period you are permitted to stay in Japan	From　年　月　日から To　年　月　日まで
在留資格 Your visa status in Japan		この申告に係る非居住者期間 The period in this tax year you were classified as a non-resident(Enter the beginning and ending dates during this calendar year.)	From　年　月　日から To　年　月　日まで
日本における勤務、人的役務の内容 Description of employment or other personal services performed in Japan			

1. 給与又は報酬の明細 (Details of your income)

源泉徴収の方法により納付済のものは記入しないでください。
(Do not enter receipts from which income tax and special income tax for reconstruction has been withheld at source.)

所得の種類(該当する所得を○で囲む) Type of income(circle the applicable income.)	給与所得・退職所得・人的役務の提供による所得 Employment income・Retirement income・Income from the provision of personal services	
支払者の氏名又は名称 Name or title of the payer	支払者の住所若しくは居所又は本店若しくは主たる事務所の所在地 Domicile residence place of head office or place of main office of the payer	収入金額 Amount of receipts
	課税所得金額 Amount of taxable income (The same amount of receipts.)	Ⓐ

2. 納める税金の計算 (Calculation of your tax)

課税所得金額 (Amount of taxable income) Ⓐ × 所得税の税率 (Income tax rate) $\frac{20}{100}$ = 所得税額（基準所得税額）(Amount of (base) income tax) Ⓑ

（1,000円未満の端数は切り捨ててください。）
(Any fractional sum of less than ¥1,000 shall be discarded.)

基準所得税額 (Amount of base income tax) Ⓑ × 復興特別所得税の税率 (Special income tax for reconstruction rate) $\frac{2.1}{100}$ = 復興特別所得税の額 (Amount of special income tax for reconstruction) Ⓒ

所得税及び復興特別所得税の申告納税額（Ⓑ＋Ⓒ）(Amount of income tax and special income tax for reconstruction) = 円

（100円未満の端数は切り捨ててください。）
(Any fractional sum of less than ¥100 shall be discarded.)

税理士
署名押印　㊞
電話番号　－　－

整理番号	納管	事業	住民	検算	通信日付印の年月日	一連番号
0					年　月　日	

番号確認	身元確認	確認書類
	□ 済 □ 未済	個人番号カード／通知カード・運転免許証 その他（　）

4—4　非居住者の国外払給与に対する課税（2）

私（インド人）は，バーレーンに居住し，バーレーンの石油関連会社A社に勤務していますが，本年の5月から9月までの5か月間，日本のB社で勤務することになりました。この間，毎月の給与はバーレーンのA社から支払われる予定であり，家族はバーレーンの自宅に残して単身で赴任し，賃貸マンションに居住することとしています。

A社では，毎年1月に各従業員の前年の勤務実績を基に金額が決定される賞与を支給していますが，B社勤務期間の勤務実績も含めて，翌年のA社の賞与を決定するとのことです。

私は今回の日本勤務に関連して，日本で何らかの申告義務が発生するのでしょうか。

なお，A社は日本に事務所や事業所を有していません。

本年の5月から9月までの勤務に係る給与については日本に居所を有しなくなる日までに，翌年1月に支払われる賞与については翌々年の3月15日までに，所得税法第172条に規定する申告書を提出し，納税する必要があります。

解　説

〔1〕 あなたは，家族をバーレーンに残し，単身で5か月間の予定で入国するとのことですから，住所はバーレーンであり，非居住者（所法2①五）に該当し，5月から9月までの給与及び翌年に支給される賞与のうちB社勤務期間に対応する部分が，国内源泉所得として課税されることになります（所法7①三，161①十二イ）。

〔2〕 非居住者に対して，給与が国外で支払われる場合であっても，その支払者が国内に事業所等を有する場合には，国内において給与を支払ったものとみなされ（所法212②），20.42％の税率による所得税等の源泉徴収が行われることとなりますが（所法164②二，213①，復興財確法8②，28①，②），その支

払者が国内に事業所等を有しない場合には，源泉徴収の対象とならないことから，非居住者自身が所得税法第172条に規定する申告書を提出し，納税することとなります（所法172）。

〔3〕 そして，所得税法第172条に規定する申告書は，翌年の3月15日までに提出することとされていますが，居所を有する非居住者が同日前に国内に居所を有しなくなる場合については，その居所を有しなくなる日までに，申告書を提出する必要があります（所法172）。

〔4〕 そして，あなたの勤務先であるA社は，日本に事業所等を有していないので，源泉徴収の規定の適用はなく，あなたが支払を受ける給与及び賞与については，所得税法第172条に規定する申告書を提出する必要があります。

〔5〕 したがって，あなたは次の各期限までに，所得税法第172条の規定に基づく申告書（様式は，問4－3に掲載）を提出し，納税する必要があります。

イ　本年の5月から9月までの期間に支払われる給与等

　日本に居所を有しなくなる日まで

ロ　翌年の1月に支給される賞与

　翌々年の3月15日まで

　なお，日本とバーレーンは二国間の租税条約を締結していませんので，国内法どおり，上記の課税となります。

関係法令等

〈所法2①五，7①三，161①十二イ，164②二，172，212②，213①，復興財確法8②，28①，②〉

4―5　非居住者の国内払給与（留守宅手当）に対する課税

Q

私（英国人）は，英国法人Ｂ社の日本支店に３年間の予定で勤務するため，昨年３月に妻子とともに来日し，都内に住んでいます。

ところが，本年10月，Ｂ社のタイ出張所に２年の予定で派遣されることとなったため，妻子は日本に残し，単身で赴任する予定でいます。

10月以降の私の給与の一部は，日本支店から日本国内にいる妻子に支払われますが，この給与（留守宅手当）は日本で課税されるのでしょうか。

なお，日本に何度か来日する予定です。

A

タイ出張所で勤務する間は非居住者に該当し，課税の対象は国内源泉所得に限られます。あなたの留守中に日本の妻子に支払われる給与は，タイ出張所勤務に基づく国外源泉所得であることから，日本では課税されません。

ただし，日本への来日が業務出張である場合には，その日本勤務に対する給与は国内源泉所得となり，一部の給与が日本支店から支払われていることから，その国内勤務に係る給与は短期滞在者免税とはならず，課税対象となります。

解　説

〔１〕 国外に居住することとなった個人が，国外において継続して１年以上居住することを通常必要とする職業を有する場合には，国内に住所を有しない者と推定され（所令15①一），非居住者に該当します。

〔２〕 非居住者は，国内源泉所得が課税の対象とされていますが，この場合，その対価の支払地が国内・国外のいずれであるかを問いません（所法７①三）。

〔３〕 あなたの場合，本年10月から２年間の予定でタイ出張所に勤務するとのことですので，出国の日以降は非居住者に該当します。

このため，課税の対象は，国内源泉所得に限られますが，タイでの勤務に基づく給与は国外源泉所得となりますので，たとえ，その支払が日本で行われていても日本で課税されることはありません。

〔4〕 日本に何度か来日するとのことですが，その来日が家族と会うためなどの休暇による訪問であれば，課税の問題は生じませんが，来日が業務出張である場合には，その日本勤務に対する給与は国内源泉所得となり，課税の対象となります。

〔5〕 日英租税条約第14条第2項では，勤務に関して取得する報酬についての短期滞在者免税を規定していますが，この免税を受けるためには，次の三つの要件の全てを満たすことが必要とされています（括弧内は質問に当てはめた場合を示します。）。

① その課税年度又は賦課年度において開始し，又は終了するいずれの12か月の期間においても，報酬の受領者が他方の締約国（日本）内に滞在する期間が合計183日を超えないこと

② その報酬が，他方の締約国（日本）の居住者でない雇用者（B社）又はこれに代わる者から支払われるものであること

③ その報酬が，雇用者（B社）の他方の締約国（日本）内に有する恒久的施設によって負担されるものでないこと

あなたの場合，留守宅手当が日本支店から支払われていますので，上記②の要件を満たさないこととなり，短期滞在者免税とはならず，その日本勤務に対応する給与は課税対象となります。

関係法令等

〈所法7①三，161①十二イ，所令15①一，日英租税条約14②〉

第 5 章

租　税　条　約

5—1 租税条約の適用

Q

私（イタリア人）は，イタリア法人K社の本社から日本支店に派遣されて6年目になります。私の今年の収入はK社からの給与及び配当です。

K社からの配当についての課税関係及び租税条約の適用については，どのようになるでしょうか。

A

あなたは永住者に該当し，イタリア法人K社からの配当についても日本での課税の対象となりますが，あなたはイタリアで手続をすることにより，日伊租税条約に規定する限度税率による課税を受けることができます。

また，イタリアで限度税率により課税される所得税等について，日本で外国税額控除の対象とすることができます。

解　説

〔1〕 日本国籍を有しない者であっても，過去10年間のうちに国内に住所又は居所を有していた期間の合計が5年超の者は，永住者に該当します（所法2①三，四）。

〔2〕 永住者の場合には，全ての所得が課税の対象となり，非居住者の場合は国内源泉所得のみが課税の対象になります（所法7①一，三）。

〔3〕 あなたの場合，日本に入国して6年目になることから，永住者に該当し（所法2①四），イタリア法人K社からの配当についても日本で課税されることとなります。

〔4〕 K社からの配当については，イタリアにおいても課税することができるとされていますが（日伊租税条約10②），日伊租税条約では限度税率が規定されていますので，あなたはイタリアで手続をすることにより，限度税率による課税を受けることができます。その限度税率は，あなたがK社の議決権付き株式の25%以上を所有する場合には10%，それ以外の場合は15%です（日伊租税条約10②）。

ただし，K社からの配当についてイタリアで所得税等が課されている場合には，イタリアで課税された所得税等について確定申告の際に外国税額控除を受けることによって，限度税率により課される所得税等について二重課税を調整することができます（所法95，日伊租税条約23）。

関係法令等

〈所法２①三，四，7①一，三，95，日伊租税条約10②，23〉

5―2　租税条約の適用対象者

Q　私（インド人）は，日本の所得税法上，居住者に該当する者ですが，スペイン法人から配当を受け取っています。この配当について，日本とスペインとの租税条約の適用を受けることができますか。

A　**あなたは日本の居住者であり，日本とスペインとの租税条約の適用を受けることができます。**

解　説

〔1〕 租税条約は，締約国の一方又は双方の居住者に適用することとされ，通常，各租税条約にその旨規定されています。

日本・スペイン租税条約においても，第1条に「この条約は，一方又は双方の締約国の居住者である者に適用する」と規定され，第4条には「この条約の適用上，『一方の締約国の居住者』とは，当該一方の締約国の法令の下において，住所，居所，本店又は主たる事務所の所在地，管理の場所その他これらに類する基準により当該一方の締約国において課税を受けるべきものとされる者をいう」と規定されています。

〔2〕 したがって，あなたの場合，インド人ですが，日本の居住者に該当するとのことですから，スペイン法人からの配当について，日本・スペイン租税条約第10条の適用を受けることができます。

関係法令等

〈日本・スペイン租税条約1，4，10〉

5―3　租税条約以外の条約等の適用

外国人に適用される租税について規定した条約等には租税条約以外に，どのようなものがありますか。

「外交関係に関するウィーン条約」「領事関係に関するウィーン条約」「日米地位協定」「国際機関等との協定」等があり，これらの条約等の適用がある場合には，日本において租税の減免等を受けられます。

解　説

〔１〕 各国との租税条約以外に税の取扱いについて規定している条約等としては，次のようなものがあります。

① 外交官については「外交関係に関するウィーン条約第34条」，また，領事等については「領事関係に関するウィーン条約第49条」において，課税上の特例が認められています。

② 米国軍隊の構成員及び軍属並びにそれらの家族については，日米地位協定に基づき軍勤務に基づく所得を日本で免税とするとともに，「これらの者が合衆国軍隊の構成員若しくは軍属又はそれらの家族であるという理由のみによって日本国にある期間は，日本の租税の賦課上，居所又は住所を有する期間とは認めない」と規定されています（日米地位協定13②）。また，当該地位協定を実施するために所得税法等の臨時特例法が設けられており（日米臨時特例法13③），日本に滞在する期間でも，非居住者としての課税を受けることとなります。

〔２〕 その他，次に掲げる各機関の職員については，各協定等によって課税上の特例が受けられることになっています。

① 国際連合（国際連合の特権及び免除に関する条約５⑱(b)）

② 次に掲げる国際連合の専門機関（専門機関の特権及び免除に関する条約６⑲(b)）

国際労働機関，国際連合食糧農業機関，国際連合教育科学文化機関，国際通貨基金，国際復興開発銀行，世界保健機関，万国郵便連合，国際電気

通信連合，世界気象機関，国際海事機関，世界知的所有機関

③　国際金融公社（国際金融公社協定６⑨(b)）

④　国際開発協会（国際開発協会協定８⑨(b)）

⑤　アジア開発銀行（アジア開発銀行を設立する協定56②）

⑥　アフリカ開発基金（アフリカ開発基金を設立する協定49④）

⑦　アフリカ開発銀行（アフリカ開発銀行を設立する協定57(2)）

⑧　経済協力開発機構（日本国における経済協力開発機構の特権及び免除に関する日本国政府と経済協力開発機構との間の協定14(b)）

⑨　米州開発銀行（米州開発銀行を設立する協定11⑨(b)）

⑩　米州投資会社（米州投資公社を設立する協定７⑨(b)）

⑪　欧州復興開発銀行（欧州復興開発銀行を設立する協定53⑥）

関係法令等

〈外交関係ウィーン条約34，領事関係ウィーン条約49，日米地位協定13②，日米臨時特例法３③他〉

5－4　租税条約に基づく所得税の源泉徴収に係る減免の手続

私（米国市民）は，米国の居住者で日本の非居住者に該当する者ですが，内国法人（非上場）から配当及び貸付金に対する利子を受領しています。

日米租税条約に基づく軽減又は免除の適用を受けようとする場合，どのような手続を採ればよいのでしょうか。

配当及び利子の支払を受ける日の前日までに，支払者を通じて，支払者を所轄する税務署長に軽減又は免除の適用を受けるための租税条約に関する届出書等を提出する必要があります。

解　説

〔１〕 租税条約に基づき所得税の源泉徴収の軽減又は免除の適用を受けるためには，それらの支払を受ける日の前日までに，支払者を通じて，支払者を所轄する税務署長に所定の租税条約に関する届出書を提出する必要があります（実施特例法３の２，実施特例省令２～９）。

また，租税条約の規定の適用に関して条約の特典を受けることができる居住者についての条件を定めている租税条約の規定，いわゆる「特典条項」を有する租税条約の場合は，特典条項の適用対象となる所得について軽減，免除の適用を受ける場合には，租税条約に関する届出書のほかに「特典条項に関する付表（様式17）」及び「居住者証明書（相手国において課税を受けるべきものとされる居住者であることを証明する書類）」が必要になります（実施特例省令９の２～９の10）。

〔２〕 租税条約の届出書等については，以下の「（参考）１」のとおりですが，あなたの場合には，内国法人（非上場）からの配当及び貸付金の利子を受領しますので，「（参考１）」の「（１）」及び「（11）」が必要です。

また，日米租税条約第22条には，「特典条項」がありますので，「（参考２）」の「（１）」と居住者証明が必要となります。

（参考１） 租税条約に関する届出書等は，次のとおりです。

（1） 租税条約に関する届出（配当に対する所得税及び復興特別所得税の軽減・免除）［様式1］

（2） 租税条約に関する特例届出（上場株式等の配当等に対する所得税及び復興特別所得税の軽減・免除［様式1－2］

（3） 租税条約に関する届出（利子に対する所得税及び復興特別所得税の軽減・免除）［様式2］

（4） 租税条約に関する届出（使用料に対する所得税及び復興特別所得税の軽減・免除）［様式3］

（5） 租税条約に関する申請（外国預託証券に係る配当に対する所得税及び復興特別所得税の源泉徴収の猶予）［様式4］

（6） 租税条約に関する届出（外国預託証券に係る配当に対する所得税及び復興特別所得税の軽減）［様式5］

（7） 租税条約に関する届出（人的役務提供事業の対価に対する所得税及び復興特別所得税の免除）［様式6］

（8） 租税条約に関する届出（自由職業者・芸能人・運動家・短期滞在者の報酬・給与に対する所得税及び復興特別所得税の免除）［様式7］

（9） 租税条約に関する届出（教授等・留学生・事業等の修習者・交付金等の受領者の報酬・交付金等に対する所得税及び復興特別所得税の免除）［様式8］

（10） 租税条約に関する届出（退職年金・保険年金等に対する所得税及び復興特別所得税の免除）［様式9］

（11） 租税条約に関する届出（所得税法第161条第1項第7号から第11号まで，第13号，第15号又は第16号に掲げる所得に対する所得税及び復興特別所得税の免除）［様式10］

（12） 租税条約に関する源泉徴収税額の還付請求（発行時に源泉徴収の対象となる割引債及び芸能人等の役務提供事業の対価に係るものを除く）［様式11］

（13） 租税条約に関する芸能人等の役務提供事業の対価に係る源泉徴収

税額の還付請求［様式12］

(14)　租税条約に関する割引債の償還差益に係る源泉徴収税額の還付請求（発行時に源泉徴収の対象となる割引国債用）［様式13］

(15)　租税条約に関する割引債の償還差益に係る源泉徴収税額の還付請求（割引国債以外の発行時に源泉徴収の対象となる割引債用）［様式14］

(16)　租税条約に基づく認定を受けるための申請（認定省令第一条第一号関係）［様式18］

(17)　租税条約に基づく認定を受けるための申請（認定省令第一条第二号関係）［様式18－２］

(18)　租税条約に関する源泉徴収税額の還付請求（利子所得に相手国の租税が賦課されている場合の外国税額の還付）

(19)　特典条項に関する付表［様式17］

(20)　免税芸能法人等に関する届出

（参考２）　特典条項に関する付表（様式17）は，次のとおりです。

（１）　特典条項に関する付表（様式17－米）

（２）　特典条項に関する付表（様式17－英）

（３）　特典条項に関する付表（様式17－仏）

（４）　特典条項に関する付表（様式17－豪）

（５）　特典条項に関する付表（様式17－オランダ王国）

（６）　特典条項に関する付表（様式17－スイス）

（７）　特典条項に関する付表（様式17－ニュージーランド）

（８）　特典条項に関する付表（様式17－スウェーデン）

（９）　特典条項に関する付表（様式17－独）

(10)　特典条項に関する付表（様式17－ラトビア共和国）

(11)　特典条項に関する付表（様式17－リトアニア共和国）

(12)　特典条項に関する付表（様式17－エストニア共和国）

(13)　特典条項に関する付表（様式17－ロシア連邦）

(14)　特典条項に関する付表（様式17－オーストリア共和国）

(15)　特典条項に関する付表（様式17－アイスランド）

(16)　特典条項に関する付表（様式17－デンマーク王国）

(17)　特典条項に関する付表（様式17－２－認定省令第１条第２号関係）

（参考３）

台湾との間では，「所得に対する租税に関する二重課税の回避及び脱税の防止のための公益財団法人交流協会と亜東関係協会との間の取決め」（以下「日台民間租税取決め」といいます。）が2015年（平成27年）11月26日に結ばれ，2016年（平成28年）６月13日に発効しています。日台民間租税取決めは，窓口機関である公益財団法人交流協会（日本）と亜東関係協会（台湾）との間で作成された民間取決めです。

そして，2016年度（平成28年度）税制改正で，日台民間租税取決めを実施するため国内法が整備され，「外国人等の国際運輸業に係る所得に対する相互主義による所得税等の非課税に関する法律」が「外国居住者等の所得に対する相互主義による所得税等の非課税等に関する法律」（以下「外国居住者等所得相互免除法」といいます。）に改正されています。外国居住者等所得相互免除法において，租税条約に関する届出書と同様の届出様式が定められています。

関係法令等

〈実施特例法３の２，実施特例省令２～９，日米租税条約22〉

5―5　源泉徴収義務者が租税条約に関する届出書を作成することの可否

外国に居住する非居住者に代わって，源泉徴収義務者が租税条約に関する届出書等を作成し，所轄税務署長に提出することは可能ですか。

源泉徴収義務者が，非居住者の納税管理人や代理人となっている場合には，源泉徴収義務者が非居住者に代わり，租税条約に関する届出書を作成して提出することができます。

解　説

〔１〕　非居住者が，租税条約の規定による租税の軽減又は免除を受けるためには，源泉徴収の対象となる国内源泉所得の支払を受ける日の前日までに，租税条約に関する届出書等を支払者（源泉徴収義務者）に提出し，支払者がこれを所轄の税務署長に提出することが必要とされています（実施特例省令２～９）。

〔２〕　この場合，納税管理人や非居住者から委任を受けた代理人がいる場合には，非居住者に代わってこれらの手続を行うことができます（通法117，124，通基通（徴）117-２）。

なお，納税管理人以外の代理人がこれらの手続を行う場合には，非居住者が代理人に正当な権限を付与したことを証する委任状を添付する必要があります（通法124）。

〔３〕　このように，源泉徴収義務者は非居住者の納税管理人又は代理人となることにより，その非居住者に代わり，租税条約に関する届出書を作成して所轄の税務署長に提出することができます。

関係法令等

〈通法117，124，通基通（徴）117-２，実施特例省令２～９〉

5—6 短期滞在者免税を受けられる者の要件

Q

私（米国市民）は，米国法人Ａ社に勤務していますが，４か月の予定で日本支店に出張を命ぜられ，家族を本国に残して単身で来日しました。

私の給与は，米国にあるＡ社から支払われますが，その費用を日本支店が負担することになっています。

私は短期滞在者免税の規定の適用を受けることができるでしょうか。

A

あなたの給与をＡ社の日本支店が負担していますので，日米租税条約による短期滞在者免税の適用はありません。

解　説

〔1〕 あなたは，４か月の予定で日本支店に出張を命ぜられ，家族を本国に残して単身で来日したとのことですので，あなたの住所（生活の本拠）は米国であり，日本ではないと考えられることから，非居住者（所法２①五）に該当します。

〔2〕 非居住者の場合，国内において行う勤務等に基因する所得（国内源泉所得），は課税の対象となり，20.42％の税率による分離課税により課税されることとなります（所法７①三，161①十二イ，164②二，169）。

〔3〕 ところで，日本が各国と締結している租税条約には，短期滞在者免税の規定が設けられている場合があり，条約相手国によって要件が若干異なっています。

日米租税条約第14条第２項では，一方の締約国（米国）の居住者である個人が，短期滞在者免税を受けるためには，次の三つの要件のすべてを満たすことが必要とされています（括弧内は質問に当てはめた場合を示します。)。

① その課税年度において開始又は終了するいずれの12か月の期間においても，報酬の受領者が他方の締約国（日本）内に滞在する期間が合計183日を超えないこと

② 報酬が他方の締約国（日本）の居住者でない雇用者（Ａ社）又はこれに代わる者から支払われるものであること

③ 報酬が雇用者の他方の締約国（日本）内に有する恒久的施設（日本支店）によって負担されるものでないこと

〔４〕 あなたの給与は，米国にあるＡ社から支払われていますが，その費用は日本支店が負担することになっています。そうすると，上記〔３〕の①及び②の要件には該当しますが，③の要件には該当しないこととなり，短期滞在者免税の適用は受けられません。

〔５〕 あなたの給与は米国にあるＡ社から支払われていますが，Ａ社は日本に支店がありますので，その給与は国内で支払われたものとみなされて20.42%の税率で所得税等が源泉徴収されます（所法212①，②,213①，復興財確法28①，②）。

関係法令等

〈所法２①五，７①三，161①十二イ，164②二，169，170，212①，②，213①，日米租税条約14②，復興財確法28①，②〉

5―7　短期滞在者免税の居住者への適用の有無

私（米国市民）は，米国法人Ａ社に勤務していましたが，本年10月，３年間の予定でＡ社の日本子会社であるＫ社に派遣され来日しました。

私の給与はＡ社から支給されています。私の本年中の国内での滞在日数は183日を超えていませんが，私は短期滞在者免税の適用を受けることができるのでしょうか。

あなたは，居住者に該当しますので，租税条約に基づく短期滞在者免税の適用を受けることはできません。

解　説

〔１〕 国内に居住することとなった者が，国内において継続して１年以上居住することを通常必要とする職業に従事する場合には，その者は国内に住所を有する者との推定を受け，居住者として取り扱われます（所法２①三，所令14①一）。

あなたの場合，本年の10月に３年間の予定で来日していることから，日本国内に住所を有する者との推定を受け，入国した時から居住者として取り扱われます。

〔２〕 日本が各国と締結している租税条約には，短期滞在者免税の規定を設けている場合がありますが，日本での勤務に係る給与について，短期滞在者免税の適用を受けるには相手国の居住者で，日本の非居住者であることが必要です（日米租税条約14②）。

あなたは，本年の日本での滞在期間が183日を超えないとしても，居住者に該当しますので，短期滞在者免税の適用をすることはできません。

〔３〕 短期滞在者免税の適用要件については，各国別にそれぞれ定められております。日米租税条約については，前掲問５―６「短期滞在者免税を受けられる者の要件」の〔３〕を参照してください。

〔４〕 なお，あなたは，Ｋ社での勤務に基因する給与をＡ社から国外で受領し

ていますので，所得税等の源泉徴収は行われず（所法183①），確定申告により，申告と納税を行う必要があります（所法120①，128）。

関係法令等

〈所法２①三，120①，128，183①，所令14①一，日米租税条約14②〉

5—8　短期滞在者免税の適用の有無（滞在期間の判定）

Q

私（シンガポール人）は，本年10月に７か月の予定でシンガポール法人Ｆ社から日本の子会社であるＤ社に派遣され，家族を残し，単身で来日しましたが，来年４月末には帰国する予定です。

私の給与は全てＦ社から支給される予定です（Ｄ社の負担はありません。）が，日本における滞在日数は本年の10月から通算すると183日を超えるものの，各年ごとの滞在日数は本年は92日，来年は120日になります。

私は，短期滞在者免税の適用を受けることができるでしょうか。

A

日本・シンガポール租税条約における短期滞在者免税の要件の一つである滞在期間「183日以内」に該当しませんので，当該免税の規定の適用を受けることはできません。

解　説

〔1〕　あなたの場合，勤務期間７か月の予定で日本子会社に派遣されており，また，家族は本国に残し，単身で来日したとのことですので，あなたの生活の本拠（住所）はシンガポールであり，日本ではないと考えられることから，非居住者（所法２①五）に該当します。

〔2〕　非居住者については，課税の対象となるのは国内源泉所得のみとされており，給与所得の場合には原則として20.42％の税率による分離課税により所得税及び復興特別所得税が課税されることとなります（所法７①三，161①十二イ，164②二，169，170，復興財確法13）。

この場合，その支払が国外において行われていても，その支払者が日本国内に住所若しくは居所を有しているか，又は事業所等を有しているときには，その支払は国内において支払われたものとみなされ，20.42％の税率で源泉徴収されることとなります（所法212①，②，213①，復興財確法28）。

〔3〕　ところで，日本・シンガポール租税条約第15条第２項は，短期滞在者免税について規定していますが，この規定の適用を受けるためには，次の三つの

要件の全てを満たすことが必要とされています（括弧内は質問に当てはめた場合を示します。）。

① 報酬の受領者が継続するいかなる12か月の期間においても合計183日を超えない期間，他方の締約国（日本）内に滞在すること

② 報酬が他方の締約国（日本）の居住者でない雇用者（F社）又はこれに代わる者から支払われるものであること

③ 報酬が雇用者（F社）の他方の締約国（日本）内に有する恒久的施設又は固定的施設によって負担されるものでないこと

〔4〕 あなたの場合，短期滞在者免税の適用は，継続する12か月間における滞在日数が183日を超えているかどうかで判定されることとなり，入国から帰国（本年10月から来年4月）までの滞在日数が183日を超えるため，上記〔3〕①の要件を満たしていないことになり，日本勤務に基づく給与に対しては，短期滞在者免税を適用することはできません。

〔5〕 また，あなたに対する給与はF社から支給されるとのことであり，日本の子会社D社はF社の日本での事業所等には該当しないことから，あなたに対する給与については所得税等の源泉徴収の対象となりません。

したがって，あなたは，給与の受取額に20.42％の税率を適用した所得税法第172条に規定する申告書を本年分については来年の3月15日までに，来年分については来年の4月の出国日までに税務署に提出し，納税することが必要です（所法172，212①，②，③，復興財確法17⑤）。

関係法令等

〈所法2①三，五，7①三，161①十二イ，164②二，169，170，172，212①，②，213①，日本・シンガポール租税条約15②，復興財確法13，28〉

5―9　モンゴル国の居住者が日本に短期滞在した場合の課税

Q

私はモンゴル国の居住者ですが，韓国法人Ｓ社のウランバートル支店に勤務しています。この度，３か月の予定で日本支店に勤務することとなり，家族は本国に残し，単身で本年２月に来日する予定です。

私は，日本支店勤務に係る給与について短期滞在者免税の適用を受けることができるでしょうか。

A

日本とモンゴル国との間には，租税条約は締結されていませんので，日本支店勤務に係る給与について短期滞在者免税の適用を受けることはできません。

解　説

〔1〕 あなたの場合，３か月の予定で日本支店に勤務する予定で，家族は本国に残し，単身で来日するとのことですので，来日後もあなたの生活の本拠（住所）はモンゴル国であり，日本ではないと考えられることから，非居住者（所法２①五）に該当します。

〔2〕 非居住者については，課税の対象となるのは国内源泉所得のみとされており，給与所得の場合には原則として20.42％の税率による分離課税の方法により所得税及び復興特別所得税が課税されることとなります（所法７①三，161①十二イ，164②二，169，170，復興財確法12，13，17）。

〔3〕 ただし，日本との間で租税条約が締結されている国の居住者が日本に短期間滞在したときは，租税条約の規定に基づいて日本での課税を免除される場合があります（短期滞在者免税）。

〔4〕 あなたは来日後もモンゴル国の居住者となりますが，日本とモンゴル国との間には，租税条約は締結されていません。

したがって，あなたの場合，日本支店勤務に係る給与について短期滞在者免税の適用を受けることはできません。

〔5〕 なお，あなたの給与の支払を日本支店が行っている場合は，日本支店で

20.42％の税率により源泉徴収がなされることとなります（所法212①，213①，復興財確法28，31）。

また，その支払がウランバートル支店で行われている場合においても，S社の支店が日本にあることから，日本国内で支払われたものとみなし，所得税等の源泉徴収を行う必要があります（所法212②，213①）。

関係法令等

〈所法２①三，五，7①三，161①十二イ，164②二，169，170，212①，②，213①，復興財確法12，13，17，28，31〉

5—10 教授免税の免税期間の要件

Q

私（フランス人）は，一昨年６月に日本のＨ大学の招請により来日し，２年間，同大学の教授として勤務してきましたが，このＨ大学からの給与については日仏租税条約により，２年以内の勤務の場合には，所得税等が免税となるとのことで，これまで私の給与から所得税等は差し引かれませんでした。

しかし，更に２年間延長して引き続き同大学の教授として勤務することとなりました。

期間延長後に，私がＨ大学から受ける給与については課税されるのでしょうか。

また，滞在期間が２年を超えることによって私が過去に支払を受けた給与の免税が変更されるということはあるのでしょうか。

A

Ｈ大学の教授として来日後２年を経過することとなる日以降に支払われる給与については課税されますが，入国当初の２年間の給与に遡って課税されることはありません。

解　説

〔1〕 日仏租税条約第21条第１項は，日本国内にある大学等の公認された教育機関において教育又は研究を行うため日本国内に一時的に滞在する個人が，本条約第４条第１項にいうフランスの居住者に引き続き該当する場合は，その教育又は研究につき取得する報酬については，日本に到着した日から２年間は日本での課税が免除される旨規定しています。

〔2〕 したがって，あなたの場合，入国してから２年間は，Ｈ大学の教授としての報酬について免税されますが，入国してから２年を超えた日以降に支払を受ける給与については，国内法に基づき課税されることとなります。

なお，租税条約により入国後２年間は免税とされていることから，滞在期間が２年を超えたからといって，当初の２年間の給与に対して遡って課税されることはありません。

関係法令等

〈日仏租税条約21①〉

5―11　教授免税の適用対象となる学校の範囲

Q

私（イタリア人）は，語学学校E学院の招請により，本年4月に来日して2年間，E学院の語学教授として勤務することになりました。

私がE学院から受ける給与は，日伊租税条約に基づく教授等の免税の適用の対象となるでしょうか。

A

語学学校は学校教育法第1条に規定する学校には該当しないのが通例ですので，その場合には，日伊租税条約に基づく教授等の免税の適用を受けることができません。

解　説

〔1〕 日伊租税条約第20条は，大学その他の教育機関において教育を行うため一方の締約国（日本）を訪れ，2年を超えない期間，一時的に滞在する教授又は教員で，現に他方の締約国（イタリア）の居住者であり，又は訪れる直前に他方の締約国（イタリア）の居住者であった者（来日後，日本の居住者となる者を含みます。）は，その教育に携わることで受ける報酬についての租税は免除する旨規定しています。

〔2〕 ここで，「大学その他の教育機関」とは，学校教育法第1条に規定する学校をいい（実施特例省令7①），学校教育法第1条に規定する学校とは，小学校，中学校，高等学校，中等教育学校，大学，高等専門学校，特別支援学校及び幼稚園をいいます。

語学学校は，通常は学校教育法第134条に規定する各種学校であり，学校教育法第1条に規定する学校には該当しないのが通例となっていることから，その場合には，語学学校から受ける給与は，日伊租税条約に基づく免税の適用を受けることはできません。

関係法令等

〈日伊租税条約20，実施特例省令7①，学校教育法1，134〉

5—12　留学生免税

私（韓国人）は，本年4月から，日本の国立大学の留学生として日本に滞在していますが，生活費に充てるため，飲食店でアルバイトをしています。

アルバイト収入は，月10万円程度で，年間120万円（11,000米ドル相当）程度ですが課税されるのでしょうか。

日韓租税条約により日本国内で受け取る交付金，奨学金及び勤務による報酬の合計額が年間20,000米ドルを超えない場合に限り，日本での課税は免除されます。

解　説

〔1〕日韓租税条約第20条第1項では，専ら教育又は訓練を受けるため，一方の締約国（日本）内に滞在する学生であって，現に他方の締約国（大韓民国）の居住者である者又は来日直前に他方の締約国（大韓民国）の居住者であった者が，その生計等のために受け取る給付については，その給付が当該一方の締約国（日本）の国外から支払われるものに限り，当該一方の締約国（日本）での課税は免除することとしています（括弧内は質問に当てはめた場合を示します。)。

〔2〕また，日韓租税条約第20条第2項により，現に滞在している一方の締約国（日本）に源泉のあるものでも，交付金，奨学金，勤務による報酬の額の合計額が年間20,000米ドル（日本円又は韓国ウォンによる相当額）を超えない場合は，日本での課税は免除されます。ただし，継続する5年を超える場合は免除とはなりません。

〔3〕あなたが受け取るアルバイト収入は年間120万円程度（11,000米ドル相当）とのことであり，ほかに交付金，奨学金，勤務による報酬がなければ年間20,000米ドルを超えませんから，日本での課税は免除されることとなります。

〔4〕なお，免除を受けるためには，源泉徴収義務者であるアルバイトの飲食店

（給与支払者）を通じてあなたがアルバイトをする飲食店（給与支払者）の所轄税務署長に「租税条約に関する届出書」を提出する必要があります（実施特例省令８）。

関係法令等

〈日韓租税条約20①，②，実施特例省令８〉

第 6 章

公的機関等に勤務する者の課税関係

6—1 外交官及び領事官に対する課税

在日大使館及び在日領事館に勤務する外国人については，日本で課税されますか。

大使館及び領事館に勤務する外国人については，外交関係に関するウィーン条約，領事関係に関するウィーン条約及び所得税法，所得税基本通達により下表のとおり免税又は非課税とされています(注1)。

		免税又は非課税となる範囲	根拠
大使館に勤務する外国人	外交官	所得税	所基通 9-11
		特定の租税（注2）を除く全ての租税	外交関係に関するウィーン条約34
	事務及び技術職員	特定の租税（注2）を除く全ての租税	外交関係に関するウィーン条約37②
	役務職員	大使館から受ける報酬に対する租税	外交関係に関するウィーン条約37③
領事館に勤務する外国人	領事官及び事務技術職員	特定の租税（注2）を除く全ての租税	領事関係に関するウィーン条約49①
	役務職員	領事館から受ける賃金に対する租税	領事関係に関するウィーン条約49②

（注1） 給与について免税又は非課税としている条約，所得税法及び所得税基本通達の適用については，有利な方の規定に従った課税方法によることとなります。

（注2）「特定の租税」とは，次の租税などです（外交関係ウィーン条約34，領事関係ウィーン条約49①）。

① 商品又は役務の価格に通常含められるような間接税

② 接受国の領域内にある個人の不動産に対する賦課金及び租税

③ 接受国において課される相続税等

④ 接受国内に源泉がある個人的所得に対する賦課金・租税，接受国内の企業への投資に対する資本税

解　説

〔1〕 外交官及び事務（技術）職員については，特定の租税(注1)及び賦課金等を除いて，人，動産又は不動産に関する国又は地方公共団体の全ての賦課金

及び租税が免除されることとなっています（外交関係ウィーン条約34，37）。

また，所得税に関して，事務（技術）職員は，外国政府若しくは外国の地方公共団体又は一定の国際機関（注２）に対する勤務により受ける給与（注３）について，相互主義を要件として原則として非課税とされ（所法９①八，所令23，24，所規３），外交官及びその配偶者は，全ての所得について非課税とされています（所基通９-11）。

（注１）「特定の租税」については，上記Ａの（注２）の説明を参照してください。

（注２）「一定の国際機関」とは，国際間の取決めに基づき設立された機関のうち日本国が構成員となっているものその他国を構成員とするもので，財務大臣が指定するものとされており，①犯罪の防止及び犯罪者の処遇に関するアジア及び極東研修所，②東南アジア貿易投資観光促進センターが指定されています（所令23①，昭和47年12月８日大蔵省告示152）

なお，上記の告示に定める国際機関以外の国際機関からその職員が受ける給与についても条約により非課税とされる場合があり，これらの国際機関については問５－３で説明しています。

（注３）　給与が非課税となる外国政府等に勤務する者が，その勤務により受けるものであっても，退職手当，一時恩給，その他退職により一時に受ける給与及びこれらの性質を有する給与は非課税とはなりません（所基通９－12（２））。

〔２〕　なお，外交官とは，大使館に勤務する者（①外交官，②事務及び技術職員，③役務職員）のうち，使節団の長又は使節団の外交職員をいい（外交関係ウィーン条約１(e)），一般的に，接受国の外務省が作成する外交団リスト（DIPLOMATIC　LIST）にその氏名が記載され，大使（Ambassador），公使（Minister），参事官（Counsellor），一等書記官（First　Secretary），二等書記官（Second　Secretary），三等書記官（Third Secretary），アタッシェ（Attaché）がこれに当たります。

【使節団の組織図】

〔3〕 受付，玄関番，運転手及び掃除人等の役務職員で接授国の国民でないもの又は接授国に通常居住していないものは，自己が雇用されていることによって受ける報酬について租税が免除されます（外交関係ウィーン条約37③）。

〔4〕 領事館（総領事館，領事館，副領事館又は代理領事事務所）に勤務する者については，領事官及び事務技術職員は，特定の租税(注)を除いて，人，動産又は不動産に関する国又は地方公共団体の全ての賦課金及び租税が免除され（領事関係ウィーン条約49①），役務職員は，自己の役務について受領する対価のみが課税されないこととなっています（領事関係ウィーン条約49②）。

関係法令等

〈外交関係ウィーン条約１(e)，34，37，領事関係ウィーン条約49，所法９①八，所令23，24，所規３，昭和47年12月８日大蔵省告示152，所基通９-11〉

6—2　外国大公使館に勤務する書記に対する課税

私（米国市民）は，在日米国大使館事務職員をしていますが，所得税基本通達9-11《人的非課税》に定める「外交官である大公使館員」に該当しますか。また，私が在日米国大使館（米国政府）から支払を受ける給与は非課税となりますか。

あなたは，「外交官である大公使館員」には該当しませんが，大使館から支払を受ける給与は非課税となります。

解　説

〔1〕 大使館の事務職員は，外交関係に関するウィーン条約第1条(f)の「事務及び技術職員」（使節団の職員で使節団の事務的業務又は技術的業務のために雇用されているもの）に該当し，外交官には含まれません。したがって，あなたの場合，外交官等に認められる人的非課税の適用は受けられません。

しかし，外交関係に関するウィーン条約第37条第2項により，特定の租税(注)を除き，課税されませんので，大使館勤務に基づく給与は課税されません。

(注)「特定の租税」については，問6－1で説明しています。

〔2〕 また，米国において勤務する我が国の国家公務員又は地方公務員が支払を受ける給与に対して，米国では租税を課さないこととされていますので，米国政府に勤務する事務職員に対しても，在日米国大使館から支払を受ける給与については所得税法上も日本では課税しないこととなります（所法9①八，所令24）。

関係法令等

〈外交関係ウィーン条約1(f)，37②，所法9①八，所令24〉

6—3 外国大使館に勤務する役務職員に対する課税(1)

私（フィリピン人）は，在日英国大使館に庭師として勤務し，月額20万円の給与収入を得ていますが，この給与については確定申告し，納税する必要がありますか。

あなたは，大使館の役務職員に当たりますので，大使館から受け取る給与については，租税が免除されるため，確定申告し，納税する必要はありません。

解　説

〔1〕 外交関係に関するウィーン条約において，「役務職員」（使節団の職員で使節団の役務に従事するもの）に対する税の取扱いを定めており，その役務職員が日本国民でない場合又は日本に通常居住していない場合には，自己が雇用されることによって受ける報酬に対する租税は免除されることとなっています（外交関係ウィーン条約1(g)，37③）。

〔2〕 国内法においても，外国政府，外国の地方公共団体等に勤務する者で一定の要件を満たす者が，その勤務により受ける俸給，給料等については，その外国がその国において勤務する日本の公務員等が受ける給与等に対し日本の所得税に相当する税を課さないこととしている場合，我が国においても，これらの者の給与等に対し日本の所得税を課税しないこととなっています。(所法9①八，所令24)。

〔3〕 なお，日英租税条約第18条において政府の職務の遂行として一方の締約国（英国）に対し提供される役務につき，個人に対し，その一方の締約国（英国）によって支払われる給料に対してはその一方の締約国（英国）においてのみ租税を課することができる旨規定しています。(日英租税条約18①(a))（括弧内は，質問に当てはめた場合を示します。以下同じです。)。

ただし，その役務が他方の締約国（日本）内において提供され，かつ，その個人が次のいずれかに該当するその他方の締約国（日本）の居住者である場合には，その給与については，その他方の締約国（日本）においてのみ課税できるとされています（日英租税条約18①(b)）。

①　その他方の締約国（日本）の国民

②　専らその役務を提供するためその他方の締約国（日本）の居住者となった者でないもの

関係法令等

〈外交関係ウィーン条約１(g)，37③，所法９①八，所令24，日英租税条約18〉

6—4　外国大使館に勤務する役務職員に対する課税（2）

私（インド人）は，在日インド大使館に雇用されて3年目になる運転手ですが，在日インド大使館からの給与のほか，私個人の著作の原稿料と翻訳の報酬として内国法人から，今年，50万円の支払を受けました。

これらの収入に対する課税関係はどうなるのでしょうか。

在日インド大使館からの給与は課税されませんが，原稿料及び翻訳の報酬については，居住者としての課税を受けます。

解　説

〔1〕 外国政府に勤務する者又は大使館に勤務する運転手等の役務職員が日本国民でない場合又は日本に通常居住していない場合には，各々が雇用されることによって受ける報酬に対する租税は免除されることとなっています（外交関係ウィーン条約1(g)，37③）。

〔2〕 しかし，上記の規定は，雇用されている外国政府から受ける給与等に対して適用されるものであり，内国法人から受け取る報酬等には適用されません。

〔3〕 したがって，あなたの場合，内国法人から支払を受ける原稿料及び翻訳の報酬は課税の対象となり，在日インド大使館に勤務して3年目ということですので，居住者（非永住者）としての課税を受けます（所法2①三，四，7①二）。

関係法令等

〈外交関係ウィーン条約1(g)，37③，所法2①三，四，7①二〉

 外国政府の大使が雇用する家事使用人に対する課税

Q　私（カナダ人）は，駐日カナダ大使のメイドで，大使から月額30万円の給与を得ていますが，確定申告し，納税しなければならないのでしょうか。

A　大使が雇用する個人的使用人の給与で，日本国民でない者又は日本に通常居住していない者が受けるものは，外交関係に関するウィーン条約により租税が免除されますので，確定申告し，納税する必要はありません。

解　説

〔１〕 外交関係に関するウィーン条約においては，使節団の構成員（使節団の長及び使節団の職員）の家事に従事する者で，派遣国が雇用する者でないもの（個人的使用人）（外交関係ウィーン条約１(h)）については，その者が日本国民でない場合又は日本に通常居住していない場合には，雇用されることによって使節団の構成員から受ける報酬に対しては租税が免除されます（外交関係ウィーン条約37④）。

〔２〕 したがって，大使から受ける給与については，確定申告し，納税する必要はありません。

関係法令等

〈外交関係ウィーン条約１(h)，37④〉

6—6　年の中途で外国大使館に勤務することとなった場合

私（カナダ人）は，来日して10年目であり，昨年６月まで内国法人Ｆ社に勤務していましたが，昨年７月から在日カナダ大使館の事務職員として勤務することになりました。私の課税関係はどのようになりますか。

また，私の配偶者Ｓも私とともに来日しており，日本の会社に勤務して給与（国内源泉所得）を得ています。Ｓの課税関係はどうなるのでしょうか。

A　**Ｆ社から支払を受けた昨年６月までの給与については，居住者として課税され，Ｆ社からの給与が年末調整未済である場合には，本年１月以降に確定申告をして還付を受けることができます。**

なお，在日カナダ大使館から受ける報酬については課税されません。

また，Ｓさんについては，今までと同様に居住者として課税されます。

解　説

〔１〕 あなたの場合，過去10年以内において国内に住所又は居所を有していた期間の合計が５年を超えていますので，永住者に該当し，全ての所得が課税対象となります（所法２①三，四，７①一）。

〔２〕 次に，外国政府に勤務する者については，所得税法上の非課税の規定によって，その勤務に基づいて支払を受ける給与については相互主義を要件として，原則として課税されません（所法９①八，所令24）。

〔３〕 また，大使館に勤務する者の課税関係については，外交関係に関するウィーン条約が適用され，事務職員（使節団の職員で使節団の事務的業務のために雇用されているもの）が，日本国民でない場合又は日本に通常居住していない場合には，一定の租税が免除されます（外交関係ウィーン条約１(f)，37②）。

〔４〕 あなたの場合，昨年６月までのＦ社からの給与については，居住者として課税されますので，年末調整が行われていない場合には，本年１月以降，所

得税の還付を受けるための確定申告をすることができます（所法122）。

なお，ほかに課税される所得があればその所得（年間分）を合わせて確定申告する必要があります。

〔５〕 ところで，あなた（事務職員）は外交官に該当しませんから，あなたの配偶者であるＳさんについては「外交官の配偶者に対する人的非課税（所基通9-11）」の適用はなく，従来どおり居住者として課税されます。

関係法令等

〈所法２①三，四，７①一，９①八，122，所令24，所基通9-11，外交関係ウィーン条約１(f)，37②〉

6－7 外国政府関係機関に勤務する者に対する課税（１）

私（英国人）は，英国政府が全額出資した英国法人Ｓ公団（輸出入業務を行い，日本の公益法人に類似する法人）の日本駐在員事務所に２年間勤務するため，昨年１月に来日し，貿易関係の事務に従事しています。

私の給与は日本駐在員事務所から支払われており，昨年１年間の給与収入は2,400万円程になりますが，これは日本で課税されますか。

Ｓ公団から支払われる給与は課税対象となり，給与の支払の際にＳ公団の日本駐在員事務所において所得税等の源泉徴収が行われ，その給与収入が年間2,000万円を超えていますので確定申告をする必要があります。

解　説

〔１〕 所得税の課税範囲は，その者の居住形態によって決定されますが，外国政府，外国の地方公共団体又は一定の国際機関（注１）に勤務する者で一定の要件を満たす者（注２）がこれらの外国政府等から受ける給与については，日本の所得税を課さないこととされています。ただし，この取扱いはその外国政府等がその国において勤務する日本の公務員が受ける給与について，所得税に相当する税を課税しない場合に限ることとされています（所法９①八）。

（注１） 「一定の国際機関」とは，国際間の取決めに基づき設立された機関のうち日本国が構成員となっているものその他国を構成員とするもので，財務大臣が指定するものとされており，①犯罪の防止及び犯罪者の処遇に関するアジア及び極東研修所，②東南アジア貿易投資観光促進センターが指定されています（所令23①，昭和47年12月８日大蔵省告示152）。

なお，上記の告示に定める国際機関以外の国際機関からその職員が受ける給与についても条約により非課税とされる場合があり，これらの国際機関については問５－３で説明しています。

（注２） 「一定の要件を満たす者」とは，外国政府，外国の地方公共団体に勤務す

る者については次のイ及びロのすべての要件を満たすものをいい，上記（注１）の国際機関に勤務する者についてはイの要件を満たすものをいいます（所令24，所規３）。

イ　その者が日本の国籍を有しない者であり，かつ，日本国との平和条約に基づき日本の国籍を離脱した者等の出入国管理に関する特例法に定める特別永住者でないこと

ロ　その者のその外国政府又は外国の地方公共団体のために行う勤務が日本国又はその地方公共団体の行う業務に準ずる業務で収益を目的としないものに係る勤務であること

〔２〕　Ｓ公団は，外国政府にも一定の国際機関にも該当しませんので，Ｓ公団が英国政府が全額出資した法人であっても支払を受ける給与については非課税規定の適用はありません（所基通９−12⑴）。

また，日英租税条約第18条の政府職員条項にも該当しませんので，免税とはなりません。

〔３〕　したがって，あなたの場合には２年間の日本勤務の予定で入国していますので，入国した日から居住者として扱われ（所法２①三，四，所令14①一），あなたがＳ公団の日本駐在員事務所から支払を受ける給与については，給与の支払の際に所得税等が源泉徴収されます。

また，給与収入が年間2,000万円を超えるということですから，年末調整はされませんので，確定申告をする必要があります（所法120，復興財確法17）。

関係法令等

〈所法２①三，四，９①八，120，所令14①一，23①，24，所規３，所基通９−12⑴，復興財確法17，日本国との平和条約に基づき日本の国籍を離脱した者等の出入国管理に関する特例法３～５，日英租税条約18，昭和47年12月８日大蔵省告示152〉

6—8　外国政府関係機関に勤務する者に対する課税（2）

Q

私（マレイシア人）は，マレイシアの公務員でしたが，本年8月から初めて3年間の予定でマレイシア政府が全額出資したマレイシア法人H社の日本駐在員事務所に勤務することになりました。

日本滞在中の私の給与は本社からマレイシアで支払われ，必要に応じて日本に送金していますが，H社からの給与は日本で課税されるのでしょうか。

A

H社から支払を受ける給与は国内源泉所得に該当しますので，たとえ国外で支払われても日本で課税されます。

解　説

〔1〕 外国政府，外国の地方公共団体又は一定の国際機関に勤務する者で，一定の要件を満たす者がこれらの外国政府等から受ける給与については，相互免税を要件に我が国の所得税を課税しないことになっています（所法9①八，所令23①，24）。

しかし，マレイシア法人H社は外国政府等に該当しないため，H社がマレイシア政府が全額出資した法人であっても所得税法第9条第1項第8号に規定する非課税の対象にはなりません（所基通9－12(1)）。

〔2〕 日本・マレイシア租税条約第19条によれば，マレイシア政府の職務遂行としてマレイシア政府のために提供された役務について，その役務がマレイシア国内において提供された場合には，その役務提供に係る報酬については日本において課税されません。

しかし，その役務が日本国内で提供され，かつ，その役務を提供した者が日本の国民であるか又は専らその役務を提供するため日本の居住者となった者でない場合には，その役務提供に係る報酬は，日本においてのみ課税することができるとされています（日本・マレイシア租税条約19①）。

あなたの場合，あなたに対する給与の支払者はマレイシア政府ではなくH社であることから，日本・マレイシア租税条約第19条の政府職員の免税の適用はありません。

〔３〕 あなたは３年間の予定で日本に滞在するとのことですので，入国当初から居住者（非永住者）に該当し（所法２①三，所令14①一），また，日本国内での勤務に基づいて支払を受ける給与は国内源泉所得となりますので，たとえその給与が国外で支払われても日本で課税されます（所法７①二，161①十二イ）。

なお，あなたは居住者であり，かつ，給与が海外で支払われることから所得税等は源泉徴収されませんので，確定申告し，納税することが必要となります（所法120，128，復興財確法17）。

関係法令等

〈所法２①三，７①二，９①八，120，128，161①十二イ，所令14①一，23①，24，所基通９－12⑴，復興財確法17，日本・マレイシア租税条約19①〉

第7章

配当所得

7—1 非居住者の配当所得と還付申告

Q

私（カナダ人）は，4年間の日本勤務を終え，本年7月に3年間の予定で米国支店に転勤することとなりました。私は昨年，内国法人T社から配当20万円（未上場株式，源泉徴収税額40,840円）を受領し，給与とともに確定申告して所得税の還付を受けました。

本年も出国後の2019年（令和元年）9月に同額程度の配当を受ける見込みですが，私は還付申告をすることができるでしょうか。

なお，私は日本国内に恒久的施設を有していません。

また，私のT社の株式の保有割合は10%未満です。

A

あなたは，本年7月の出国以降非居住者に該当することから，T社からの配当については20.42%の税率による源泉分離課税により課税関係が終了し，確定申告により所得税の還付を受けることはできません。

なお，所定の手続を採ることにより日米租税条約の限度税率（10%）の適用を受けることができます。

解　説

〔1〕 国外において継続して1年以上居住することを通常必要とする職業に従事することとなる場合には，その者は国内に住所を有しない者との推定を受け（所令15①一），出国以降，非居住者（所法2①五）となります。

〔2〕 内国法人から受ける配当は国内源泉所得に該当し（所法161①九），国内に恒久的施設を有しない非居住者に対しては，未上場株式に係る配当については，20.42%(注)の税率による源泉分離課税により課税関係が終了し（所法164②二，169，170，212①，213①，復興財確法28①，②），確定申告により所得税の還付を受けることはできません。

（注） 上場株式の配当の場合は，15.315%（措法9の3）です。

〔3〕 あなたは，本年7月から米国支店に転勤することになったとのことですので，米国への転勤以降は米国居住者となり，T社からの配当は日本源泉の所得ですので，この配当所得については日米租税条約第10条第2項が適用とな

り，配当所得に対する所得税等の源泉徴収の税率は国内法による20.42%ではなく，10%の限度税率となります。

〔４〕 この軽減税率の適用を受けるためには，「租税条約に関する届出書」（様式１）をＴ社を通じてＴ社を所轄する税務署長に提出する必要があります（実施特例法３の２，実施特例法省令２）。また，日米租税条約は「特典条項」（日米租税条約22）を有していますので，「特典条項に関する付表（様式17－米）」と「居住者証明書」（米国の居住者であることを証する書類）も併せて必要です（実施特例省令９の５）。

関係法令等

〈所法２①五，161①九，164②二，169，170，212①，213①，所令15①一，復興財確法28①，②，実施特例法３の２，実施特例省令２，９の５，日米租税条約10②，22〉

7—2 国内の証券会社を通じないで受け取った外国上場株式配当の確定申告方法

Q

私（英国人，永住者）は，A国のB証券取引所に上場しているC社株式をA国の証券会社を通じて購入し，配当を受け取りました。この配当について申告分離課税の適用を受けることができるでしょうか。

なお，日本の複数の証券会社は，B証券取引所について，日本証券業協会の規則に基づき適格外国金融商品市場の要件を満たしており，投資家保護上問題がないと判断しています。

A

C社株式の配当は，上場株式等に係る配当所得として申告分離課税の適用を受けることができます。

解　説

〔1〕 居住者又は国内に恒久的施設を有する非居住者は，上場株式等の配当等に係る配当所得について，他の所得と区分し，申告分離課税の適用を受けることができる旨定められています（措法8の4①）。

〔2〕 この申告分離課税の適用を受けることができる上場株式等の配当等には，外国金融商品市場において売買されている株式等の配当等も含まれます（措法8の4①一，37の11②一，措令25の9②二）。

そして，外国金融商品市場とは，「取引所金融商品市場に類似する市場で外国に所在するもの」（金融商品取引法2⑧三ロ）をいいますが，日本証券業協会の規則に基づき各証券会社が「適格外国金融商品市場」としている市場は，これに該当します（措通37の11−1）。

〔3〕 B証券取引所は，日本の複数の証券会社が日本証券業協会の規則に基づき「適格外国金融商品市場」と判断していますので，外国金融商品市場に該当します。

したがって，B証券取引所に上場し，売買されているC社株式は，外国金融商品市場において売買されている株式等に該当しますので，C社株式の配当は，上場株式等に係る配当所得として申告分離課税の適用を受けることができます。

【参　考】

「適格外国金融商品市場」とは，日本証券業協会の会員（証券会社）が，次の要件を満たしており投資家保護上問題がないと判断する外国の取引所金融商品市場又は外国の店頭市場をいいます（外国証券の取引に関する規則（昭48．12．4）7①一，④）。

① 取引証券の取引価格が入手可能であること。

② 取引証券の発行者に関する財務諸表等の投資情報が入手可能であること。

③ その市場を監督する監督官庁又はそれに準ずる機関が存在していること。

④ 取引証券の購入代金，売却代金，果実等について送受金が可能であること。

⑤ 取引証券の保管業務を行う機関があること。

関係法令等

〈措法８の４①，37の11②一，措令25の９②二，措通37の11−１，金融商品取引法２⑧三ロ〉

第 8 章

不動産所得

8—1 非居住者の不動産所得に対する課税

Q

私（英国人）は，内国法人M社に10年間勤務していましたが，本年4月に3年間の予定でハワイ支店勤務となり，納税管理人を定めて家族とともに赴任しました。

私は，日本勤務中に住んでいた自宅を本年6月からM社へ社宅として賃貸していますが，私の本年分の所得税の確定申告はどのようにすればよいのでしょうか。

A

あなたは，居住者期間の給与所得と非居住者期間の不動産所得を合算して確定申告をすることになります。

解　説

〔1〕 国外において継続して1年以上居住することを通常必要とする職業に従事することとなる場合には，その者は国内に住所を有しない者との推定を受け（所令15①一），出国の日以降，非居住者（所法2①五）に該当するものとして取り扱われます。

あなたの場合，本年4月に3年間の予定でハワイ支店に勤務することになったのですから，ハワイ支店に赴任以降非居住者に該当します。

〔2〕 非居住者は国内源泉所得のみが課税の対象とされ，国内にある不動産を賃貸するときには，その賃貸料収入に対し20.42％の税率を適用して所得税等を源泉徴収(注)された上，総合課税の方法により課税されます（所法7①三，161①七，164①二，165①，212①，213①，復興財確法28①，②）。

（注） 非居住者が所有する土地又は家屋でその土地家屋を自己又はその親族の居住の用に供するために借り受けた個人から支払われる場合の賃貸料については，源泉徴収を要しないこととされています（所令328二）。問の場合には，M社へ社宅として賃貸していますので，源泉徴収の対象となります。

したがって，M社からの自宅の賃貸料収入について20.42％の税率で所得税等が源泉徴収された上で，総合課税の方法により確定申告する必要があります。

〔3〕 そして，年の中途で居住者が非居住者となった場合の税額の計算は，年の中途で非居住者が居住者となった場合の税額の計算の規定（所法102，所令258）に準じて計算することとされており（所基通165-1），本年6月以降に発生する不動産所得については，居住者期間の給与所得と合わせて来年の3月15日までに納税管理人を通じて確定申告を行う必要があります。

〔4〕 非居住者の不動産所得の金額の計算方法は居住者の場合と同様ですが，確定申告に当たり適用される所得控除は雑損控除（非居住者の有する資産のうち国内にあるものについて生じたものに限ります。），寄附金控除及び基礎控除に限定されています（所法165①）。

ただし，あなたの場合は，本年1月から3月まで，居住者としての期間を有していますので，その居住者期間に生じた所得控除を差し引くことができます。具体的には，居住者期間に生じた給与所得の金額と非居住者期間に生じた不動産所得の金額を合計して総所得金額とし，居住者期間に生じた所得控除と非居住者期間に生じた所得控除を所定の方法により計算し，総所得金額からその所得控除を控除して，課税総所得金額を計算します（所令258）。

なお，「居住者期間と非居住者期間がある場合の所得控除」については，問16－2でも説明しています。

関係法令等

〈所法7①三，102，161①七，164①二，165①，212①，213①，所令15①一，258，所基通165-1，復興財確法28①，②〉

8—2　非居住者の不動産所得に対する源泉徴収と還付申告

Q

私（イタリア人）は，イタリア法人Ｂ社の日本子会社Ｔ社における４年間の勤務を終え，昨年３月に本国に帰国しました。その際，日本勤務中に自宅用として購入していた中古マンションを，社宅用として，昨年の５月以降Ｔ社に貸し付けています。

昨年分の確定申告では，居住者期間の給与所得と帰国後の不動産所得を合わせて申告しました。本年分の日本における所得は不動産所得のみですが，修理のため多額の支出をしたことから不動産所得は損失の見込みです。家賃の支払を受ける際に，20.42％の税率で所得税等が源泉徴収がされていますが，確定申告により還付を受けることができるでしょうか。

A　確定申告により還付を受けることができます。

解　説

〔1〕 非居住者が国内にある不動産を貸し付けたことにより生ずる所得は国内源泉所得に該当し（所法161①七），その賃貸料収入に対し20.42％の税率で所得税等を源泉徴収(注)をされた上，総合課税の方法により申告する必要があります（所法164①二，165，212①，213①，復興財確法28①，②）。

（注）　非居住者が所有する土地又は家屋でその土地家屋を自己又はその親族の居住の用に供するために借り受けた個人から支払われる場合の賃貸料については，源泉徴収を要しないこととされています（所令328二）。問の場合には，Ｔ社へ社宅用として貸し付けていますので，源泉徴収の対象となります。

〔2〕 したがって，あなたの不動産所得が損失となったときには，損失の不動産所得を総合課税の方法で申告することにより，源泉徴収税額は全額還付されます（所法166）。

〔3〕 なお，非居住者の不動産所得の金額の計算方法は居住者の場合と同様ですが，確定申告に当たり適用される所得控除は雑損控除（非居住者の有する資

産のうち，国内にあるものについて生じたものに限ります。)，寄附金控除及び基礎控除に限定されています（所法165①)。

関係法令等

〈所法161三，164①二，165①，166，212①，213①，復興財確法28①，②〉

第 9 章

給　与　所　得

9—1　居住者の国外払給与に対する課税

私（米国市民）は，米国法人M社の日本の子会社であるＢ社に勤務して７年目になりますが，本年２月から７か月間，管理者研修のため米国のM社に派遣されました。なお，家族は国内に残り，単身で渡米しました。

研修期間中の給与はM社から直接支給されていたため，Ｂ社は自社が支払った給与のみについて年末調整を行っています。私はM社からの給与について申告する必要があるでしょうか。

あなたは，M社から支給された給与をＢ社の給与と合算して確定申告する必要があります。

解　説

〔1〕 国内に住所を有し，又は現在まで引き続いて１年以上居所を有している者は居住者に該当します（所法２①三）。

〔2〕 国外に居住することとなった個人が，国外において継続して１年以上居住することを通常必要とする職業を有する場合には，国内に住所を有しない者と推定されます（所令15①一）。ここで，国外における赴任期間等が１年以上であることが明確でない場合でも，その者がその地における在留期間が契約等によりあらかじめ１年未満であることが明らかであると認められる場合を除き，この推定規定に該当するものとして取り扱われますので（所基通３—３），国内に住所を有しない者と推定されます。

〔3〕 あなたの場合には，７か月間の研修のために米国のＭ社に派遣されており，在留期間があらかじめ１年未満であることが明らかですので，国内に住所を有しない者とするこの推定規定には当てはまりません。

また，あなたの場合，①国外の滞在は７か月で１年未満であること，②家族は国内に残っており，国内の住居はそのままであること，③研修が終了すれば再び国内の」住居に戻ることになることから，国外における７か月の滞在中も生活の本拠（住所）は引き続き国内にあると考えられ，その間も居住者に該当します。

〔４〕 次に，居住者のうち，過去10年以内において国内に住所又は居所を有していた期間の合計が５年超である者は，永住者に該当し，国内及び国外を問わず全世界において取得した所得に対して課税されることとなります（所法２①四，７①一）。

あなたは日本のＢ社に勤務して７年目ということですので，永住者に該当します。

〔５〕 したがって，あなたは全ての所得について課税されることとなり，米国での勤務に基づいてＭ社から支給される給与は国外源泉所得（所法95④十）に該当しますが，これも課税の対象となりますので，あなたはＢ社の給与とＭ社の給与を合算して確定申告を行う必要があります（所法120，121，所基通121−５(3)）。ただし，研修期間中，Ｍ社から受ける給与に対し，米国においても課税を受け，所得税を納付することとなる場合には，確定申告に際して外国税額控除の対象となります（所法95，所令221）。

なお，外国税額控除については，問17−4,問17−６などで説明しています。

関係法令等

〈所法２①三，四，７①一，95，120，121，所令15①一，221，所基通３−３，121−５(3)〉

9―2 非永住者の国外払役員報酬に対する課税

Q

私（米国市民，非永住者）は，米国法人Ｘ社の日本子会社であるＹ社に３年間の予定で派遣されています。派遣期間中は，日本においてＹ社の業務に従事するとともに，Ｘ社の非常勤役員として，日本からＸ社にアドバイスをするなどの業務を行っていますが，米国で開催されるＸ社の取締役会には参加しており，米国において役員報酬を受け取っています。

この役員報酬は米国で所得税が課税されますが，日本では課税されるのでしょうか。

A

あなたは，Ｘ社の非常勤役員として日本で勤務していますが，米国法人Ｘ社からの役員報酬は日米租税条約により米国において課税できるとされており，米国において所得税が課される場合は，国外源泉所得となります。そして，この場合に，あなたは非永住者ですので，その役員報酬が日本国内で支払われるか，国内に送金されたとみなされるものは，日本で課税対象となります。役員報酬は米国で支払われていますので，国内に送金されたとみなされるものに該当しない場合には，日本では課税対象とはなりません。

解　説

〔１〕 非永住者が日本で課税される所得は，①国外源泉所得以外の所得，②国外源泉所得で国内において支払われるもの及び③国外源泉所得で国外から送金されるものとなります（所法７①二）。

〔２〕 あなたは，Ｘ社の非常勤役員として日本で勤務していますが，米国法人Ｘ社からの役員報酬は日米租税条約により米国において課税できるとされており（日米租税条約15），実際，米国において所得税が課されるとのことですので，日本からアドバイスを行っていてもその場合には国外源泉所得となります（所法95④十六，所令225の13）。

そして，あなたは非永住者ですのでＸ社の役員報酬が日本国内で支払われるか，国内に送金されたとみなされるものは，日本で課税対象となります（所法７①二，所令17④一）。

〔３〕　そして，Ｘ社の役員報酬が日本国内で支払われるか，国内に送金されたとみなされるものがある場合には，その役員報酬は外国税額控除の計算上，調整国外所得金額となり，控除限度額が発生し（所令222），その役員報酬に対して米国で課税される所得税は，外国税額控除の対象となる外国所得税となりますので（所基通95-29），日本での確定申告の際，外国税額控除を受けることができます（所法95）。

〔４〕　Ｘ社の役員報酬が国外源泉所得となり，それが日本国内で支払われることなく，かつ，国内に送金されたとみなされるものにも該当しない場合には，その役員報酬は日本では課税対象とはならず（所法７①二），その役員報酬に対して米国で課税される所得税は，外国税額控除の対象となる外国所得税には該当しません（所基通95-29）。

〔５〕　今般，「所得に対する租税に関する二重課税の回避及び脱税の防止のための日本国政府とアメリカ合衆国政府との間の条約を改正する議定書」（以下「改正議定書」といいます。）が2019年（令和元年）８月30日に発効し，法人の居住地国において課税することができることを定める役員報酬の規定は，「法人の取締役会の構成員の資格で取得する報酬その他これに類する支払金」について適用されることとされました（現行条約15，改正議定書６）。

この改正議定書は，源泉所得税に関するものについては，2019年（令和元年）11月１日以後に支払を受けるべきものから，また，その他の租税に関しては，2020年（令和２年）１月１日以後に開始する各課税年度から適用されます（改正議定書15）。

関係法令等

〈所法７①二，95，所令17①，222，225の13，所基通95―29，日米租税条約15，改正議定書６，15〉

9―3　非居住者である内国法人の役員に支給される報酬

私（米国市民）は，日本の非居住者に該当する者（日本に恒久的施設なし。）ですが，この度，日本法人Ａ社の非常勤取締役に就任しました。米国から，不定期にＡ社にアドバイスを行っていますが，日本で開催されるＡ社の取締役会に参加しており，Ａ社からは役員報酬を1,000万円受け取っています。この役員報酬は日本で課税されるのでしょうか。

役員報酬に対して，源泉分離課税（税率20.42％）により，日本で所得税等が課税されます。

解　説

〔1〕 国内において行う勤務，その他人的役務の提供に基因する給与等は国内源泉所得に該当します（所法161①十二イ）。

〔2〕 また，内国法人の役員として国外において行う勤務も国内源泉所得に含まれます（所法161①十二イ括弧書）。ただし，役員としての勤務を行う者が，同時に，内国法人の使用人として，国外で常時勤務している場合は除かれ，内国法人の使用人として国外で常時勤務する場合とは，内国法人の国外営業所の所長として常時その支店に勤務する場合などをいいます（所法161①十二イ，所令285①一，所基通161-42，161-43）。

〔3〕 また，日米租税条約では，米国の居住者が，日本法人の役員の資格で取得する役員報酬，その他これに類する支払金に対しては，日本で租税を課することができるとされています（日米租税条約15）。

今般，「所得に対する租税に関する二重課税の回避及び脱税の防止のための日本国政府とアメリカ合衆国政府との間の条約を改正する議定書」（以下「改正議定書」といいます。）が2019年（令和元年）８月30日に発効し，法人の居住地国において課税することができることを定める役員報酬の規定は，「法人の取締役会の構成員の資格で取得する報酬その他これに類する支払金」について適用されることとされました（現行条約15，改正議定書６）。

この改正議定書は，源泉所得税に関するものについては，2019年（令和元年）11月１日以後に支払を受けるべきものから，また，その他の租税に関しては，2020年（令和２年）１月１日以後に開始する各課税年度から適用されます（改正議定書15)。

〔４〕 あなたは，日本法人Ａ社の役員として，役員報酬を得ており，使用人として国外で常時勤務している状況でもありませんので，Ａ社からの役員報酬については，20.42％の税率で所得税及び復興特別所得税が源泉徴収されます（所法164②二，212，213)。

関係法令等

〈所法161①十二イ，164②二，212，213，所令285①一，復興財確法28①，②，所基通161-42，161-43，日米租税条約15，改正議定書６，15〉

9—4 本国にいる留守家族に支払われる給与の課税

Q

私（フランス人）は，本年４月から７か月間の予定で，フランス法人Ｕ社から日本支店に派遣されることになりました。

私は，日本勤務中は本国に妻子を残してくる予定であり，私の給与の一部はＵ社の本社から留守家族に支払われることとされていますが，この給与は日本で課税の対象になるのでしょうか。

A

非居住者に該当しますが，フランス本国において留守家族に支払われる給与は，日本勤務に基づくものですから国内源泉所得として日本で20.42%の税率による分離課税の方法で所得税等が課税されます。

この場合，Ｕ社は日本に支店を有していますので，Ｕ社の本社から留守家族に国外で支払われる給与は，日本国内において支払われるものとみなされますので，所得税等を源泉徴収する必要があります。

解　説

〔１〕 あなたの場合，勤務期間７か月の予定で日本支店に派遣されており，また，家族は本国に残っているとのことですので，あなたの生活の本拠（住所）はフランスであり，日本ではないと考えられることから，非居住者（所法２①五）に該当します。

〔２〕 非居住者に対しては，課税の対象となるのは国内源泉所得に限られているところ，国内において行う勤務に基因する給与や手当は国内源泉所得に該当し，それが国内で支払われたものか，国外で支払われたものかを問いません（所法161①十二イ）。

〔３〕 この国内源泉所得に対しては，原則として20.42%の税率による分離課税の方法により課税され（所法161①十二イ，164②二，169，170，復興財確法28①，②），非居住者の国内勤務に係る給与が国外において支払われる場合でも，その支払者が国内に事業所等を有する場合には，日本において給与を支払ったものとみなされて20.42%の税率による源泉徴収の対象になります（所法212②，213①，復興財確法28①，②）。

〔4〕 あなたは非居住者に該当し，日本支店の勤務に基づく給与が，たとえフランスで支払われるとしても国内源泉所得として課税の対象となります。また，U社は，日本に支店を有していますので，あなたの給与の一部がフランスで支払われても日本国内で支払われるものとみなされます。したがって，U社の本社からフランスにおいて家族に支払われる給与は，あなたが日本で支給を受ける給与と同様，20.42％の税率による源泉分離課税の方法により課税関係が終了することとなります。

また，あなたの日本勤務における滞在期間は183日を超えていますので，日仏租税条約第15条第2項に定める短期滞在者免税は受けられません（問5―9「短期滞在者免税の適用の有無」参照）。

なお，国外の事業所に派遣されている間に，国内の家族に留守手当が支払われる事例の課税関係については，問4―5で説明しています。

関係法令等

〈所法2①五，161①十二イ，164②二，169，170，212②，213①，復興財確法28①，②，日仏租税条約15②〉

9—5 日本で勤務した社員に支払われる帰国後の国外払賞与に対する課税

Q

私（米国市民）は，米国保険会社Ｇ社の東京支店に３年間勤務していましたが，昨年12月に米国本社勤務となり帰国しました。

本年１月に，昨年１年間の勤務実績に基づく賞与を本社から支給する旨通知を受けましたが，この賞与は日本での課税の対象になるのでしょうか。

A

帰国後は非居住者に該当しますが，支払を受ける賞与は国内において行った勤務に基づくものですから国内源泉所得に該当し，20.42％の税率で分離課税の方法により所得税等が課税されます。

なお，この賞与はＧ社の米国本社で支払われていますが，Ｇ社には国内に支店がありますので，国内において支払われるものとみなされて，所得税等の源泉徴収の対象とされます。

解　説

〔１〕 あなたは，帰国後は非居住者に該当します（所法２①五）。

〔２〕 非居住者の場合，課税の対象となるのは国内源泉所得のみとされており，国内源泉所得に該当する給与は20.42％の税率による分離課税の方法により課税されます（所法161①十二イ，164②二，169，170，復興財確法28①，②）。そして，給与が国内源泉所得に該当するか否かは，勤務の場所が国内であるか国外であるかが判断基準となりますが，その支払地が国内，国外のいずれであるかは問いません（所法161①十二イ）。

〔３〕 次に，非居住者に対し国内源泉所得の支払をする者が，国内に支店等の事業所を有する場合には，たとえその支払が日本国外において行われる場合であっても国内において支払われるものとみなされ，20.42％の税率による源泉徴収をする必要があります（所法164②二，212②，213①，復興財確法28①，②）。

〔４〕 あなたが日本の勤務に基づき受け取る賞与は，国内源泉所得に該当し，20.42％の税率で分離課税の方法により課税されることとなります。

この賞与は米国のＧ社本社から支払われるとのことですが，Ｇ社は日本に支店を有しているため，国内で支払われたものとみなされ，20.42％の税率により源泉徴収が行われます。

〔５〕 仮に，Ｇ社が日本に事業所等を有していない場合には，この国外払いの賞与は，所得税等の源泉徴収の対象とはなりませんので，支払を受けた日以後翌年の３月15日までに出国直前の住所又は居所を納税地として，賞与の受取額に20.42％の税率を適用した所得税法第172条に規定する申告書を所轄の税務署長に対し提出し，同日までに所得税及び復興特別所得税を納付する必要があります（所法172①）。

【参　考】

国外の親会社等から日本に派遣される駐在員が，入国前に親会社から国外勤務手当を支給される場合があります。この国外勤務手当は，日本勤務に基因し支給されるもので（転居に伴い本人が負担する旅費等の実費相当分に該当するようなものを除きます。），国内源泉所得となり，本設例の解説〔４〕又は〔５〕の区分に従い課税されることとなります。

関係法令等

〈所法２①五，161①十二イ，164②二，169，170，172①，212②，213①，復興財確法28①，②〉

9―6 非居住者が行使したストックオプションに対する課税

Q

私（米国市民，非居住者）は，米国法人Ａ社の日本子会社であるＢ社に2014年（平成26年）から３年間勤務した後，一昨年米国本社勤務となり帰国しました。

私は，Ｂ社に派遣される際にＡ社からストックオプションの付与を受けていましたが，付与から５年を経過した2019年（令和元年）６月に，米国の証券会社を通じてストックオプションを行使することによって，時価1,700万円の株式を1,200万円で取得しました。

Ａ社のストックオプションはストックオプション規定に基づき運用されており，Ａ社の経営委員会がＡ社グループに勤務する従業員の勤務を評価し，精勤の動機付けを与えることを目的として付与するもので，一定期間の勤務を条件にその権利が確定し，譲渡することはできず，行使前に退職した場合には，原則的に失効するものです。

このストックオプションの行使に係る課税関係はどのようになりますか。

なお，Ａ社及び私は日本国内に恒久的施設を有していません。

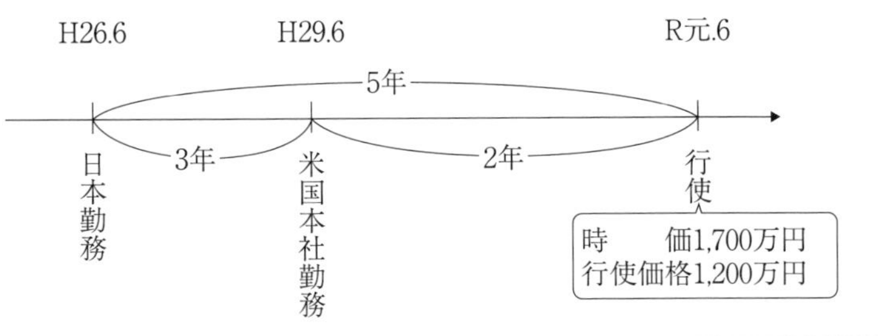

A

あなたがストックオプションを行使したことにより得た利益のうち，国内勤務に対応する部分について，20.42％の税率で所得税等が課税され，所得税法第172条に規定する申告書を翌年３月15日までに税務署に提出し，申告及び納税する必要があります。

解　説

〔1〕 非居住者の課税対象は，所得税法第161条に規定する国内源泉所得に限られます（所法5②一，7①三）。

〔2〕 A社のストックオプションは，B社を含むA社グループの一定の従業員に対して，ストックオプション規定に基づき，A社の経営委員会がA社グループに勤務する従業員の勤務を評価し，精勤の動機付けを与えることを目的として付与するもので，一定期間の勤務を条件にその権利が確定し，譲渡することはできず，行使前に退職した場合には，原則的に失効することとされていますので，その行使利益のうち日本勤務期間に対応する部分は，「国内において行う勤務その他の人的役務の提供に基因するもの」（所法161①十二イ）に該当します。

〔3〕 ストックオプションの行使利益は，権利付与時から行使時までの勤務に基づいて享受するものと考えられることから，国内源泉所得の金額は，ストックオプションの行使利益に，権利付与時から行使までの勤務期間に占める日本での勤務期間の割合を乗じた額となります（所基通161-41）(注)。

(注) 日米租税条約の議定書では，ストックオプション制度に基づき被用者が享受する利益のうち，付与から行使までの期間に関連するものは，日米租税条約第14条にいう「その他これらの報酬」に該当することとされています（日米租税条約議定書10（a））。

　次に，ストックオプション行使時にその被用者が居住者とならない締約国は，利益のうちその被用者がその国で勤務を行った期間中そのストックオプションの付与から行使までの期間に関連する部分についてのみ租税を課すことができるとされています（日米租税条約議定書10（b））。

　そこで，上記の所得税基本通161-41に定める計算方法と同様となります。

〔4〕 あなたの場合，ストックオプションの行使利益は500万円（1,700万円－1,200万円）となり，権利付与時から行使時までの期間が5年で，そのうち3年が日本での勤務期間ということですので，300万円（500万円×3／5）が給与所得に係る国内源泉所得として課税対象（給与所得の収入金額）にな

ります。

また，あなたは，一昨年に米国に帰国し，国内に恒久的施設を有していないとのことですので，ストックオプションの行使利益のうち国内源泉所得部分に対して分離課税の方法により，20.42％の税率で課税されることとなります（所法164②二，169，170，復興財確法28①，②）。

さらに，ストックオプションの行使は米国の証券会社を通じて行われていることから，その行使利益は国外で支払われていることとなり，源泉徴収の対象とはなりませんので，所得税法第172条に規定する申告書を翌年３月15日までに税務署に提出し，納税する必要があります（所法172，212）。

関係法令等

〈所法５②一，７①三，161①十二イ，164，②二，169，170，172，212，所基通161−41，復興財確法28①，②，日米租税条約14，日米租税条約議定書10〉

9—7　非居住者が行使した税制適格ストックオプションに対する課税

Q

私（米国市民，非居住者）は，日本法人A社に8年前に入社し，6年前にA社から税制適格ストックオプションを付与されました。

付与された後，3年間の国内勤務を経て，米国勤務となり2年間勤務した後にA社から付与されたストックオプションを適格に行使し，時価800万円の株式を300万円で取得しました。

2019年（令和元年）6月に，この株式を1,000万円で譲渡しましたが，この場合の課税関係はどのようになりますか。

なお，A社は不動産を保有しておらず，また，私は日本国内に恒久的施設を有していません。

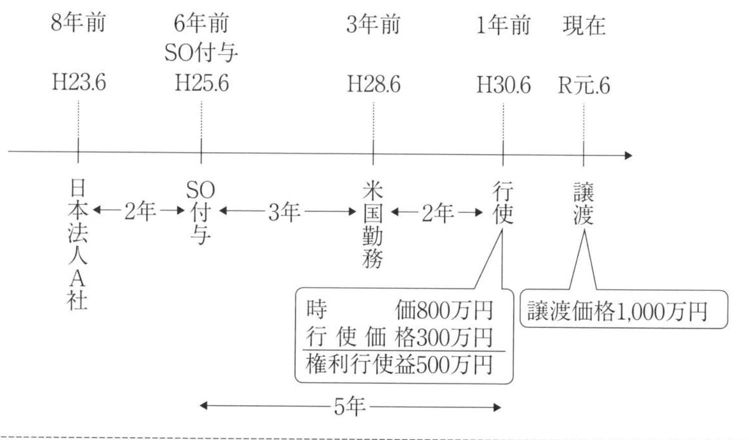

A

非居住者が行使した税制適格ストックオプションの権利行使益については，権利行使益に権利付与時から行使時までの勤務期間に占める日本での勤務期間の割合を乗じた額が株式等の譲渡に係る譲渡所得（国内源泉所得）として申告分離課税の対象となります。

なお，行使により取得した株式の行使後の譲渡益については，日米租税条約第13条の規定により米国で課税され，日本で課税されることはありません。

解　説

〔1〕 非居住者は，所得税法第161条に規定する国内源泉所得に対してのみ課税されます（所法2①五，7①三，161）。

〔2〕 国内法では非居住者が税制適格ストックオプションの行使により取得した株式（以下「特定株式」といいます。）の取得に係る経済的利益（権利行使益）については課税が繰り延べられ，その特定株式を譲渡した時に，譲渡価額と払込金額との差額が国内にある資産の譲渡による所得として課税されます（所法161①三，164①二，所令281①四ロ，措法29の2①，⑧，37の12①，措令19の3㉑，㉓）。

〔3〕 日米租税条約では，ストックオプションの付与から行使までの期間に関連する利益については第14条（《給与所得条項》）が適用され，日本で勤務を行った期間に関連する部分については，日本が源泉地国として租税を課することができるとされています（日米租税条約議定書10，財務省ホームページ「日米租税条約（新条約）におけるストック・オプションに関する交渉担当者間の了解事項について」（平成16年5月））。

〔4〕 したがって，特定株式を譲渡したことによる所得のうち，以下の算式で計算される金額が，日本で勤務を行った期間に関連する部分として国内源泉所得となり，日本で課税されます（所基通161-41）。

$$\text{課税対象となる国内源泉所得の金額} = \text{特定株式の譲渡に係る譲渡所得の金額のうち権利行使益に相当する部分} \times \frac{\text{付与から権利行使までの期間のうち国内において行った勤務の期間}}{\text{付与から権利行使までの期間}}$$

〔5〕 あなたの場合，権利行使益の500万円（800万円−300万円）については日米租税条約第14条（《給与所得条項》）が適用され，国内勤務に対応する300万円（500万円×3／5）のみが国内において課税の対象となります。この金額については，条約上，給与所得条項が適用されますが，国内法上は，国内に恒久的施設を有しない非居住者の国内源泉所得に該当する株式等の譲渡に係る譲渡所得として，申告分離課税の方法により所得税及び復興特別所得税が課されます（所法161①三，162①後段，164①二，所令281①四ロ，措法37の12

①)[注]。

（注）　国税庁ホームページの質応答事例「非居住者である役員が税制適格ストックオプションを行使して取得した株式を譲渡した場合」。

一方，株式の譲渡益200万円（1,000万円－800万円）については，日米租税条約第13条《譲渡所得条項》が適用されますので，不動産化体株式など特定の場合を除き，譲渡者の居住地国のみで課税され，あなたの株式譲渡益200万円は米国で課税され，日本では課税されません。

関係法令等

〈所法２①五，７①三，161，162①後段，164①二，所令281①四ロ，措法29の２，37の12①，措令19の３㉓，所基通161－41，復興財確法13，17，日米租税条約13，14，日米租税条約議定書10，日米租税条約（新条約）におけるストック・オプションに関する交渉担当者間の了解事項について（平成16年５月）〉

9—8　親会社の株式を利用した報酬プランに参加した場合の課税関係

私（米国市民）は，15年前に来日し，国内の会社数社に勤務した後，５年前に米国系証券会社（日本法人）に採用され勤務しています。

３年前に親会社の米国法人Ｓ社は，全世界のグループ会社に勤務する従業員を対象に米国のＳ社株式を利用したインセンティブ報酬プランを導入し，傘下の日本法人に勤務する私にもＳ社の譲渡制限付株式（Restricted Stock）1,000株が付与されました。この株式は，Ｓ社が定めた付与から３年経過後の指定日（譲渡制限解除日）まで株式に関する権利を一切行使することはできず，制限解除前にＳ社又はそのグループ会社を自己都合退職した場合や私の勤務成績が不良とＳ社が判断した場合は株式に関する権利は取得できません。

本年７月，上記Ｓ社株式の譲渡制限を解除するとの通知を受け，制限解除日にＳ社株式に関する権利を取得しましたが，現在まで売却はしていません。

現在保有するＳ社株式に関して課税関係が生じるでしょうか。

なお，私の収入は，日本法人からの年末調整済給与のみで他に収入はありません。また，私は米国法人Ｓ社と直接の雇用関係はなく，Ｓ社株式もＳ社が指定する米国証券会社の私名義の口座で管理されています。

譲渡制限解除日における株式の時価相当額（市場価格×1,000株）を国内の勤務先法人の給与と合算して確定申告する必要があります。

解　説

〔1〕　国内に住所を有し，又は現在まで引き続いて１年以上居所を有している者は居住者に該当します（所法２①三)。次に，居住者のうち，過去10年以内において国内に住所又は居所を有していた期間の合計が５年超である者は，永住者に該当し，国内及び国外を問わず全世界において取得した所得に対し

て課税されることになります（所法2①四，7①一）。

〔2〕　次にあなたが付与された譲渡制限付株式（Restricted Stock）は，インセンティブ報酬プランということですから，制限解除日までの3年間，親会社であるS社は，傘下の企業に勤務するあなたの精勤の動機付けを意図し（インセンティブ）付与したものであり，制限解除日に，親会社が期待した実績等が達成できないと判断したときは，株式の受益権（売却，議決権の行使，配当の受取等）を取得できないとのことです。

〔3〕　あなたが付与された譲渡制限付株式（Restricted Stock）は，譲渡制限が解除された日以降，株式の受益権を行使できる状態になりますので，制限解除日がすなわち株主たる権利が確定する日（権利確定日）になります。よって，制限解除日（＝権利確定日）に米国法人S社の株式を取得することとなり，制限解除日の時価相当額が課税の対象となります（所法36，所令84①一，所基通23～35共−5の3～4）。

この際，S社株式は，米国株式であるため，時価相当額が外貨で算出されることになり，制限解除日の外国為替の売買相場で邦貨換算することが必要です（所法57の3①）。外貨建取引の換算については，問21−2～問21−4を参照してください。

〔4〕　あなたが今回の譲渡制限付株式の制限解除に伴い受領した株式は，S社傘下の企業に勤務するあなたが職務を遂行することにより企業グループ全体の価値が上昇することを意図して設けられた報酬制度に基づくものと考えられ，雇用契約又はこれに類する原因に基づき提供された非独立的な労務の対価として給付されたものといえますので給与所得として取り扱われ（所基通23～35共−5の2(1)），今回，当該受領した株式に係る経済的利益は，国外払いの給与となりますので，国内の勤務先法人の給与と併せて確定申告する必要があります（所法28①，120，121，所基通121−5(3)）。

関係法令等

〈所法2①三，四，7①一，28①，36，57の3①，120，121，所基通23～35共−5の2(1)，23～35共−5の3～4，121−5(3)〉

9―9　自社株の割引購入制度に基づき株式を購入した場合の課税関係

Q　私（米国市民）は，米国法人M社の日本の子会社であるＣ社に勤務し６年目になります。月々の給与はＣ社から支払われていますが，M社では，グループ企業の従業員を対象に自社株の割引購入制度を導入しており，この制度に基づき，私の給与から毎月一定額が控除されて自社株の購入資金として積み立てられています。この制度では，積み立てられた資金で自社株を割引購入することができ，その際の株式の購入価格は，株式購入時のM社株式の時価の15％割引の価格あるいは購入資金の積立てを開始した時のM社株式の時価のいずれか低い金額とされていますが，私がこの制度に基づいてM社株式を購入した場合の課税関係はどうなるでしょうか。

A　**あなたは永住者に該当し，全ての所得が課税の対象となりますが，米国M社株式を割引購入することによる利益は，M社のグループ企業であるＣ社に勤務することにより与えられる経済的利益であり，給与所得として課税されます。**

解　説

〔１〕 あなたは，日本のＣ社に勤務して６年目になるとのことですので，永住者に該当し（所法２①三，四），全ての所得が課税対象になります（所法７①一）。

〔２〕 物品その他の資産の譲渡を無償又は低い対価で受けた場合におけるその資産のその時における価額又はその価額とその対価の額との差額に相当する利益は経済的利益に含まれる（所基通36－15⑴）とされており，有利な金額により株式を取得する権利の経済的利益の価額は，その権利を行使したことにより取得した株式の権利行使日の価額からその権利行使に係る権利の取得価額を控除した金額とする（所令84②三）と規定されています。

また，「有利な金額」とは，その株式等の価額と発行価額との差がおおむね10％相当額以上である発行価額をいうと定められています（所基通23～35共－７（注）１）。

〔３〕　次に，あなたが株式の割引購入制度によりＭ社株式を購入する際には，株式購入時のＭ社株式の時価の15％割引の価格あるいは購入資金の積立てを開始した時のＭ社株式の時価のいずれか低い金額でＭ社株式を購入することができるのですから，この株式割引購入制度に基づく権利は，有利な金額により株式を取得する権利（所令84②三）に該当します。

また，この経済的利益は，Ｃ社に勤務することにより得られるものですから，給与所得として課税されます。

〔４〕　なお，この経済的利益は米国のＭ社株式を国外において割引購入することによる利益であり，国内において支払をするものとは認められないため，所得税の源泉徴収の対象にはならず，この利益をＣ社からの給与所得に加算して申告する必要があります（所法120①，所基通121－５⑶）。

関係法令等

〈所法２①，７①一，所法120①，所基通121－５⑶，所令84②三，所基通23～35共－７（注）１，36−15⑴〉

9—10　国外払給与と国内払給与がある場合の課税

私（米国市民）は，ハワイに本社がある米国法人Ｆ社から東京支店に３年間の予定で派遣されていますが，私の給与はそのほとんどが本社からハワイの私名義の銀行預金口座に振り込まれ，一部については東京本店から支給を受けています。

東京支店から支給される給与については所得税等が源泉徴収されていますが，本社から支給されている給与については日本で課税されるのでしょうか。

なお，私は過去において日本に居住していたことはありません。

本社から支給を受けている給与についても国内源泉所得に該当し，課税の対象とされることから，本社及び東京支店から支払われる給与を合算して申告する必要があります。

解　説

〔１〕 あなたが３年間日本で勤務している間は，非永住者に該当します（所法２①四，所令14①一）。

〔２〕 永住者は，全ての所得が課税の対象となりますが，非永住者の場合は，①国外源泉所得以外の所得及び②国外源泉所得で国内において支払われ，又は国外から送金された部分が課税の対象となります（所法７①一，二）。

〔３〕 あなたがＦ社の本社と東京支店から支給を受ける給与はいずれも東京支店での勤務に係る給与であり，その全額が国外源泉所得以外の所得に該当します（所法95④十イ）。あなたは居住者であることから，非居住者に適用される「みなし国内払い」の適用はなく，ハワイ本社からハワイにおいて支払われる給与については，所得税等の源泉徴収の対象にはなりません（所法183①，212②）。したがって，あなたは本社及び東京支店の双方から支払われる給与を合算して申告する必要があります（所法120，所基通121−5⑶）。

関係法令等

〈所法２①四，７①一，二，95④十イ，120，183①，212②，所令14①一，所基通121−5⑶〉

9―11　非居住者である給与所得者が居住者になった場合

私（フランス人）は，観光のため，短期滞在ビザにより2018年（平成30年）３月31日に初めて来日し，短期滞在の在留資格が与えられましたが，2018年（平成30年）５月から友人の紹介でＨ社でアルバイトを始めました。

2019年（令和元年）12月31日現在も引き続いてＨ社でアルバイトをして給料をもらっていますが，令和元年分の給与の課税関係はどのようになるのでしょうか。

不法滞在，不法就労とならないようにする必要がありますが，2019年（令和元年）分の給与のうち１月１日から３月31日までの分については，非居住者としての課税を受けますので，20.42%の税率により所得税等が源泉徴収され課税関係は終了し，４月１日以降については，居住者（非永住者）としての課税を受けることとなります。

解　説

〔１〕 観光等や家族訪問などのため，短期滞在のビザ（査証）で入国した外国人の方は，90日，30日又は15日以内の日を単位とする在留期間とする短期滞在の在留資格が与えられるようです。短期滞在の場合には，在留期間が延長されないのが原則で，また，就労は認められていませんので，不法滞在や不法就労とならないようにすることが必要です。

〔２〕 来日した外国人が居住者に該当するかどうかについては，国内に住所を有するか，又は現在まで引き続いて１年以上居所を有していれば居住者，それ以外は非居住者となりますが（所法２①三，五），国内に居住することとなった者が，国内において継続して１年以上居住することを通常必要とする職業を有する場合には，その者は国内に住所を有する者と推定され（所令14①一），居住者として取り扱われることとなります。

〔３〕 あなたは，現在，アルバイトをしているとのことですが，観光のために短期滞在ビザで入国しておりますので，上記〔１〕の国内に住所を有する者と

推定される場合には該当しません。また，観光のために短期滞在ビザで入国し，短期滞在の在留資格を有しているとのことですので，あなたの住所は本国であり，日本における住居は居所であると考えられます。

このため，入国の日の翌日から起算して１年を経過する日の2019年（平成31年）３月31日までは非居住者（所法２①五，所基通２－４）と判定されることになり，この日までの国内勤務に係る給与は非居住者に対する国内源泉所得に該当し，支払の際に20.42％の税率により所得税等が源泉徴収され，課税関係は終了します（所法161①十二イ，164②二，169，170，212①，213①，復興財確法28①，②）。

〔４〕 次に，2019年（平成31年）４月１日以降については，国内に１年以上居所を有することから，居住者に該当しますので，この日以降支払われる給与については，居住者として所得税等が源泉徴収されます（所法183①）。

関係法令等

〈所法２①三，五，161①十二イ，164②二，169，170，183，212①，213①，所令14①，所基通２-4，復興財確法28①，②〉

9—12　タックスイコライゼーション契約が結ばれている場合の給与所得の計算

私（米国市民）は，米国法人Ｃ社の日本子会社であるＤ社に派遣されることになり，Ｃ社との間でタックスイコライゼーション契約といわれる租税負担契約を取り交わしました。

この契約で，Ｃ社は，①支給される給与の額から，私が米国で引き続き勤務すると仮定した場合に米国で課される税金相当額（以下「ハイポタックス」といいます。）を控除した後の金額を支給すること，②日本及び米国において納付することとなる所得税等は全て支払うこととしています。

この場合，私の給与の課税関係はどのようになるのでしょうか。

ハイポタックスを控除した後の金額が給与所得の収入金額となる一方，Ｃ社が支払う税金の額は，その納付の日又は納期限の日のいずれか早い日の賞与（租税手当等）として給与所得の収入金額に加算することになります。

解　説

〔1〕 外国人社員が日本に派遣される場合には，会社との間で，その社員が日本に派遣されず引き続き米国で勤務した場合に，その社員が負担することとなる税金相当額（ハイポタックス）を控除した後の金額を支給する一方，日本及び米国における所得税等を会社が負担し，米国で勤務した場合と比較して，手取りの給与が減少しないように契約（タックスイコライゼーション契約）を取り交わしている例が多く見られます。

〔2〕 このタックスイコライゼーション契約は，あなたの給与に対してあなたが米国内で引き続き勤務すると仮定した場合に計算される仮定の税金（ハイポタックス）を控除した後の金額を支給することを保証したものと考えられますから，ハイポタックス控除後の金額が給与所得の収入金額となります（所法36①）。

〔3〕 次に，あなたが実際に納付する税金は，あらかじめタックスイコライゼーション契約により，全てを会社が支払うこととされていますから，その税金相当額を会社が支払った日又はその税金に係る納期限のいずれか早い日の賞与（租税手当等）として，給与所得に加算されることになります（所法36①，所基通36−9⑴）。

関係法令等

〈所法36①，所基通36−9⑴〉

9—13　勤務先が派遣社員の税金を負担した場合の課税

私（米国市民）は，米国法人U社の日本支店での3年間の勤務を終え，昨年4月に納税管理人を定めて帰国しました。

納税管理人が私の昨年1月から3月分の給与について，本年3月に確定申告書を提出すべく計算したところ，私が納付すべき所得税及び復興特別所得税は100万円になりました。

しかし，私は，日本で発生する私の税金についてはU社が負担するという派遣契約を結んでいましたので，私の所得税及び復興特別所得税100万円は全額，日本支店に負担してもらう予定です。

この場合，会社が負担する税金分についての課税関係はどうなるのでしょうか。

U社の日本支店が負担する所得税は，非居住者の国内源泉所得として課税されることになります。

解　説

〔1〕 外国人社員が日本に派遣される場合には，会社との間でその社員が本国で勤務していた場合に本国において本人が負担するであろう税金相当額を給与の支払の際に減額する一方，日本における所得税，復興特別所得税及び住民税の全額を会社が負担することにより，本国での勤務時と比べ，給与手取額が減少しないことを会社が保証するという契約を取り交わしている例が多く見られます。

この場合，日本における所得税，復興特別所得税及び住民税は，本来，社員本人が負担すべきものですから，税金相当額をあなたに支給した場合には給与，会社があなたの名であなたに代わって納税した場合には経済的利益（以下「給与等」といいます。）として課税されます。

〔2〕 あなたの場合，昨年4月の帰国の日以降は非居住者に該当し，国内源泉所得に対してのみ課税を受けますが，U社の日本支店があなたが納付すべき所得税及び復興特別所得税を負担することは，国内における勤務に基づいて受

ける給与等に該当し，国内源泉所得として課税されることになります（所法161①十二イ）。

その際，U社の日本支店は，20.42％の税率による所得税等を源泉徴収をすることになりますが（所法212①，213①），会社はその税金（100万円）を負担した上，更にその負担額に対する源泉徴収税額についても負担するということですので，会社が負担する税金相当額（100万円）を手取金額として，0.7958（1－0.2042）で割り戻した金額を収入金額とし（一般にこの方法をグロス・アップ計算といいます。），その金額に対して20.42％の税率により所得税等を源泉徴収することになります（所基通181～223共-4，復興財確法28①，②）。

収入金額及び納付すべき源泉徴収税額の計算は，次のようになります。

（会社の負担額）1,000,000円 ÷0.7958 ＝ 〔グロス・アップ後の税金負担による収入金額〕1,256,597円

〔グロス・アップ後の税金負担による収入金額〕1,256,597円 ×20.42％ ＝ （源泉徴収税額）256,597円

関係法令等

〈所法161①十二イ，212①，213①，所基通181～223共-4，復興財確法28①，②〉

9—14　勤務先が401ｋプランの掛金を負担した場合の課税

私（米国市民）は，米国法人M社の日本支店に勤務して4年目になります。

私は，米国在住の時に米国の退職年金制度である401ｋプランに加入しており，その掛金については日本支店勤務期間中も継続して支払い，積み立てています。

この401ｋプランについては，私が拠出している掛金とは別に，その同額をM社が私のために掛金を拠出していますが，この場合のM社拠出の掛金に対する課税関係はどのようになるでしょうか。

M社拠出の401ｋプランに係る掛金については，不適格退職金共済契約等に基づく掛金（経済的利益）として，その年分の給与収入として課税されることとなります。

解　説

〔1〕 401ｋプランとは，米国の従業員福利制度の中の退職年金制度の一つであり，米国の内国歳入法第401条(k)項に規定する一定の要件を満たした年金プランで，退職時等までの資産運用益に応じて将来の年金給付額が変動する確定拠出型年金制度をいいます。

米国においては，401ｋプランの掛金として会社が負担する拠出金はこの条項により適格年金の掛金として取り扱われ，拠出時に課税されず，年金受給時に課税されます。

〔2〕 我が国における退職年金に係る掛金等のうち，以下の掛金等については被共済者等に対する給与所得に係る収入金額には含まれず，年金受給時に課税を受けることとされています（所法31，35，所令64）。

① 独立行政法人勤労者退職金共済機構等が行う退職金共済に関する制度に基づいてその被共済者のために支出した掛金

② 確定給付企業年金法に規定する確定企業年金に係る規約に基づいて加入者のために支出した掛金のうちその加入者が負担した金額以外の部分

③　適格退職年金契約に基づいて受益者等のために支出した掛金又は保険料のうちその受益者等が負担した金額以外の部分

④　確定拠出年金法に規定する企業型年金規約に基づいて加入者のために支出した事業主掛金

⑤　確定拠出年金法に規定する個人型年金規約に基づいて加入者のために支出した掛金

⑥　勤労者財産形成給付金契約に基づき信託の受益者等のために支出した信託金等

〔3〕　ところで，ご質問の米国の401k プランは，上記〔2〕に記載した①独立行政法人勤労者退職金共済機構等が行う退職金共済に関する制度，②確定給付企業年金法に規定する確定企業年金，⑤勤労者財産形成給付金契約に基づくものには該当しません。

また，④の確定拠出年金法に規定する企業型年金は，厚生年金保険法に規定する適用事業所の事業主が実施する企業年金及び厚生労働大臣が指定した国民年金基金連合会が実施する年金制度をいいますので，米国の401k プランはこれにも該当しません（確定拠出年金法２①～⑤）。

更に，③の適格退職年金契約は，退職年金の支給のみを目的とする等の要件に該当するものとして国税庁長官の承認を受けた退職年金に関する信託，生命保険又は生命共済の契約をいいますので，米国の401k プランはこれにも該当せず，M 社が負担する401k プランの掛金は，不適格退職金共済契約等に基づく掛金等として，その受益者の給与所得に係る収入金額に含まれます（所令65）。

〔4〕　したがって，あなたは，その年にM社が積み立てた401 k プランの掛金の総額をあなたが実際に支給を受けた給与収入に加算した上で，確定申告を行う必要があります。

関係法令等

〈所法31，35，所令64，65，確定拠出年金法２①～⑤〉

9—15　派遣元の会社が負担する外国人派遣社員の家具保管料

Q

私（米国市民）は，３年の予定で，米国法人Ａ社から日本の子会社Ｂ社に派遣されることになりました。

日本に派遣されるに当たり，米国で使用していた家具を米国の保管業者に預けてきましたが，その家具の保管料は，Ａ社が負担しています。Ａ社が負担している家具の保管料については，①運搬費用より保管費用の方が安価のため，赴任費用に代わるものとして会社が負担していること，②米国の税法では家具保管費用が転居費用の一つとして非課税とされていることを考えると，所得税法第９条第１項第４号の非課税とされる旅費に該当し，申告する必要はないと考えていますが，いかがでしょうか。

なお，日本で使用する家具はリースですが，リース料はＢ社が負担していることから，給与収入として所得税の課税対象となっています。

国内勤務に基づく経済的利益として国外源泉所得以外の所得に該当し，国外で支払われているため，確定申告をする必要があります。

解　説

〔１〕 給与所得者が転任に伴い転居のための旅行をした場合に，その旅行に必要な支出に充てるため使用者から支給される金品で，その旅行について通常必要と認められるものは，いわゆる「旅費」として非課税とされています（所法９①四）。また，この取扱いを受けることができる金品とは，旅行に必要な運賃，宿泊料，移転料等の支出に充てるもののうち，その旅行の目的，目的地，行路，期間の長短，宿泊の要否，旅行者の職務内容，地位等からみて，その旅行に通常必要とされる費用の支出に充てられると認められる範囲内のものとされています（所基通９−３）。

〔２〕 ご質問の「家具保管料」は，家具の運搬費用よりも保管費用の方が安価であるため会社が負担しているとしても，生活用家具の保管費用であることに

変わりはなく，転居した後に生じる費用ですので，転勤に伴う転居（旅行）の費用にも引越費用にも該当せず，非課税とはなりません。

〔3〕 あなたが3年間日本で勤務している間は，非永住者に該当します（所法2①四，所令14①一）。

この家具保管料の会社負担に係る経済的利益は，あなたの日本勤務に基因しているものですから，国外源泉所得以外の所得に該当し，課税対象となります（所法7①二，95④十イ）。

〔4〕「家具保管料」は，米国法人A社が保管業者に支払っていることから，国外で支払われた経済的利益に該当し，所得税等は源泉徴収はされませんから（所法183①），給与所得として申告する必要があります。

関係法令等

〈所法7①二，9①四，95④十イ，183①，所基通9－3〉

9―16　勤務先が借上社宅を無償貸与した場合の課税

私（米国市民）は，昨年７月に，３年間の予定で米国法人Ｋ社から日本支店に派遣されてきましたが，勤務先である日本支店が月額100万円で借り上げたマンションを無償で使用させてもらっています。

この場合，課税関係は生じるでしょうか。

Ｋ社の日本支店が借り上げた住宅を無償で使用させることは，経済的利益の供与に該当しますので，給与所得として課税されます。

解　説

〔１〕 外国人社員が日本に派遣される場合には，会社と派遣社員との契約により，会社が借り上げた住宅を社員及びその家族の居住用として無償で貸与する場合がありますが，この場合には，社員に対して経済的利益の供与を行っていることになりますので，一定の計算により求められる金額（以下「通常の賃貸料の額」といいます。）が経済的利益の額（所法36①，所令84の２）となります。

〔２〕 あなたが３年間日本で勤務している間は，非永住者に該当します（所法２①四，所令14①一）。

この住宅の無償使用に係る経済的利益の額は，あなたの日本勤務に基因しているものですから，国外源泉所得以外の所得に該当し，課税対象となりますので（所法７①二，95④十イ），通常の給与に加算にして課税されます。

そして，この経済的利益の額が，所得税の源泉徴収の対象となる場合には，この住宅の無償使用に係る経済的利益の額が，源泉徴収後の税引き手取額となるようにグロスアップ計算を行って，源泉徴収を行う必要があります（所基通181～223共-４）。

〔３〕「通常の賃貸料の額」は，次の算式により計算します。

① 使用人の場合（所基通36-45） 所基通36-41の計算式による。

…〔１か月の通常の賃貸料の額＝Ａ＋Ｂ〕

A　$\left[\begin{array}{l}\text{その年度の家屋の固定}\\\text{資産税の課税標準額}\end{array}\right]\times 0.2\% + \left[12\text{円}\times\frac{\text{その家屋の総床面積}}{3.3\text{m}^2}\right]$

B　$\left[\begin{array}{l}\text{その年度の敷地の固定}\\\text{資産税の課税標準額}\end{array}\right]\times 0.22\%$

ただし，使用人から徴収している賃貸料が，上記の算式による通常の賃貸料の額の50％相当額以上である場合には，使用人が住宅の貸与により受ける経済的利益はないものとされます（所基通36−47）。

② 役員の場合（所基通36−40）…〔1か月の通常の賃貸料の額＝（A＋B）÷12〕

A　$\left[\begin{array}{l}\text{その年度の家屋の固定}\\\text{資産税の課税標準額}\end{array}\right]\times 12\%$（木造家屋以外の家屋は10％）

B　$\left[\begin{array}{l}\text{その年度の敷地の固定}\\\text{資産税の課税標準額}\end{array}\right]\times 6\%$

ただし，使用者の支払った賃借料の額の50％相当額が上記により計算した「通常の賃貸料の額」を超えるときは，その賃借料の50％に相当する金額が「通常の賃貸料の額」となります。

また，家屋の床面積が132㎡（木造家屋以外の家屋は99㎡）以下の場合（所基通36−41）には，役員についても前記①により計算した「通常の賃貸料の額」が適用されることとなります。

〔4〕 また，使用者が役員に貸与した住宅のうち，家屋の床面積が240㎡を超えるもので社会通念上一般に貸与されている住宅と認められない住宅，あるいはプール等又は役員個人の嗜好等を著しく反映した設備若しくは施設を有する住宅については，その課税すべき経済的利益の額は上記〔2〕②の算式によることなく，その住宅の利用につき通常支払うべき金額等とされます（平成7年4月3日付課法8−1外1課合同「使用者が役員に貸与した住宅等に係る通常の賃貸料の額の計算に当たっての取扱いについて」）。

〔5〕 あなたの場合，住宅の無償使用に係る経済的利益は，日本支店の勤務に基づく国内源泉所得として課税されますが，その経済的利益の額は，日本支店が実際に負担している月額100万円ではなく，あなたがK社の使用人であれば上記〔2〕①の算式により，また，役員である場合には上記〔2〕②の算式（ただし家屋の床面積が132㎡（木造家屋以外の家屋は99㎡）以下の場合

には上記〔２〕①の算式）によって求めた金額となります。

なお，あなたが役員であって無償使用しているマンションが上記〔４〕に掲げる住宅に該当する場合には，経済的利益の額は，会社が実際に負担している毎月の100万円とされます。

関係法令等

〈所法２①四，７①二，36①，95④十イ，所令14①一，84の２，所基通36-40，36-41，36-45，36-47，181～223共-４，平成７年４月３日付課法８-１外１課合同「使用者が役員に貸与した住宅等に係る通常の賃貸料の額の計算に当たっての取扱いについて」〉

9—17 勤務先がレンタル家具を無償貸与した場合の課税

Q

私（米国市民）は，昨年４月に３年間の予定で米国法人Ｐ社から日本支店に派遣されてきました。

日本での生活に必要な家具については，Ｐ社の日本支店が全て業者から借り上げたものを私が無償で使用させてもらっています。

この場合，課税関係は生じるでしょうか。

A

日本支店が借り上げた家具を無償で使用させることは，経済的利益の供与に該当しますので，給与所得として課税されます。

解　説

〔１〕 外国人社員が日本に派遣される場合には，国内における滞在期間が２年ないし３年と短いこと，家具を備え付けてあるマンションが国内には少ないことなどから，会社が生活に必要な家具について無償で貸与する場合が多く見られます。

この場合，生活に必要な家具の使用料は，本来，家具の使用者本人が負担すべきものであり，これを会社が他から借り受け社員に無償で貸与する場合には，会社が支払っている家具使用料相当額について，社員に対して経済的利益の供与（所法36①，所基通36-15⑵）があったこととなります。

〔２〕 あなたが３年間日本で勤務している間は，非永住者に該当します（所法２①四，所令14①一）。

そして，この家具の無償使用に係る経済的利益の額は，あなたの日本勤務に基因しているものですから，国外源泉所得以外の所得に該当し，課税対象となります（所法７①二，95④十イ）。

したがって，この経済的利益の額が，所得税等の源泉徴収の対象となります（所法183①）。

この場合，この家具の無償使用に係る経済的利益の額が，源泉徴収後の税引き手取額となるようにグロスアップ計算を行って，源泉徴収を行う必要があります（所基通181～223共-４）。

関係法令等

〈所法２①四，７①二，36①，95④十イ，183①，所令14①一，所基通36-15(2)，181～223共-４〉

9—18 勤務先が水道光熱費を負担した場合の課税

Q

私（米国市民）は，昨年4月に4年間の予定で米国法人Q社から日本支店に派遣されてきました。

日本支店は，私が居住する家屋に係る水道光熱費を全て支払っていますが，この場合，課税関係は生じるでしょうか。

A

Q社の日本支店が社員の生活に係る水道光熱費を負担することは，経済的利益の供与に該当しますので，給与所得として課税されます。

解　説

〔1〕 外国人社員が日本に派遣される場合には，その社員が居住する家屋に係る水道光熱費を会社が支払う場合が多く見られますが，このような生活費としての水道光熱費は，本来，ガス・水道等の使用者本人が負担すべきものであり，これを会社が負担する場合には，社員に対する水道光熱費の支払額相当額の経済的利益の供与（所法36①，所基通36-15(5)）があったこととなります。

〔2〕 あなたが4年間日本で勤務している間は，非永住者に該当します（所法2①四，所令14①一）。

そして，この水道光熱費を会社が負担したことに係る経済的利益の額は，あなたの日本勤務に基因しているものですから，国外源泉所得以外の所得に該当し，課税対象となります（所法7①二，95④十イ）。

したがって，日本支店は，この金額を月々の給与に加算した上で所得税等を源泉徴収する必要があります（所法183①）。

この場合，この水道光熱費を会社が負担したことによる経済的利益の額が，源泉徴収後の税引き手取額となるようにグロスアップ計算を行って，源泉徴収を行う必要があります（所基通181～223共-4）。

関係法令等

〈所法2①四，7①二，36①，95④十イ，183①，所令14①一，所基通36-15(5)，181～223共-4〉

9—19　勤務先が確定申告書作成費用を負担した場合の課税

私（米国市民）は，昨年7月に3年間の予定で米国R社から日本支店に派遣されてきました。

確定申告書の作成については，日本支店を通じて税理士に依頼し，作成費用も日本支店が支払っていますが，この場合，課税関係は生じるでしょうか。

R社の日本支店が社員の申告書作成費用を負担することは，経済的利益の供与に該当しますので，給与所得として課税されることとなります。

解　説

〔1〕　外国人社員が日本に派遣される場合には，会社がその社員の確定申告書の作成を税理士に依頼し，作成費用を会社が支払う場合が多くみられます。

本来，確定申告書の作成費用は，社員本人が負担すべきものであり，これを会社が負担する場合には，税理士へ支払った申告書作成費用相当額の経済的利益の供与（所法36①，所基通36-15⑸）があったこととなります。

〔2〕　あなたが3年間日本で勤務している間は，非永住者に該当します（所法2①四，所令14①一）。

そして，この確定申告の作成費用を会社が負担したことに係る経済的利益の額は，あなたの日本勤務に基因しているものですから，国外源泉所得以外の所得に該当し，課税対象となります（所法7①二，95④十イ）。

したがって，日本支店は，この費用を支払った月の給与所得に加算した上で所得税等を源泉徴収する必要があります（所法183①）。

この場合，この確定申告の作成費用を会社が負担したことによる経済的利益の額が，源泉徴収後の税引き手取額となるようにグロスアップ計算を行って，源泉徴収を行う必要があります（所基通181～223共-4）。

関係法令等

〈所法2①四，7①二，36①，95④十イ，183①，所令14①一，所基通36-15⑸，181～223共-4〉

9―20　勤務先が語学研修費用を負担した場合の課税

Q

私（米国市民）は，本年10月から，米国法人Ａ社の日本子会社Ｂ社へ２年間の契約で派遣されました。着任後，Ｂ社は私のために，上限50万円まで日本語研修費用を支給してくれることになりました。Ｂ社が支給してくれることになった語学研修費用について，課税関係は生じるのでしょうか。

A

外国人社員が赴任後生じる語学研修費用を会社が負担し，それが会社の業務遂行に必要な研修費用で適正なものである場合は，課税されません。

解　説

〔１〕　使用者が自己の業務上の必要に基づき，役員又は使用人にその職務に直接必要な技術若しくは知識を習得させ，又は免許若しくは資格を取得させるための研修会，講習会等の出席費用又は大学等における聴講費用に充てるものとして支給する金品については，適正なものに限り課税しないとされています（所基通36－29の２）。

〔２〕　外国から日本へ派遣された外国人が，日本で業務を遂行していくために日本語を習得することは，通常，業務遂行に必要なものと考えられますので，その研修費用が適正なものであれば，課税されないこととなります。

関係法令等

〈所基通36－29の２〉

9—21　外国人社員の一時帰国（ホーム・リーブ）のための旅費

私（ドイツ人）は，２年前からドイツ法人Ｔ社の日本支店に勤務しています。

Ｔ社では，就業規則の定めるところにより，２年以上海外支店に勤務している社員に対しては，１年に１回程度，ドイツに帰国するための休暇を与え，その帰国に要する旅費を支給することとしています。

この場合，課税関係は生じるのでしょうか。

支給される金額が，その帰国に要する往復の運賃程度で，通常必要と認められる額である場合には課税されないこととされています。

解　説

〔1〕 社員が個人的な事情に基づき旅行をする場合に，その旅行の費用に充てるため勤務先から支給される金品については，原則的には給与として課税されることとなります（所法36①）。

〔2〕 しかし，親会社等から日本に派遣されている外国人社員については，勤務の特殊性を考慮して本国を離れ，国内において長期間引き続き勤務する場合には，就業規則等の定めるところにより概ね１年以上の期間を経過するごとに休暇のための帰国を認め，その帰国に必要な支出（その者と生計を一にする配偶者その他の親族に係る支出を含みます。）に充てるために使用者から支給される金品については，その帰国に要する往復の運賃程度で通常必要と認められるものである場合に限り，課税しないとされています（昭和50年１月16日付直法６－１「国内において勤務する外国人に対し休暇帰国のため旅費として支給する金品に対する所得税の取扱いについて」（後掲））。

〔3〕 あなたがドイツへ帰国するためにＴ社から支給を受ける旅費については，上記の取扱いに該当すると考えられますので，給与として課税されることはありません。

なお，上記〔2〕の取扱いは，外国から派遣され，現在，日本で勤務する外国人及びその者と生計を一にする配偶者その他の親族に係るものに限られており，これら以外の者には適用されません。

関係法令等

〈所法36①，昭和50年１月16日付直法６－１「国内において勤務する外国人に対し休暇帰国のため旅費として支給する金品に対する所得税の取扱いについて」〉

【参　考】ホームリーブ通達

「国内において勤務する外国人に対し休暇帰国のため旅費として支給する金品に対する所得税の取扱いについて」

直法６－１（例規）
昭和50年１月16日

国税局長
沖縄国税事務所長　殿

国税庁長官

国内において勤務する外国人に対し休暇帰国のため旅費として
支給する金品に対する所得税の取扱いについて

標題のことについて，下記のとおり定めたから，これによられたい。
なお，この取扱いは，今後処理するものについて適用するものとする。

（趣旨）

本国を離れ，気候，風土，社会慣習等の異なる国において勤務する者について，使用者が，その者に対し休暇帰国を認め，その帰国のための旅行の費用を負担することとしている場合があるが，その休暇帰国はその者の労働環境の特殊性に対する配慮に基づくものであることに顧み，使用者がその旅行の費用に充てるものとして支給する金品については，強いて課税しないこととするのが相当と認められるからである。

記

使用者が，国内において長期間引続き勤務する外国人に対し，就業規則等に定めるところにより相当の勤務期間（おおむね１年以上の期間）を経過するごとに休暇のための帰国を認め，その帰国のための旅行に必要な支出（その者と生計を一にする配偶者その他の親族に係る支出を含む。）に充てるものとして支給する金品については，その支給する金品のうち，国内とその旅行の目的とする国（原則として，その者又はその者の配偶者の国籍又は市民権の属する国をいう。）との往復に要する運賃（航空機等の乗継地においてやむを得ない事情で宿泊した場合の宿泊料を含む。）でその旅行に係る運賃，時間，距離等の事情に照らし最も経済的かつ合理的と認められる通常の旅行の経路及び方法によるものに相当する部分に限り，課税しなくて差支えない。

9—22　勤務先が外国人社員の家族呼寄せ費用を負担した場合の課税

Q

私（フランス人）は，フランス法人X社の日本支店に勤務するため，4年前に来日しましたが，X社では就業規則において，2年以上海外支店に勤務している社員に対しては，1年に1回程度，フランスへの休暇帰国を与えています。

本年は，会社から指示された仕事の関係上，帰国できなくなりましたので，私の帰国に代えて本国に居住している妻を日本に呼び寄せるつもりでいます。

このための費用は会社が負担してくれることになりますが，この費用は課税の対象になるでしょうか。

A

支給される金銭が，家族の観光を目的に行われる旅行に対するものでなく，その家族の来日に要する往復の運賃程度で，通常必要と認められるものである場合には課税されないこととされています。

解　説

〔1〕 単に，家族を日本に呼び寄せるために勤務先から支給される金品については，給与の支給として課税されることとなります（所法36①）。

しかしながら，本国を離れ日本国内で勤務する外国人が，本国に帰省することに代えて本国に居住している配偶者及び扶養親族を日本へ呼び寄せるための旅費に充てるため，使用者から支給される金品については，外国人社員の勤務の特殊性を考慮して，次の要件の全てを満たす場合に限り所得税を課税しないとされています（昭和50年1月16日付直法6－1「国内において勤務する外国人に対し休暇帰国のため旅費として支給する金品に対する所得税の取扱いについて」（問9－21に掲載））。

① 国内において，概ね2年以上勤務する外国人であること

② その旅行が，家族の観光旅行のために行われるもの以外のものであること

③ 支給額がその家族の来日に要する往復の運賃程度で，通常必要と認めら

れる額であること

〔２〕 したがって，あなたがフランスへ帰国する代わりに，妻を日本に呼び寄せる費用としてＸ社から支給を受ける金銭については，〔１〕の後段の取扱いに該当すると考えられますので，給与の支給として課税されることはありません。

〔３〕 上記〔１〕の取扱いは，外国から派遣され，現在，日本で勤務する外国人及びその者と生計を一にする配偶者その他の親族に係るものに限られており，これら以外の者には適用されません。

関係法令等

〈所法36①，昭和50年１月16日付直法６－１「国内において勤務する外国人に対し休暇帰国のため旅費として支給する金品に対する所得税の取扱いについて」〉

9—23 日本で採用された外国人社員のホーム・リーブ費用を負担した場合の課税

Q

私（オーストラリア人）は，留学のため6年前に来日し，卒業後の一昨年から米国法人Ｌ社の日本支店で採用され勤務していますが，Ｌ社には本国からの派遣社員のほかに日本で採用された外国人社員も数多くいます。

Ｌ社では，就業規則によりすべての外国人社員に対し，ホーム・リーブ費用を支給しており，私も，年1回，家族の住む本国へ帰っていますが，これは課税対象になるのでしょうか。

A

外国から派遣されて日本に勤務している者でない者については，ホーム・リーブ費用に関する課税の特例は適用されませんので，あなたの場合は課税対象となります。

解　説

〔1〕 ホーム・リーブ費用に関して課税の特例を設けている趣旨は，本国を離れ，気候，風土，社会慣習等の異なる国において勤務する者に対し，その者の労働環境の特殊性に対する配慮として，使用者である会社がその者に休暇帰国を認め，その帰国のための旅費の費用を負担するものであることから，この場合には強いて課税しないこととされているものです（昭和51年1月16日付直法6－1「国内において勤務する外国人に対し休暇帰国のため旅費として支給する金品に対する所得税の取扱いについて」）。

この取扱いは，国内において一定期間以上勤務すること（概ね2年以上）や就業規則等に定めがあること等を要件としていますが，基本的には，本国で勤務する社員を日本に派遣することにより生ずる諸事情を勘案して定められたものです。

〔2〕 したがって，外国法人の本店等から日本支店等に派遣されたものではなく，自己の都合等により内国法人等に就職した者については，たとえ外国人社員全員に対して本国への帰国費用を支給する旨の就業規則等があったとしても，

その者についてはホーム・リーブ費用に関する課税の特例は適用されません。

関係法令等

〈昭和50年１月16日付直法６－１「国内において勤務する外国人に対し休暇帰国のため旅費として支給する金品に対する所得税の取扱いについて」〉

9—24 国際運輸に運用する航空機において行われる勤務

Q

私（カナダ人）は，カナダにあるQ社から日本の航空会社Ｊ社に派遣され，Ｊ社の国際線の航空機にパイロットとして搭乗しています。

私は，家族とともに来日していますが，給与はQ社からカナダにある私の銀行口座に振り込まれ，必要に応じて日本に送金しています。

私は，Ｊ社で５年間勤務した後は帰国する予定ですが，私の課税関係はどうなりますか。

A

日本の航空会社Ｊ社が運航する航空機に搭乗して行う勤務は，国内における勤務とされ，Q社から支払われる給与は国外源泉所得以外の所得として課税されます。

解　説

〔1〕　あなたが５年間日本で勤務している間は，非永住者に該当します（所法2①四，所令14①一）。

そして，非永住者は，①国外源泉所得以外の所得及び②国外源泉所のうち国内において支払われ，又は国外から送金された部分が課税の対象となります（所法７①二，95④十イ）。

〔2〕　国外で行われる勤務又はその他の人的役務の提供に基因する給与，報酬は国外源泉所得に該当します（所法95④十イ）。しかし，航空機等に搭乗して勤務する場合には，その人的役務の提供地がどこであるかを判断するのは困難な場合があります。

そこで，居住者又は内国法人が運航する航空機等において行う勤務又はその他の人的役務の提供に基因するものは，役務提供地にかかわりなく国外源泉所得となる国外において行う勤務等から除かれています（所法95④十イ，所令225の８①二）。

〔3〕　あなたの場合，日本の航空会社Ｊ社が運航する航空機に搭乗して勤務を

行っていますので，その給与が，たとえ，カナダで支払われているとしても，Ｑ社から支払われる給与は全額，国外源泉所得以外の所得として課税されます。

なお，この場合，給与が国外で支払われていることから所得税等の源泉徴収の対象にはなりませんので（所法183①），確定申告により，所得税及び復興特別所得税を計算し納税する必要があります（所法28①，120，121，復興財確法13，所基通121－5⑶）。

関係法令等

〈所法２①四，７①二，28①，95④十イ，120，121，183①，所令14①一，225の８①二，復興財確法13，所基通121－5⑶〉

第10章

事　業　所　得

10—1　自由職業者に対する課税

Q

私（イタリア人）は，イタリアに居住していますが，イタリア法人の日本の子会社であるＰ社の依頼によりイタリアと日本でコンサルタント等の活動を行いました。

日本には約１か月滞在し，Ｐ社から報酬を受け取りましたが，日本での課税はどうなりますか。

なお，私は日本に事務所等を有していません。

A

あなたは，日本に事務所等の固定的施設（恒久的施設）を有していないことから，日伊租税条約の規定により日本で行ったコンサルタント活動により取得した自由職業所得については，日本で課税されることはありません。

解　説

〔1〕 あなたは非居住者に該当し，非居住者は国内源泉所得に対してのみ課税されます（所法２①五，７①三）。

〔2〕 非居住者が，国内と国外の双方にわたって行った人的役務の提供に基づいて支払を受ける報酬は，その非居住者が国内に恒久的施設を有し，その恒久的施設を通じて事業を行う場合にはその恒久的施設に帰せられるべき所得（所法161①一），国内に恒久的施設を有していない場合には，国内で行った人的役務の提供に係る部分の金額が国内源泉所得に該当します（所法161①十二イ）。

なお，恒久的施設については，第11章で説明しています。

この場合，国内において行った人的役務の提供に係る部分の金額は，原則として次の算式により計算することになり（所基通161-41），その金額が国内源泉所得として課税されることになります。

$$報酬の総額 \times \frac{国内において行った勤務又は人的役務の提供期間}{報酬の総額の計算の基礎となった期間}$$

（注） 国内において勤務し，又は人的役務を提供したことにより，特に給与又は報

酬の額が加算されている場合等には，上記算式は適用しません。

〔3〕 日伊租税条約第14条第1項では，弁護士，公認会計士などの自由職業者が役務提供地において自己の活動を遂行するために通常使用することができる事務所等の固定的施設を有していない場合には，役務提供地国において自由職業所得に対する課税は行わない旨規定しています。

〔4〕 あなたの場合，非居住者に該当し，かつ，日本に事務所等の固定的施設を有していませんので，日伊租税条約の規定に基づき，日本でのコンサルタントとしての活動によりP社から受け取った報酬については日本で課税されません。

〔5〕 また，あなたは，入国後最初に支払を受ける日の前日までに，P社を経由して，P社の源泉所得税の納税地の所轄税務署長に租税条約に関する届出書（自由職業者・芸能人・運動家・短期滞在者の報酬・給与に対する所得税及び復興特別所得税の免除）［様式7］を提出しなければなりません（実施特例省令4）。

関係法令等

〈所法2①五，7①三，161①一，十二イ，所基通161-41，日伊租税条約14⑴，実施特例省令4〉

10―2　芸能人等に対する課税(1)

Q

私（英国人）は，ミュージシャンですが，日本の音楽会社Ｅ社と契約を結び，約１か月間，日本各地でコンサートを開くことになりました。

報酬は，Ｅ社から直接，支払われる予定ですが，日本での課税関係はどうなりますか。

なお，私は，国内に事務所や事業所はなく，また，日本に音楽会社等と契約する権限を与えた代理人等も有していません。

A

あなたは，非居住者に該当し，日本での音楽活動による所得は，国内源泉所得として日本で課税され，あなたは国内に恒久的施設を有していませんのでＥ社が報酬を支払う際に20.42%の税率による源泉分離課税により課税されます。

解　説

〔1〕 あなたは非居住者に該当し，非居住者は国内源泉所得に対してのみ課税されますが，国内に有する恒久的施設の状況によってその課税方法が異なります（所法２①五，７①三，164）。

〔2〕 非居住者が国内で行った人的役務の提供に基づいて支払を受ける報酬は国内源泉所得とされ，その支払が国内において行われる場合には，その対価の支払者は，支払の際に20.42％の税率で源泉徴収することが必要となり，恒久的施設を有しない芸能人等の場合には，この源泉徴収により課税関係が終了します（所法161①十二イ，164②二，212①，213①，復興財確法28①，②）。

〔3〕 なお，非居住者が国内に支店，工場その他事業を行う一定の場所（所法２①八の四イ），建設作業所等（所法２①八の四ロ）及び代理人（所法２①八の四ハ）等の恒久的施設を有し，その恒久的施設を通じて事業を行う場合には，その恒久的施設に帰せられるべき所得について総合課税の方法により申告する必要があります（所法164①）。

恒久的施設については，第11章で説明しています。

〔4〕 日英租税条約第16条は，演劇，映画，ラジオ又はテレビジョンの俳優，音楽家その他の芸能人及び運動家が個人的活動によって取得する所得に対しては，国内に恒久的施設を有しない場合には課税しないとする事業所得者に対する課税の規定（同条約7）及び給与所得者の短期滞在者に対する免税の規定（同条約14）にかかわらず，役務提供地国において租税を課することができる旨を規定しています。

〔5〕 あなたは非居住者に該当し，あなたが日本において活動して得る報酬は国内源泉所得に該当しますので（所法161①十二イ），課税の対象となります。また，日本には，あなたの事務所や事業所はなく，また，音楽会社等と契約する権限を持つ代理人等を有していないことから，恒久的施設を有しない非居住者に該当し，E社から報酬の支払を受ける際に，20.42％の税率で所得税等が源泉徴収され，これによって課税関係は終了します。

関係法令等

〈所法2①五，八の四，7①三，161①十二イ，164，212①，213①，復興財確法28①，②，日英租税条約7，14，16〉

10―3 芸能人等に対する課税(2)

Q 私（イタリア人）は，イタリアに居住しており，非居住者に該当します。私はイタリアに芸能法人Ａ社を設立し，Ａ社と日本の興行主との契約に基づき，年に５回程度来日してコンサートに出演し，コンサート出演に係る報酬は興行主からＡ社に日本で支払われ，その後，Ａ社から私にイタリアで報酬が支払われます。Ａ社は，私が直接又は間接に支配している会社ではなく，Ａ社も私も日本に恒久的施設又は固定的施設を有していません。このコンサートに出演した報酬の日本におけるＡ社と私の課税関係はどうなるのでしょうか。

A **Ａ社は租税条約上，免税となる免税芸能法人等に該当しますが，あなたの日本におけるコンサート出演に係る報酬は日本で課税対象となります。この場合，あなたのコンサート出演に係る報酬がイタリアで払われた場合でも，Ａ社は支払の際に20.42%の税率で所得税等を源泉徴収する必要があり，これによりあなたの日本における課税関係は終了します。**

解　説

〔1〕 Ａ社と興行主との契約に基づき，日本でコンサートを行ったことにより興行主からＡ社に支払われる報酬は，人的役務の提供事業の対価（所法161①六，法法138①四）として国内源泉所得に該当します。

また，あなたがＡ社から支払を受ける日本でのコンサート出演に係る報酬は，人的役務の提供の対価（161①十二イ）として国内源泉所得に該当します。

そして，Ａ社が受領する人的役務の提供事業の対価は，国内に恒久的施設を有しない場合でも，所得税を源泉徴収の上（所法212①），法人税の課税対象となります（法法141二）。

また，あなたが受領するコンサート出演に係る人的役務の提供の対価は，恒久的施設を有しない場合には分離課税となります（所法164②二）。

〔2〕 日本の興行主は，国内法上は，国内に恒久的施設を有しないA社に対して，人的役務提供事業の対価の支払をする場合には，20.42％の所得税及び復興特別所得税を源泉徴収しなければなりません（所法212①，213，復興財確法28①，②）。

〔3〕 A社が，人的役務提供事業の対価について源泉徴収を受けた場合において，その源泉徴収された対価のうちから役務提供をしたあなたに支払われるその人的役務提供の対価については，その支払の際に所得税等の源泉徴収が行われたものとみなされます（所法215，所令334）。

〔4〕 次に，日伊租税条約の規定を確認すると，あなたについては固定的施設がない場合には課税しないとする自由職業者の規定（同条約14）及び給与所得者の短期滞在者の免税（同条約15）があります。

また，A社については，恒久的施設がない場合には課税しないという事業所得の規定（同条約7）があります。

一方，芸能人又は運動家の役務の提供が日本で行われた場合には，その役務提供に係る対価については，例外的に固定的施設を有しない場合（日伊租税条約14）及び給与所得者の短期滞在者の免税（日伊租税条約15）にかかわらず，日本において課税できることとされています（日伊租税条約17①）。

他方，芸能人等の役務提供が日本においてイタリアの企業により提供される場合に，その芸能人等が直接又は間接にそのイタリアの企業を支配しているときは，その役務提供によりそのイタリアの企業が取得する利得に対しては日本で課税できるとされています（同条約17②）。

〔5〕 上記の租税条約の規定をあなた及びA社に対して当てはめると，まず，あなたについては，芸能人等の役務の提供が日本で行われていますので，租税条約上も日本で課税できることとなります。A社については，国内に恒久的施設がなく，かつ，あなたがA社を直接又は間接に支配していることはないということですので，租税条約上は，免税となる法人（以下「免税芸能法人等」といいます。）となります。

そこで，上記〔2〕及び〔3〕で説明した国内法による所得税等の源泉徴収の仕組みとは別な方法で所得税等の源泉徴収が行われます。

〔6〕 A社が，免税芸能法人等に該当し，「免税芸能法人等に関する届出書」を提出した場合には，興行主からA社への支払の際に一旦15.315％の税率により源泉徴収が行われ，そのうちからあなたに支払う際に20.42％の税率により源泉徴収が行われます（措法41の22①，復興財確法①，②，実施特例法3）。

A社からあなたに20.42％の源泉徴収が行われ，納付された場合，興行主からA社に報酬を支払う際に源泉徴収された所得税は，「租税条約に関する芸能人等の役務提供事業の対価に係る源泉徴収税額の還付請求書」を提出することにより，A社に還付されます（実施特例法3②）。

〔7〕 あなたについては，A社の届出にかかわらず，A社からコンサート出演に係る報酬があなたに支払われる際に20.42％の税率による所得税等の源泉徴収によりコンサートに出演した報酬の課税関係は終了します。

関係法令等

〈所法161①六，十二イ，212①，213，215，所令334，実施特例法3，措法41の22①，日伊租税条約14，15，17①，復興財確法28①，②〉

【参　考】『2019年版　源泉徴収のあらまし（国税庁）』288ページより

【免税芸能法人等の役務提供事業の対価に係る源泉徴収の具体例】

次の図は，日本国内に恒久的施設を有していないことによって租税条約の規定に基づき日本国の租税が免除される免税芸能法人等が日本国内で芸能人や運動家の役務提供事業を行ったことによる対価についての源泉徴収と還付の手順（①～④）を示したものです。

ここでは，免税芸能法人等（プロモーター）が，日本国内で非居住者である芸能人の役務提供を行うことによって日本の興行主（スポンサー）から1,000万円の対価の支払を受け，芸能人や他のプロモーターにその対価のうちから700万円の報酬を支払う例を示しています（なお，源泉所得税及び復興特別所得税については，おおよその金額を表示しています）。

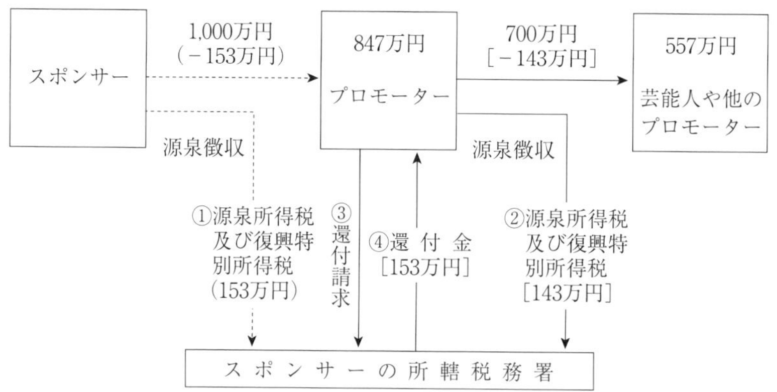

（注）1　上記のプロモーターは，芸能人への報酬の支払に対する源泉徴収税額の納付に税務署からの還付金の一部を充てること（充当）ができます。

2　上記のプロモーターは，「免税芸能法人等に関する届出書」を提出していることから，スポンサーからプロモーターへ支払われる対価については，15.315％の源泉徴収税率が適用されています（措法41の22③，措令26の32③，措規19の14）。

第11章

恒久的施設

11—1　米国居住者が行う絵画の展示販売

私（米国市民）は画商で，ニューヨークを生活の拠点として，世界各地を回り絵画の買付け及び販売をしています。

日本においては東京で銀座の画廊の一角を借り受けて絵画の展示販売をしています。

販売方法については，基本的には画廊経営者に定価販売をお願いしており，絵画が売れた場合，販売対価の一定割合を販売手数料として画廊経営者に支払います。また，1作品の価額が100万円を超えてくると，私が購入希望者と直接交渉することもありますが，そのようなことは年に数回しかなく，また必ずしも私が日本に来て交渉するわけでもありません。

私は日本に住所等はなく非居住者に該当しますし，日本に支店や事務所を設置していません。

このように，非居住者である私は日本に支店等を有していませんので，私が得た絵画販売に係る所得については日本で所得税は課税されないと考えてよいでしょうか。

あなたが日本で借り受けた画廊の一角は恒久的施設に該当し，非居住者であるあなたが，その恒久的施設において事業を行ったことにより稼得した所得は日本において所得税が課税されます。

解　説

〔1〕 非居住者が支店や事務所などの恒久的施設を通じて事業を行う場合において，その恒久的施設に帰せられるべき所得は国内源泉所得とされ（所法161①一），非居住者がそのような国内源泉所得を有するときは所得税を納める義務があり（所法5②一，7①三），総合課税の対象となります（所法164①一）。

〔2〕 この場合の恒久的施設とは，次のものをいいます。

① 支店等

事業を行う一定の場所で，支店，事務所や天然資源を採取する等の一定

の場所（所法２①八の四イ，所令１の２①）

②　長期建設工事現場等

非居住者等[注]の国内にある長期建設工事現場等（建設若しくは据付けの工事又はこれらの指揮監督の役務の提供で１年を超えて行われる長期建設工事等）（所法２①八の四ロ，所令１の２②）

（注）　非居住者等とは非居住者又は外国法人をいいます。

③　契約締結代理人等

国内において非居住者等に代わって，その事業に関し，反復して次に掲げる契約を締結し，又は非居住者等によって重要な修正が行われることなく日常的に締結される次に掲げる契約のために反復して主要な役割を果たす者（所法２①八の四ハ，所令１の２⑦）

ⅰ　非居住者等の名において締結される契約

ⅱ　非居住者等が所有し，又は使用の権利を有する財産について，所有権を移転し，又は使用の権利を与えるための契約

ⅲ　非居住者等による役務の提供のための契約

なお，国内において非居住者等に代わって行動する者が，例えば総合商社のように，その事業に係る業務を当該非居住者等に対して独立して行い，かつ，通常の方法により行う場合には，当該者は契約締結代理人等に含まれません。このような者は一般に「独立代理人」と呼ばれています。ただし，専ら又は主として一又は二以上の自己と特殊の関係にある者に代わって行動する者は独立代理人には該当しません（所令１の２⑧）。

〔３〕　非居住者等の国内において商品の展示又は引渡しのためにのみ保有する場所は支店等に該当しません。ただし，展示等の活動が，非居住者等の事業の遂行にとって準備的又は補助的な性格のものである場合に限ります（所令１の２④）。（問11－２〔３〕参照）

〔４〕　非居住者等が国内において事業を行う一定の場所が当該非居住者等のために単に商品を保管する場所（一定の場所）などであっても，当該非居住者等が国内における他の場所（他の場所）において事業上の活動を行い，一定

の場所における事業上の活動と他の場所における事業上の活動が一体的な業務の一部として補完的な機能を果たす場合において，他の場所が当該非居住者等にとって恒久的施設に該当するとか，または，これら細分化された活動（細分化活動）の組合せによる活動の全体がその事業の遂行にとって準備的又は補助的な性格のものでない場合には，その一定の場所は非居住者等にとって恒久的施設に該当します（所令１の２⑤一）。（問11－３〔２〕参照）

〔５〕 非居住者等が国内においてその事業活動の拠点としているホテルの一室とか，展示即売場その他これらに類する場所は恒久的施設に含まれることとされています（所基通161－１）。

あなたの場合は，日本で借りた画廊の一角で絵画の展示販売を行っています。この画廊の一角は，展示即売場その他これらに類する場所に当たり，事業を行う一定の場所になります。

また，絵画の販売という活動は，画商として本質的かつ重要な活動であり，準備的又は補助的活動には当たりません。

したがって，あなたが日本で借りた画廊の一角は恒久的施設に該当します。

〔６〕 また，我が国が締結した租税条約において，恒久的施設に係る規定と異なる定めがある場合には，その条約の適用を受ける非居住者等については，その条約において恒久的施設と定められたもの（国内にあるものに限ります。）を恒久的施設とします（所法２①八の四）。

あなたの場合，米国市民で，ニューヨークを生活の拠点としているとのことから，あなたは米国居住者と考えられますので，日米租税条約の規定を見ますと，第５条第１項に「この条約の適用上，恒久的施設とは，事業を行う一定の場所であって企業がその事業の全部又は一部を行っている場所をいう」と規定しています。また，所得税法では，非居住者等の国内にある支店，工場その他事業を行う一定の場所である旨規定しており，事業を行う一定の場所という点において両者に異なる定めは認められません。

よって，あなたが日本で借りた画廊の一角は恒久的施設に該当し，その恒久的施設に帰属する所得について，日本で所得税が課税されます。

関係法令等

〈所法２①八の四，５②一，７①三，161①一，164①一，所令１の２，所基通161-１〉

11—2 日本観光に係る情報収集及びオプショナルツアーの提供

Q

私（韓国人）は日本の大学を卒業し，その後，韓国に住んでいます。

韓国では買い物を兼ねた日本旅行に人気があり，日本を訪れる韓国人はたくさんいます。そして，一度日本に来た韓国人は繰り返し日本を訪れる傾向があるように思えます。

そこで，このようなリピーターを増やすためには，新しい観光スポット等の情報を収集し新しいオプショナルツアーを提供することが重要になってきます。

私は今まで韓国の旅行会社に勤めていましたが，脱サラして，日本の観光情報や買い物情報等を収集するとともに，新しいオプショナルツアーを考案してこれを韓国の旅行会社等に提供する仕事を個人で始めました。

事務所は韓国にあります。また，日本にも情報収集やオプショナルツアー考案のため年３か月程度，学生時代の友人宅に滞在しています。

このように，私の日本滞在期間は年３か月であり，日本では非居住者に当たることになります。また，私の主な顧客は韓国の旅行会社ですし，私の日本滞在は情報収集を目的としたものでありますから，私の所得に対して日本で所得税が課税されることはないと考えてよいでしょうか。

A

あなたの日本における滞在場所は日本における活動の拠点であり，日本で行う情報収集やオプショナルツアー案の考案活動は，あなたが行う事業の本質的かつ重要な活動ですので，あなたが日本における活動の拠点とする友人宅が恒久的施設に該当し，その恒久的施設に帰属する所得について，日本で所得税が課税されます。

解　説

〔1〕 非居住者が支店や事務所などの恒久的施設を通じて事業を行う場合において，その恒久的施設に帰せられるべき所得は国内源泉所得とされ（所法161①一），非居住者がそのような国内源泉所得を有するときは所得税を納める義務があり（所法5②一，7①三），総合課税の対象となります（所法164①一）。

〔2〕 この場合の恒久的施設とは，次のものをいいます（所法2①八の四）。

① 支店等

② 長期建設工事現場等

③ 契約締結代理人等

〔3〕 ところで，非居住者が国内において情報を収集することのみを目的として国内に支店等を保有するなど，非居住者等の国内における次の活動に応じ次の場所（その活動を含みます。）は支店等にも長期建設工事現場等にも該当しません（所令1の2④）ので，恒久的施設にはなりません。

	活　　動	場　所
①	非居住者等に属する物品又は商品の保管，展示又は引渡しのためにのみ施設を使用すること	その施設
②	非居住者等に属する物品又は商品の在庫を保管，展示又は引渡しのためにのみ保有すること	その保有することのみを行う場所
③	非居住者等に属する物品又は商品の在庫を事業を行う他の者による加工のためにのみ保有すること	その保有することのみを行う場所
④	その事業のために物品若しくは商品を購入し，又は情報を収集することのみを目的として，支店等（所令1の2①に掲げる場所）を保有すること	その場所
⑤	その事業のために上記①から④までに掲げる活動以外の活動を行うことのみを目的として，支店等を保有すること	その場所
⑥	上記①から④までに掲げる活動及び当該活動以外の活動を組み合わせた活動を行うことのみを目的として，支店等を保有すること	その場所

ただし，これらの各活動が，外国法人等の事業の遂行にとって準備的又は補

助的な性格のものである場合に限ります（所令1の2④ただし書）。

〔4〕 また，我が国が締結した租税条約において，恒久的施設に係る規定と異なる定めがある場合には，その条約の適用を受ける非居住者等については，その条約において恒久的施設と定められたもの（国内にあるものに限ります。）を恒久的施設とします（所法2八の四）。

あなたは韓国の居住者ですので，日韓租税条約の第5条《恒久的施設》第4項を見ると，「(d)企業のために……情報を収集することのみを目的として，事業を行う一定の場所を保有すること」や「(e)企業のためにその他の準備的又は補助的な性格の活動を行うことのみを目的として，事業を行う一定の場所を保有すること」は恒久的施設には含まれないとしています。

〔5〕 このような準備的又は補助的な性格の活動の意義については，「本質的かつ重要な部分を構成する活動の遂行を予定し当該活動に先行して行われる活動」が準備的な性格のものとされ（所基通161−1の2），また，「本質的かつ重要な部分を構成しない活動で，その本質的かつ重要な部分を支援するために行われるもの」が補助的な性格のものとされています（所基通161−1の3）。

これに対して，あなたの日本における活動は，「日本の観光情報や買い物情報等を収集するとともに，新しいオプショナルツアーを考案すること」であり，それは先行活動でも支援活動でもなく，あなたの事業活動の本質的かつ重要な部分を構成する活動と考えられます。

〔6〕 したがって，日本で行う情報収集やオプショナルツアー案の考案活動は，あなたが行う事業の本質的かつ重要な活動ですので，あなたが日本における活動の拠点とする友人宅が恒久的施設に該当し，その恒久的施設に帰属する所得について，日本で所得税が課税されます。

関係法令等

〈所法2①八の四，5②一，7①三，161①一，164①一，所令1の2④，所基通161−1の2，161−1の3〉

11—3　細分化活動の組合せ

私（英国人，英国居住者）は英国法人X社（6月決算）の100％株主であり，同社の社長でしたが，昨年（2018年（平成30年））の6月にX社を退職し，私の息子が社長になりました。

X社は，日本に支店を設置し日本商品を日本で仕入れて英国に輸出し販売しています。

英国で人気の日本商品のうち，ビューティーヘルスケア商品などは，息子や社員などで仕入れができますが，日本包丁については，まだ私の経験や人脈が必要とのことから，今期（2019年（令和元年）7月1日～）から，X社の要請を受けて，日本の昔からの取引先と交渉して商品を仕入れて日本にあるX社の支店の一角に保管することにしています。

私は既にX社を退職し，必要に応じ日本に出向きX社の依頼を受けてX社のために商品を仕入れる活動だけをしておりますし，X社との再雇用契約等はなく，その対価は旅費や宿泊費等の必要経費に私個人の技能料を加算した金額をもらうことにしています。

日本における滞在は年2～3か月程度であり非居住者である私のこの活動について所得税の問題は生じないと考えてよろしいでしょうか。

あなたとX社との関係やあなたの活動状況等を検討する必要はありますが，あなたはX社を退職していること，あなたはX社の依頼を受けて日本において個人で商品仕入れを行っていること，そしてその対価はコストプラスであることからすると，あなたが日本で仕入れた商品を保管する場所であるX社の日本支店があなたの恒久的施設になり，日本で所得税が課税されるという問題が生じます。

解　説

〔1〕 非居住者が支店や事務所などの恒久的施設を通じて事業を行う場合にお

いて，その恒久的施設に帰せられるべき所得は国内源泉所得とされ（所法161①一），非居住者がそのような国内源泉所得を有するときは所得税を納める義務があり（所法5②一，7①三），総合課税の対象となります（所法164①一）。

そして，支店等は恒久的施設に該当します（所法2①八の四）。

ただし，非居住者が国内において商品を購入することのみを目的として国内に支店等を保有する場合はその場所は恒久的施設に該当しません（所令1の2④）。（問11－2参照）

〔2〕 しかし，非居住者等が国内において事業を行う一定の場所が当該非居住者等のために単に商品を購入するだけの場所など，問11－2〔3〕に記載した場所（一定の場所）であっても，当該非居住者等が国内における他の場所（他の場所）において事業上の活動を行い，一定の場所における事業上の活動と他の場所における事業上の活動が一体的な業務の一部として補完的な機能を果たす場合において，他の場所が当該非居住者等にとって恒久的施設に該当するとか，または，これら細分化された活動（細分化活動）の組合せによる活動の全体がその事業の遂行にとって準備的又は補助的な性格のものでない場合には，当該一定の場所は非居住者等にとって恒久的施設に該当します（所令1の2⑤一）。

その細分化活動については，下表のとおり，①場所（一定の場所と他の場所），②行為者（本人と関係者）及び③場所と行為者両方の3通りに区分されています。

そして，それぞれの細分化活動に応じて，それぞれ次に掲げる場合は，準備的又は補助的な性格のものとする規定の適用はありません。すなわち，「一定の場所」が非居住者等にとって恒久的施設になることになります。

活動と要件／細分化項目	細分化活動（細分化活動が一体的な業務の一部として補完的な機能を果たす場合に限ります。）	恒久的施設の要件（一定の場所が恒久的施設となる場合）
1　場所（所令1の2⑤一）	非居住者等が一定の場所において行う事業上の活動及び当該非居住者等が他の場所において行う事	イ　他の場所が非居住者等の恒久的施設 ロ　細分化活動の組合せによる活

	業上の活動	動全体がその事業の遂行にとって準備的又は補助的な性格のものでない
2　行為者（所令1の2⑤二）	非居住者等及び当該非居住者等の関連者（以下「関連者」といいます。）が一定の場所において行う事業上の活動	イ　一定の場所が関連者の恒久的施設 ロ　細分化活動の組合せによる活動全体がその事業の遂行にとって準備的又は補助的な性格のものでない
3　場所及び行為者（所令1の2⑤三）	非居住者等が一定の場所において行う事業上の活動及び関連者が他の場所において行う事業上の活動	イ　他の場所が関連者の恒久的施設 ロ　細分化活動の組合せによる活動全体がその事業の遂行にとって準備的又は補助的な性格のものでない

〔3〕 上記表の「2　行為者」の規定をあなたに当てはめますと次のとおりになります。

すなわち，非居住者であるあなたとあなたが100％株式を保有するＸ社が一定の場所において事業上の活動を行っており，あなたが事業活動を行う場所がＸ社の恒久的施設であり，かつ，あなたが行う仕入れとＸ社が行う輸出の組合せは事業の遂行にとって本質的な活動であり，準備的又は補助的な性格のものではありませんので，Ｘ社の日本における一定の場所があなたにとっても恒久的施設に該当し，その恒久的施設に帰属する所得について，日本で所得税が課税されます。

〔4〕 また，「BEPS防止措置実施条約」及び「日英租税条約」に係る統合条文においても，以下のとおり，上記〔2〕の表の規定と同様の規定があります。

> 次のBEPS防止措置実施条約第13条4の規定は、条約について適用される。
> 第13条　特定の活動に関する除外を利用した恒久的施設の地位の人為的な回避
> 4　条約第5条4の規定(注)は、事業を行う一定の場所を使用し、若しくは保有する企業又は当該企業と密接に関連する企業が当該一定の場所又は当該一定の場所が存在する締約国内の他の場所において事業活動を行う場合において、次のいずれかに該当するときは、当該一定の場所については、適用しない。ただし、当該企業及び当該企業と密接に関連する企業が当該一定の場所において行う事業活動又は当該企業若しくは当該企業と密接に関連する企業が当該一定の場所及び当該他の場所にお

いて行う事業活動が、一体的な業務の一部として補完的な機能を果たす場合に限る。

(a) 条約第5条の規定に基づき、当該一定の場所又は当該他の場所が当該企業又は当該企業と密接に関連する企業の恒久的施設を構成すること。

(b) 当該企業及び当該企業と密接に関連する企業が当該一定の場所において行う活動の組合せ又は当該企業若しくは当該企業と密接に関連する企業が当該一定の場所及び当該他の場所において行う活動の組合せによる活動の全体が準備的又は補助的な性格のものでないこと。

なお，この規定は，2019年（令和元年）7月1日以後に開始する課税期間に関して課される租税について適用されます。

（注） 日英租税条約の第5条4の規定のことです。

（参考）1　BEPS 防止措置実施条約については，問11－4参照。

2　BEPS 防止措置実施条約に関する資料は，以下を参照。

（財務省 HP〉税制〉わが国の税制の概要〉国際課税〉租税条約に関する資料〉BEPS 防止措置実施条約に関する資料）

関係法令等

〈所法2①八の四，5②一，7①三，161①一，164①一，所令1の2④，⑤，BEPS 防止措置実施条約13④，日英租税条約5④〉

11－4　契約締結代理人等

フランス居住者Ａ氏（フランス人）はフランスにおける著名なデザイナーです。

私（フランス人，日本居住者）は日本におけるＡ氏の専属代理人として，Ａ氏へのデザインの依頼者を探しています。

私にはＡ氏の名において契約を締結する権限は与えられておりませんが，Ａ氏による日本企業へのデザイン提供に関する契約の締結のために，日本においてＡ氏に代わって，Ａ氏のデザインに興味を示す日本企業を探し，提供するデザインの内容や価格の交渉をするなど，契約締結のために反復して主要な役割を果たしています。

そして，私と顧客とで合意に至った契約内容については，Ａ氏によって特段の修正が加えられることもなくそのままＡ氏と顧客とで契約が締結されています。

私はＡ氏と雇用契約はなく，契約締結の実績に応じた手数料をＡ氏から受領しており，それが私の日本における収入の全てです。

私は契約締結代理人等としてＡ氏の恒久的施設に該当しますか。

あなたは契約締結代理人等としてＡ氏の恒久的施設に該当します。

解　説

〔1〕 所得税法では契約締結代理人等は次のように規定されています。

国内において非居住者等に代わって，その事業に関し，反復して次に掲げる契約を締結し，又は非居住者等によって重要な修正が行われることなく日常的に締結される次に掲げる契約のために反復して主要な役割を果たす者（所法２①八の四ハ，所令１の２⑦）

i　非居住者等の名において締結される契約

ii　非居住者等が所有し，又は使用の権利を有する財産について，所有権を移転し，又は使用の権利を与えるための契約

iii　非居住者等による役務の提供のための契約

なお，契約締結代理人等から独立代理人(注)は除かれています（所令1の2⑧）。

(注)　独立代理人は11－1参照。

〔2〕 この規定をあなたに当てはめますと，あなたは，国内において非居住者等であるA氏に代わって，その事業に関し，A氏によって重要な修正が行われることなく日常的に締結される非居住者等によるデザインという役務の提供のための契約について，その締結のために反復して主要な役割を果たす者と認められます。したがって，あなたは所得税法上の恒久的施設（契約締結代理人等）に該当します。

〔3〕 一方，我が国が締結した租税条約において，恒久的施設に係る規定と異なる定めがある場合には，その条約の適用を受ける非居住者等については，その条約において恒久的施設と定められたもの（国内にあるものに限ります。）を恒久的施設とします（所法2八の四）。

A氏はフランス居住者ですので，日仏租税条約の規定をみてみますと，第5条第5項において，「……企業に代わって行動する者（……）が，一方の締約国内で，当該企業の名において契約を締結する権限を有し，かつ，この権限を反復して行使する場合には，当該企業は，その者が当該企業のために行うすべての活動について，当該一方の締約国内に『恒久的施設』を有するものとされる……」，また，同条第6項において「企業は，通常の方法でその業務を行う仲立人，問屋その他の独立の地位を有する代理人を通じて一方の締約国内で事業活動を行っているという理由のみでは，当該一方の締約国内に『恒久的施設』を有するものとされない」と規定しています。

あなたの場合は，A氏の名において契約を締結する権限がないことから，この条約の規定からすると，A氏の恒久的施設には該当しません。

〔4〕 ところで，BEPS（Base Erosion and Profit Shifting，税源浸食と利益移転）プロジェクトにおいて策定されたBEPS防止措置のうち租税条約に関連する措置を，既存の租税条約に導入することを目的としてBEPS防止措置条約(注)が39か国・地域と締結されました（2019年（平成31年）3月29日現在）。

（注）　BEPS 防止措置条約の正式名称は「税源浸食及び利益移転を防止するための租税条約関連措置を実施するための多数国間条約」です。

本条約の締約国は，租税条約に関連する BEPS 防止措置を多数の既存の租税条約について同時かつ効率的に実施することが可能となりました。

本条約は，我が国及びフランスにおいては2019年（平成31年）1月1日に発効しています。本条約の各締約国は，既存の租税条約のいずれを本条約の適用対象とするかを任意に選択することができます。そして，本条約には，恒久的施設認定の人為的回避を防止する条項（本条約12条①）があり，日仏両国は同条項が適用されることとしています。

〔5〕　日仏両国において適用することとした本条約第12条条第1項に係る規定（「BEPS 防止措置条約」及び「日仏租税条約」に係る統合条文）は以下のとおりです。

> 次の BEPS 防止措置実施条約第12条1及び2の規定は、条約第5条5及び6の規定(注)に代わる。
>
> 第12条　問屋契約及びこれに類する方策を通じた恒久的施設の地位の人為的な回避
>
> 1　条約第5条の規定にかかわらず，2の規定が適用される場合を除くほか，一方の締約国内において企業に代わって行動する者が，そのように行動するに当たって，反復して契約を締結し，又は当該企業によって重要な修正が行われることなく日常的に締結される契約の締結のために反復して主要な役割を果たす場合において，これらの契約が次のいずれかに該当するときは，当該企業は，その者が当該企業のために行う全ての活動について，当該一方の締約国内に恒久的施設を有するものとする。ただし，当該活動が当該企業により当該一方の締約国内に存在する当該企業の事業を行う一定の場所で行われたとしても，条約第五条の規定に規定する恒久的施設の定義に基づいて，当該事業を行う一定の場所が恒久的施設を構成するものとされない場合は，この限りでない。
>
> (a)　当該企業の名において締結される契約
>
> (b)　当該企業が所有し，又は使用の権利を有する財産について，所有権を移転し，又は使用の権利を与えるための契約
>
> (c)　当該企業による役務の提供のための契約

（注）　日仏租税条約の第5条5及び6の規定のことです。

〔6〕　所得税法における代理人の規定は，本条約の規定に則っていることから，最終的には，所得税法の規定どおり（上記〔2〕），あなたはA氏の恒久的施設（契約締結代理人等）に該当することとなります。

ただし，上記規定の適用時期については，以下の規定があり，ご質問に係る適用については，2019年（令和元年）７月１日以後に開始する課税期間に関して課される租税になります。

適用の開始 (1) 本条約の規定は，我が国とフランスとの間の租税条約の各当事国において，次のものについて適用されます。 イ　非居住者に対して支払われ，又は貸記される額に対して源泉徴収される租税については，2019年（平成31年）１月１日以後に生ずる課税事象 ロ　当該当事国によって課されるその他の全ての租税については，2019年７月１日以後に開始する課税期間に関して課される租税

なお，上記〔４〕，〔５〕及び〔６〕については，下記財務省 HP を参照しました。

（財務省 HP 税制〉わが国の税制の概要〉国際課税〉租税条約に関する資料〉BEPS 防止措置実施条約に関する資料〉我が国とフランスとの間の租税条約に対する本条約の適用関係の概要）

関係法令等

〈所法２①八の四ハ，所令１の２⑦，日仏租税条約５⑤，⑥，BEPS 防止措置条約12①〉

第12章

譲　渡　所　得

12—1 永住者が国外にある不動産を譲渡した場合

私（米国市民）は，来日して6年目になりますが，米国カリフォルニア州にある自分の土地を20万米ドルで売却し，約4万米ドルの譲渡益を得ました。

この譲渡益は，日本とアメリカのいずれで課税されることになるのでしょうか。

A

あなたは永住者に該当しますので，国外にある土地の譲渡益についても日本で課税されることとなります。

なお，この譲渡益について，土地の存する米国で課税を受けた場合には，日本での確定申告の際，外国税額控除を受けることにより二重課税を調整することができます。

解　説

〔1〕 あなたは来日して6年目になるということですので，永住者に該当し，「全ての所得」に対して課税されます（所法7①一）。

したがって，永住者は，国外源泉所得に該当する外国にある土地の譲渡益も課税対象となります。

〔2〕 土地・建物等の譲渡については，その不動産の所有期間に応じて，分離課税の長期譲渡所得又は短期譲渡所得として申告分離課税の方法により日本での課税を受けます（措法31，32等）。

〔3〕 また，不動産の譲渡益については，日米租税条約では不動産の所在地国でも課税できるとされており（同条約13①），米国の国内法に基づき米国においても課税できることになります。

〔4〕 この譲渡益について，米国で課税を受けた場合には，あなたは日本で確定申告を行う際，外国税額控除を受けて，二重課税の調整を行うことができます（所法95，日米租税条約23）。

米国市民は，日本に居住している間でも，米国の国内法により米国において全ての所得に対して通常税率で課税されこととされており，日米租税条約ではそれを認めています（同条約１④(a)）。

この場合に，米国市民として通常税率で課税を受けた全ての米国の所得税が外国税額控除の対象となるのではなく，米国市民ではないとした場合に日米租税条約の規定に従って課することができる租税のみが対象とされます（同条約23③(a)，所法95①，所令222の２④五）。

関係法令等

〈所法７①一，95，所令222の２④五，措法31，32等，日米租税条約１④(a)，13①，23〉

12—2 非永住者が国外にある不動産を譲渡した場合

Q

私（ドイツ人）は，3年間の勤務の予定で来日し，今年で3年目になる会社員ですが，本国にある不動産（土地・建物）を本年中にドイツの居住者Bに譲渡する予定です。私の日本での課税関係はどうなりますか。

なお，この日本勤務は私にとってはじめての日本滞在です。

A

あなたは非永住者に該当しますので，海外不動産の譲渡による所得は国外源泉所得となることから，この譲渡代金が日本国内で支払われるか，又は国外からの送金がある場合に限り課税されます。

解　説

〔1〕 国外にある不動産の譲渡による所得は，国外源泉所得となります（所法95④三，所令225の4①一）。国外源泉所得が日本で課税されるか否かは，次のとおり日本国内における居住形態により異なります（所法7①一～三）。

① 永住者の場合

永住者は，国内外を問わず全ての所得が課税の対象となりますので，国外にある不動産の譲渡益についても課税の対象となります（所法7①一）。

② 非永住者

非永住者の場合は，①国外源泉所得以外の全て及び②国外源泉所得で国内において支払われるか，又は国内に送金されたものが課税の対象となります（所法7①二）。したがって，国外の不動産の譲渡益については，その譲渡代金が国内において支払われるか，又は国外からの送金がある場合(注)に課税の対象となります。

(注) 国外からの送金については，譲渡代金からの送金でなくても対象となります。自己資金からの送金であればよく，送金課税の対象の計算は所得税法施行令第17条第4項に規定されている方法で行います。

非永住者が国外から送金を受領した場合の計算は，問3－5,問3－6で説明しています。

③ 非居住者

非居住者の場合は，国内源泉所得のみが課税対象とされますので，国外の不動産の譲渡益については課税されません（所法7①三）。

〔2〕 あなたの場合，来日して3年目であり，この日本勤務がはじめての日本滞在とのことですから非永住者に該当しますので，不動産の譲渡代金が国内で支払われるか，又は自己資金が国外から送金されない限り日本で課税されることはありません。

また，日独租税条約では「不動産の譲渡から生ずる収益に対しては，当該不動産が存在する締約国において租税を課することができる」と規定しており（日独租税条約13(1)），ドイツ国内にある不動産の譲渡益については，ドイツで課税をすることができます。

なお，この譲渡益について，ドイツで課税を受け日本でも確定申告において申告する場合には，外国税額控除受けて，二重課税の調整を行うことができます（所法95，日独租税条約22(1)）。

関係法令等

〈所法7①一～三，95，所令17④，日独租税条約13(1)，22(1)〉

12—3 非居住者が国内にある不動産を譲渡した場合

Q

私（米国市民）は，８年間の日本支店勤務を終え，４月に３年間の予定でシアトル支店に勤務することになりました。

そこで，私は，出国後の６月に日本国内にある土地付建物（旧自宅）を内国法人Ａ社に３億円で譲渡することにしていますが，譲渡した場合の課税関係はどうなりますか。

A

あなたは非居住者に該当しますが，国内にある不動産の譲渡による所得は国内源泉所得になりますので，確定申告を行う必要があります。

なお，譲渡対価の支払の際には10.21％の税率で所得税等が源泉徴収されますが，源泉徴収された税額は確定申告の際に精算されます。

解　説

〔１〕 国外において，継続して１年以上居住することを通常必要とする職業に従事することとなる場合には，その者は国内に住所を有しない者との推定を受け，出国してからは，非居住者に該当します（所令15①一）。

〔２〕 非居住者が国内にある土地・建物等を譲渡したことによる所得は，国内源泉所得に該当し（所法161①五），国内に恒久的施設を有するか否かにかかわらず，総合課税の方法により所得税が課されます（所法164①）。

〔３〕 土地・建物等の譲渡については，非居住者の場合にも租税特別措置法上の特例が適用されますので，その不動産の所有期間に応じて分離課税の長期譲渡所得又は短期譲渡所得として申告分離課税の対象となります（措法31，32等）。また，居住用財産を譲渡した場合で一定の要件を満たしていれば3,000万円の特別控除（措法35）や軽減税率の特例（措法31の３）を適用することもできます。

なお，国内の居住用財産を売却し，米国で自宅を購入した場合には，買換資産が日本国内にありませんので，居住用財産の買換え等の特例（措法36の２，36の５）は受けられません。

〔４〕 ところで，非居住者又は外国法人に対して土地・建物等の譲渡対価の支払

をする者は，その対価の額が1億円以下であり，かつ，その譲り受けた個人が自己又はその親族の居住の用に供するためのものである場合を除き，支払に当たっては10.21％の税率で源泉徴収をする必要があります（所法161①五，212①，213①二，所令281の3，復興財確法28①，②）。

〔5〕 あなたの場合，3年間の予定でシアトル勤務をするために出国されていますので，出国してからは非居住者に該当し，国内源泉所得のみが課税の対象となります。

日本国内にある土地付建物（旧自宅）の譲渡は国内源泉所得に該当しますので，その譲渡益について確定申告をする必要があります。なお，非居住者であるあなたは，譲渡代金受領の際，A社によって10.21％の税率で源泉徴収されますが，その税額は確定申告を通じて精算されることになります。

この場合の譲渡所得の計算は居住者と同様ですが，適用される所得控除は，雑損控除，寄附金控除及び基礎控除に限られます（所法165）。

なお，ご質問の土地・建物の譲渡は，あなたが居住の用に供しなくなってから3年以内の譲渡ですから，原則として3,000万円の特別控除が受けられます（措法35①）。

関係法令等

〈所法161①五，164①四，165，212①，213①二，所令15①一，281の3，措法31，31の3，32，35，36の2，36の5，復興財確法28①，②〉

12―4　非永住者が外国上場株式を譲渡した場合

Q

私（英国人）は，2017年（平成29年）６月30日に英国法人から日本の子会社に３年の予定で派遣され，現在２年目になります。この度，入国前である2017年（平成29年）５月30日に取得した英国上場株式を，入国後である2019年（令和元年）６月30日に英国の証券会社を通じて売却し譲渡益が生じました。売却収入は，英国の預金口座に保管したままであり，2019年（令和元年）中に国内に送金したものはありません。

この譲渡益は，日本で課税されるでしょうか。なお，私は過去に日本に滞在したことはありません。

A

あなたが2019年（令和元年）６月30日に売却した英国上場株式は，非居住者期間である2017年（平成29年）５月30日に取得したものであることなどから，その譲渡による所得は所得税法第７条第１項第２号の国外源泉所得に該当し，日本で課税されません。

解　説

〔1〕 あなたは，３年間の予定で来日し，日本の子会社に勤務していますので，国内に住所を有する者と推定され，来日当初から居住者として扱われます。そして，現在，来日して２年目ということですので，非永住者に該当します（所法２①三，四，所令14①一）。

非永住者の課税所得の範囲は，①国外源泉所得（国外にある有価証券の譲渡により生ずる所得として政令で定めるものを含む。）以外の所得及び②国外源泉所得で国内において支払われ，又は国外から送金されたものとなります（所法７①二）。

〔2〕 国外にある有価証券の譲渡により生ずる所得として政令で定めるものとは，次のものをいいます（所令17①一，二，三）。

① 外国金融商品市場において譲渡がされるもの

② 外国金融商品取引業者への一定の売委託により譲渡が行われるもの

③　外国金融商品取引業者等の国外にある営業所等に開設された口座に係る国外における振替口座簿に類するものに記載等がされ，又はその口座に保管の委託がされているもの

したがって，あなたが売却した株式は，英国上場株式ですので国外源泉所得に該当します。

ただし，2017年（平成29年）４月１日以後取得したもので，譲渡した日以前10年以内において非永住者であった期間に取得したもの除くとされています（平29政105改正附則３）。つまり，この期間に取得したものを非永住者期間中に譲渡した場合は，課税の対象となります。

〔３〕　あなたがこの度売却した英国上場株式は，国外源泉所得に該当し,2017年（平成29年）５月30日に取得したもので，譲渡した2019年（令和元年）６月30日以前10年以内において，非永住者期間に取得したものではなく，また，売却収入は英国の預金口座に保管したままであり，2019年（令和元年）中に国内に送金したものはないとのことですので，日本で課税されません。

【参考】

非永住者の課税所得の範囲について，2014年度（平成26年度）及び2017年度（平成29年度）税制改正で改正が行われています。

⑴　2014年度（平成26年度）税制改正では，次のように改正されました。

①　国外源泉所得以外の所得

②　国外源泉所得で国内において支払われ，又は国外から送金されたもの

⑵　2017年度（平成29年度）税制改正で，更に次のように改正されました。

①　国外源泉所得（国外にある有価証券の譲渡により生ずる所得として政令で定めるものを含む。）以外の所得

②　国外源泉所得で国内において支払われ，又は国外から送金されたもの

⑴の改正は，2017年（平成29年）１月１日以後の有価証券の譲渡に適用され（平26法10改正附則３③），⑵の改正は，2017年（平成29年）４月１日以後の有価証券の譲渡に適用されています（平29法４改正附則２）。

関係法令等

〈所法２①三，四，所法７①二，所令14①一，17①一，二，三，平26法10改正附則３③，平29法４改正附則２，平29政105改正附則３〉

12—5　非居住者が内国法人の株式を譲渡した場合

Q

私（米国市民）は，内国法人Ｒ社に４年間勤務し，３年前に本国に帰国しました。

私はＲ社勤務中にＲ社株を購入しており，その株式を昨年売却しましたが，課税関係はどうなりますか。

なお，私は国内に恒久的施設を有していません。

A

非居住者が内国法人の株式を譲渡した場合の所得に対しては，日米租税条約第13条の規定により，不動産化体株式など特定の株式の譲渡による以外は，居住地国である米国で課税され，日本で課税されることはありません。

解　説

〔１〕 あなたは，非居住者に該当し，国内源泉所得に対してのみ課税されます（所法２①五，７①三）。

〔２〕 非居住者が株式を譲渡した場合の所得で，次のいずれかに該当するときには，国内源泉所得として課税の対象となります（所法161①三，164①二，所令281）。

① 同一銘柄の内国法人の株式等の買集めをし，その所有者である地位を利用して，当該株式等をその内国法人若しくは特殊関係者等に対し，又はこれらの者若しくはその依頼する者のあっせんにより譲渡することによる所得（所令281①四イ，②）

② 内国法人の特殊関係株主等である非居住者が行うその内国法人の株式等の譲渡による所得（所令281①四ロ，③，④，⑥，⑦）

③ 不動産関連法人の株式の譲渡による所得（所令281①五，⑧，⑨，⑩）

④ 国内にあるゴルフ場の所有又は経営に係る法人の株式又は出資の譲渡による所得で特定のもの（所令281①六）

⑤ 国内にあるゴルフ場のゴルフ会員権の譲渡による所得（所令281①七）

⑥ 日本に滞在する間に行う国内にある株式等の譲渡による所得（所令281

①八）

⑦　税制適格ストックオプションの権利行使により取得した株式等の譲渡による所得（所令281①四ロ，措令19の3㉓）

〔3〕　ところで，日米租税条約第13条では，資産の譲渡益については，資産価値の50パーセント以上が他方の締約国（例えば日本）に存する不動産により直接又は間接に構成する法人の株式（不動産化体株式）を，一方の締約国（例えば米国）の居住者が譲渡した場合等を除き，譲渡者の居住地国でのみ課税することとしています。

株式は資産に該当しますので，上記〔2〕のいずれかに該当しても，不動産化体株式であるなど特定の場合を除き，非居住者の株式の譲渡益については日本では課税されません。

〔4〕　あなたの場合には，非居住者に該当しますので，国内源泉所得に対してのみ課税されることになりますが，日米租税条約第13条の規定が適用され，特定の株式の譲渡による所得を除き日本で課税されることはありません。

関係法令等

〈所法2①五，7①三，161①三，164①二，所令281，措令19の3㉓，日米租税条約13〉

12—6 株式報酬制度により複数回取得した株式を譲渡した場合の取得費の計算

Q

私（米国市民，永住者）は，米国法人Ａ社の日本子会社であるＢ社に勤務する会社員です。Ａ社グループでは，Ａ社株式を利用した自社株割引購入制度及び税制適格ストックオプション（【参考１】参照。）ではないストックオプション（以下「税制非適格ストックオプション」といいます。）制度を導入しています。

私は，自社株割引購入制度により有利な金額（時価の85％）で取得したＡ社株式1,000株，税制非適格ストックオプション制度により取得したＡ社株式1,000株の計2,000株を保有していました。

この度，税制非適格ストックオプション制度により取得したＡ社株式1,000株を譲渡しましたが，この譲渡についての取得費はどのように算定するのでしょうか。

A

あなたが税制非適格ストックオプション制度により取得したＡ社株式1,000株の譲渡に係る取得費は，自社株割引購入制度により取得したＡ社株式1,000株の取得価額及び税制非適格ストックオプション制度により取得したＡ社株式1,000株の取得価額を総平均法に準じた方法により算出した１株当たりの金額に譲渡株数1,000株を乗じた金額となります。

解　説

〔１〕 自社株割引購入制度により有利な金額で取得した株式の取得価額は，払込み又は給付の期日の株価に取得株数を乗じた金額となります。

また，税制非適格ストックオプション制度により取得した株式の取得価額は，権利行使日の株価に取得株数を乗じた金額となります（所令84，109①三，118②）。

〔２〕 そして，２回以上にわたって取得した同一銘柄の株式の譲渡についての取得費は，総平均法に準ずる方法により算出した１株当たりの金額に譲渡株数

を乗じた金額となります（所法48③，所令105，118①）。

〔3〕 あなたの場合，税制非適格ストックオプション制度により取得したＡ社株式1,000株の譲渡に係る取得費は，自社株割引購入制度により取得したＡ社株式1,000株の取得価額及び税制非適格ストックオプション制度により取得したＡ社株式1,000株の取得価額を総平均法に準じた方法により算出した１株当たりの金額に譲渡株数1,000株を乗じた金額となります。

〔4〕 ご質問の場合の取得費の計算式は次の通りです。

① 自社株購入制度により取得したＡ社株式1,000株の取得価額

自社株購入制度により取得したＡ社株式1,000株の取得価額＝払込み又は給付の期日の株価×1,000株

② 税制非適格ストックオプション制度により取得したＡ社株式1,000株の取得価額

税制非適格ストックオプション制度により取得したＡ社株式1,000株の取得価額＝権利行使日の株価×1,000株

③ 取得費

$$\frac{\text{自社株購入制度により取得したＡ社株式1,000株の取得価額}+\text{税制非適格ストックオプション制度により取得したＡ社株式1,000株の取得価額}}{\text{1,000株}+\text{1,000株}}=\text{１株当たりの金額}$$

１株当たりの金額×1,000株＝取得費

【参考１】

税制適格ストックオプションとは，租税特別措置法第29の２の規定が適用されるストックオプションのことです。

この場合，権利行使時の経済的利益（権利行使時の時価と権利行使価額との差額）に対する課税は繰り延べられ，株式売却時に売却価額と権利行使価額との差額に対して株式等の譲渡所得等として課税されます。

なお，上記規定が適用されない税制非適格ストックオプションの場合，権利を行使した時点で，権利行使時の経済的利益（権利行使時の時価と権利行使価額との差額）に対して給与所得の収入金額として課税されます。

【参考２】

税制適格ストックオプションの特例の適用を受けて取得した株式と同一銘柄の

株式を特例の適用を受けないで取得した場合には，それぞれの銘柄が異なるものとして取得費の計算を行います。

関係法令等

〈所法48③，所令84，105，109①三，118①，②，措法29の２，措令19の３⑪，⑫〉

12―7　ストックオプション（新株予約権）を譲渡した場合の課税関係

私（米国市民）は，米国法人N社（非上場）の日本子会社であるM社に勤務して5年目になります。私は3年前にN社よりストックオプション（新株予約権）を付与されて，現在もその権利を保有しております。この度，N社が米国法人P社に合併されることになり，保有しているストックオプションに代えて金銭の交付をP社から受領することになりました。

私がP社から受領する当該金銭の課税関係はどのようになりますか。

あなたがP社から受領するストックオプションに代わる金銭は，株式等の譲渡所得として申告する必要があります。

解　説

〔1〕 新株予約権は，租税特別措置法第37条の10第2項第1号において「株式等」に該当するものと規定されています（措法37の10②一）。

〔2〕 また，合併により，被合併法人から付与されていたストックオプション（新株予約権）に代えて金銭その他の資産の交付を合併法人から受領する場合，当該受領する金銭その他の資産は株式等に係る譲渡所得等の収入金額とみなされます（措法37の10③，措令25の8④一）。

〔3〕 このため，あなたは，ストックオプションに代わる金銭をP社から受領したことについて，株式等の譲渡所得として申告する必要があります。

関係法令等

〈措法37の10②一，③，措令25の8④一〉

12―8　非居住者が事業譲渡類似株式を譲渡した場合

Q　私（非居住者）はオーストラリアに居住する実業家で日本に恒久的施設を有しておりませんが，５年前から日本の内国法人Ｚ社の株式（非上場株式，発行済株式総数の30％）を継続保有していました。この度，その保有していたＺ社株式のうち，直前の発行済株式総数の10％の株式を一度に売却して利益を得ました。この利益は，日本において申告をする必要がありますか。なお，Ｚ社株式は初めて売却しました。

A　**あなたは，Ｚ社株式の売却利益について，日本において所得税の確定申告書を提出しなければなりません。なお，申告分離課税により所得税及び復興特別所得税が課されます。**

解　説

〔１〕 非居住者は国内源泉所得のみ課税対象となりますが（所法７①三），非居住者が内国法人の株式を譲渡したことによる所得のうち，一定のものについては国内源泉所得として課税対象になります（所法161①三，164①，所令281）。

〔２〕 その中で，次のものは事業譲渡類似株式の譲渡として国内源泉所得となり，申告分離課税により日本において所得税及び復興特別所得税が課されます（所法161①三，164①，所令281①四ロ，③，④，⑥，⑦，措法37の12①，復興財確法８①，13）。

イ　譲渡年以前３年以内のいずれかの時において，内国法人の特殊関係株主等がその内国法人の発行済株式数又は出資の総数又は総額の25％以上に相当する数又は金額の株式又は出資を所有していること。

ロ　譲渡年において，非居住者である内国法人の特殊関係株主等が最初にその内国法人の株式又は出資の譲渡をする直前のその内国法人の発行済株式等の総数又は総額の５％以上の数又は金額の株式又は出資の譲渡をしたこと。

〔３〕 日豪租税条約においても，事業譲渡類似株式の譲渡所得については源泉地

国で課税できる旨，規定されており，次のいずれにも該当する場合には，源泉地国で課税できることとされています（同条約13③）。

イ　譲渡者等が保有する株式の数が，課税年度中のいずれかの時点において内国法人の発行済株式の総数の25％以上であること。

ロ　譲渡者等が課税年度中に譲渡した株式の総数が，当該内国法人の発行済株式の総数の５％以上であること。

〔４〕　あなたは日本に恒久的施設を有せず，５年前からＺ社の発行済株式総数の30％の株式を所有し，今回譲渡する直前の発行済株式総数の10％のＺ社株式を譲渡しています。

したがって，オーストラリアの居住者であり日本の非居住者であるあなたが得た内国法人Ｚ社の株式譲渡による収益は，国内法上，課税対象となり，租税条約上も日本で課税できることとなりますので，日本において申告分離課税により，課税されます。

関係法令等

〈所法161①三，164①，所令281，措法37の12①，日豪租税条約13③，復興財確法８①，13〉

12—9 居住者期間と非居住者期間がある場合の株式（非上場株式）の譲渡所得の課税関係

Q　私は本年７月に出国して日本の非居住者（日本に恒久的施設はありません。）となりました。日本の居住者であった本年３月に日本法人のＡ社株式（非上場）を譲渡して譲渡損が生じ，日本の非居住者である本年８月にも日本法人のＢ社株式（非上場株式，事業譲渡類似株式）を譲渡して譲渡益が生じております。確定申告に当たり，これら株式の譲渡損益を通算することは可能でしょうか。

なお，租税条約は考慮しないものとします。

A　**あなたは居住者期間に生じた株式の譲渡損失と非居住者期間に生じた株式の譲渡益を通算することはできません。**

解　説

〔１〕　居住者が株式（非上場）を譲渡した場合は，その年中における居住者期間に生じた「株式に係る譲渡所得額」を算出し，その所得金額が赤字である場合はないものとみなされます（措法37の10①）。

〔２〕　一方，恒久的施設のない非居住者が株式を譲渡した場合は，その年中における非居住者期間に生じた「株式の譲渡に係る国内源泉所得額」を算出し，他の所得と区分して課税されることとなります（措法37の12①）。

〔３〕　非居住者期間に生じた株式の譲渡益については，当該株式の譲渡が事業譲渡に類似したもの（事業譲渡類似株式の詳細は問12—８を参照してください。）であることから（所法161①三，164①，所令281①四ロ，③，④，⑤，⑥，⑦），あなたは，その譲渡益に対して申告が必要となる場合がありますが，居住者期間に生じた株式の譲渡損はないものとみなされますので，確定申告に際しては居住者期間に生じた譲渡損をその譲渡益と通算することはできません。

関係法令等

〈所法161①三，164①，所令281①四ロ，③，④，⑤，⑥，⑦，措法37の10①，37の12①〉

第13章

退　職　所　得

13―1　非居住者の退職所得についての選択課税と還付申告

Q

私（カナダ人）は，1999年（平成11年）4月1日に内国法人E社に入社した後，2014年（平成26年）4月1日にカナダ支店勤務となり，2019年（平成31年）3月31日に退職しましたが，その後は家族とともにカナダに住んでいます。

私は，退職に際して20年間の勤務に対する退職手当等をカナダ支店から支給されましたが，日本の所得税が源泉徴収されていました。

私は，カナダで支払われた退職手当等に関し，退職所得の選択課税を適用して確定申告をすることができますか。

なお，私は，日本国内に恒久的施設を有していません。

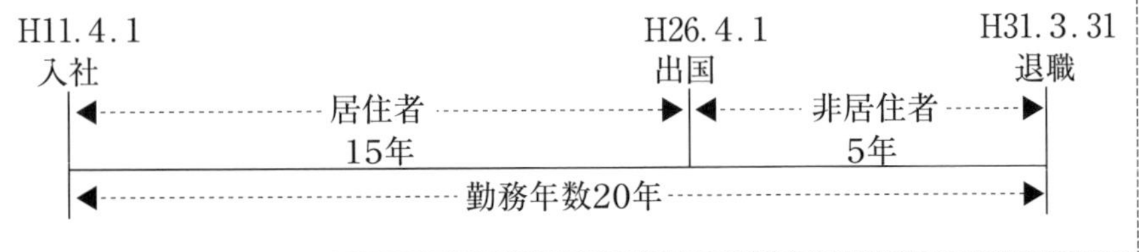

A

あなたは非居住者に該当しますので，非居住者の退職所得に対する選択課税により確定申告をすることができます。

解　説

〔1〕 あなたは，非居住者に該当しますので，国内源泉所得に対してのみ課税されます（所法2①五，7①三）。

〔2〕 非居住者に対して退職手当等を支払う場合には，その総額のうちの居住者であった期間に対応する部分が国内源泉所得に該当し，この部分のみが課税の対象となります。

この場合，居住者であった期間に対応する部分（国内源泉所得）の金額は，原則として支払を受けた退職手当等の総額に，その総額の計算の基礎となった期間に占める居住者であった勤務等の期間の割合を乗じて算出することとされており，支払を受ける非居住者が国内に恒久的施設を有していない場合には，この算出された金額に20.42%の税率による分離課税の方法により課税されます（所法161①十二ハ，164②二，170，所基通161-41，復興財確法13）。

〔3〕 また，国内源泉所得の支払が国外で行われる場合であっても，その支払を行うものが国内に事務所・事業所等を有しているときには，その者がその国内源泉所得を国内において支払うものとみなして源泉徴収を行うこととされています（所法212②）。

〔4〕 あなたの場合，カナダ支店勤務以降は非居住者に該当しますので，課税所得の範囲は国内源泉所得に限られることになります（所法7①三）。

あなたに支払われた退職手当等については，その総額のうち居住者であった期間に対応する部分の金額が国内源泉所得となります。また，当該国内源泉所得は，あなたは非居住者であり，E社の本店が国内にあることから，20.42％の税率で源泉徴収されることとなります（所法212①，213①，復興財確法28①，②）。

〔5〕 ところで，非居住者が，日本での居住者として行った勤務に基づく退職手当等の支払を受ける場合には，支払を受ける退職手当等の総額について居住者として支払を受けたものとみなし，所得税法第30条の退職所得及び第89条の税率の規定を適用して所得税の計算を行う選択ができることとされています（所法171）。

〔6〕 したがって，あなたは，選択により，退職に際してカナダ支店から支給を受けた退職手当の全てについて，居住者として支払を受けたものとみなし，所得税法第30条の退職所得及び第89条の税率の規定を適用して所得税の額を計算をすることもできます。この制度を利用して，源泉徴収税額の還付を受ける場合には，退職手当等を支給された翌年1月1日以後に確定申告書を提出して，源泉徴収された所得税の精算を行うことになります（所法173①）。

ただし，翌年の1月1日前に退職所得の選択課税の対象となる退職手当等の総額が確定した場合には，総額が確定した日以後に還付申告書を提出することができます（所法173①括弧書）。

この場合，源泉徴収されるべき所得税の額のうちにまだ納付されていない金額があるときは，その納付があるまで納付されていない部分に相当する金額は還付されないこととして取り扱われます（所法173③）。

なお，納税地については，問19―2「非居住者の納税地」を参照して下さい。

関係法令等

〈所法2①五，7①三，30，89，161①十二ハ，164②二，170，171，173①，③，212①,②，213①，所基通161-41，復興財確法13，28①，②〉

13—2　退職所得の選択課税を受ける場合の各種所得控除の適用

私（英国人）は，内国法人Ｃ社に20年間勤務した後，５年間のカナダ支店長勤務を最後に本年退職し，退職手当2,000万円をカナダで受け取り英国へ帰国しました。この退職手当について，私が退職所得の選択課税の適用を受けることはできますか。また，その場合において各種所得控除を受けることができますか。

あなたは退職所得の選択課税による確定申告において，各種所得控除を受けることはできません。

解　説

〔１〕 あなたは，カナダ支店勤務を最後に退職して退職手当を受け取っていることから，非居住者として退職所得を受け取っていることになります。その退職所得は，国内及びカナダにおける勤務に対するものであることから，国内勤務に対応する部分の金額だけが国内源泉所得（所法161①十二ハ）に該当します。

〔２〕 あなたは，Ｃ社カナダ支店からカナダで退職手当の支給を受けていますが，Ｃ社カナダ支店が国内において支払うものとみなされ，国内源泉所得に対応する退職手当等に20.42％の税率で所得税等が源泉徴収されます（所法212①，②，213①，復興財確法28①，②）。

〔３〕 しかし，退職所得については，本人の選択により，非居住者期間内の所得であったとしてもその退職に基づいてその年中に支払を受けた退職手当等の総額を居住者として支払を受けたものとみなして，所得税法第30条の退職所得及び第89条の税率の規定を適用して所得税の額を計算をすることができます（所法171）。

したがって，既に非居住者として源泉徴収された税額が，選択課税の適用により算出した税額を上回る場合には，選択課税の適用を受けることにより，確定した税額を上回る額について還付を受けることができます（所法173）。

〔４〕 所得税法第171条は，選択課税を選択した場合には，その退職手当等の総

額を居住者として受けたものとみなして①退職所得の計算の規定（所法30）及び②税率の規定（所法89）を適用して所得税を課すこととしており，この場合に各種所得控除の適用はありません（所法171）。

【参　考】

ご質問の場合の退職手当等に係る所得税の計算は次のようになります。

⑴　源泉徴収税額

イ　(退職手当等の総額) 2,000万円 × $\frac{20年(240か月)}{25年(300か月)}$ ＝ (国内源泉所得) 1,600万円

ロ　1,600万円×20.42％＝3,267,200円（源泉徴収税額）

⑵　選択課税を行った場合の税額

イ　（(退職手当等の総額) 2,000万円 －(退職所得控除額)(40万円×20年＋70万円×５年)）× $\frac{1}{2}$ ＝ (退職所得の金額) 425万円

ロ　税額　4,250,000円×20.42％－427,500円＝440,350円

ハ　選択課税を行った場合の還付金額

(⑴ロの税額) 3,267,200円－(ロの税額) 440,350円＝2,826,850円

関係法令等

〈所法30，89，161①十二ハ，171，173，212①，②，213①，復興財確法28①，②〉

13―3　非居住者から居住者となった者に支払われる退職金の課税

Q

私（カナダ人）は，17年間内国法人Ｔ社のカナダ支店に勤務していましたが，一昨年の４月に本社勤務となり，本年３月に退職しました。退職に際して，Ｔ社から19年間の勤務に対する退職手当2,000万円の支給を受けました。

このような場合の退職所得の課税はどのようになりますか。

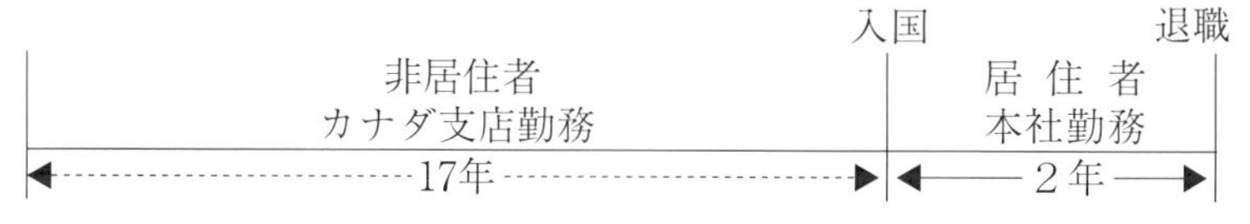

A

勤務したすべての勤務期間を通じて計算された退職所得の総額が，非永住者の退職所得として課税されます。

解　説

〔1〕 各種所得の金額の計算上収入金額とすべき金額は，その年において収入すべき金額とされ（所法36①），退職所得の収入すべき時期は，原則としてその支給の基因となった退職の日によるものとされています（所基通36-10）。

この場合，退職所得の収入すべき日が居住者期間内の日であれば，支給を受けた退職所得の全てについて居住者としての課税を受けることとなり，源泉徴収の対象となります（所法199，201）。一方，その日が非居住者期間内の日であれば，退職所得の全てについて非居住者としての課税を受けることとされています（所法７①三）。

〔2〕 あなたは，一昨年の４月に本社勤務になったときから非永住者となり（所法２①三，四，所令14①一），退職所得の収入すべき日は退職した本年３月で居住者期間内の日ですので，支給を受けた退職所得について非永住者の所得としての課税を受けることとなり源泉徴収の対象となります。

非永住者は，①国外源泉所得以外の全ての所得及び②国外源泉所得のうち国内において支払われ又は国外から送金された部分が課税の対象となります（所法７①二）。

あなたは，退職手当は全て国内において支払われていますので，その全額が課税対象となります。

〔3〕 また，カナダ勤務に係る退職所得に対してカナダで所得税が課された場合には，日本で外国税額控除を行うことによって，日加両国における二重課税の調整を行うことができます（所法95，日加租税条約21）。

関係法令等

〈所法2①三，四，7①二，三，36①，95，199，201，所令14①一，所基通36-10，日加租税条約21〉

13―4　公的年金の脱退一時金について退職所得の選択課税を受けるための手続等

Q　私（米国市民）は，内国法人に３年間勤務した後，昨年帰国し，厚生年金の脱退一時金の支給を受けましたが，支給に際し20.42％の所得税を差し引かれました。確定申告により還付を受けることができると聞きましたが，どのような手続を行えばよいですか。

A　あなたは日本国内に住所又は居所を有する者を納税管理人に定め，その納税管理人を通じて確定申告することにより税金の還付を受けることができます。

解　説

〔1〕 外国人で，入国管理法の定めた条件を満たしている者については，公的年金制度が適用され，厚生年金保険等に加入することが必要になります。しかし，加入期間が短い場合には，年金の給付が受けられないこととなるため，外国人（公的年金制度に６か月以上加入したものに限ります。）は，帰国後２年以内に日本年金機構に請求することにより，脱退一時金の支給を受けることができます（厚生年金保険法制定附則29①）。

〔2〕 脱退一時金は，退職所得とみなされ（所法31①一），非居住者が受け取る場合には，20.42％の税率で分離して所得税等が課税されます（所法161①十二ハ，164②二，169，170，復興財確法28①，②）。また，脱退一時金は国内で支払われるため，支払者は支払の際に20.42％の税率で源泉徴収することとなりますが，受給者が非居住者の場合には，退職所得の選択課税により確定申告を行い，源泉徴収税額の還付を受けることができます（所法171，173）。

〔3〕 この選択課税による申告は，脱退一時金の支給を受けた年の翌年１月１日以後に行うことができますが，同日前に退職手当等の総額が確定した場合にはその確定した日以後に申告することができます（所法173①）。したがって，厚生年金の脱退一時金以外にその年中の退職手当等がなければ，翌年１月１日前であっても申告することができます。

〔4〕 確定申告の際には「厚生年金保険の脱退一時金支給決定通知書」又はその写しを添付することになります（所令297①，所規71①）。

〔5〕 この脱退一時金は帰国後に受け取るものであり，あなたは非居住者に該当しますので，納税管理人を選任し，その者を通じて申告等を行います（通法117）。

〔6〕 確定申告書や納税管理人の届出書の提出先は，納税管理人の住所ではなく，納税者本人の納税地（通常は納税者本人の出国前の納税地）を所轄する税務署です。

出国した者の納税地については，問19—2「非居住者の納税地」を参照してください。

関係法令等

〈所法31①一，161①十二ハ，164②二，169，170，171，173，所令297①，所規71①，通法117，復興財確法28①，②，厚生年金保険法制定附則29①〉

第14章

一時所得

14—1 非居住者が受ける一時払養老保険に基づく一時金の課税

私は現在，フィンランドに居住しており日本に住所等はありませんが，日本の居住者であった4年前に日本の生命保険会社と一時払養老保険契約を締結しており，本年，解約返戻金及び積立配当金を受け取りました。

この場合の課税関係はどうなりますか。

あなたは非居住者に該当しますので，受け取る解約返戻金及び積立配当金は，日本・フィンランド租税条約により日本では課税されません。

解　説

〔1〕 非居住者に対しては，国内源泉所得に対してのみ課税されます（所法2①五，7①三）。

〔2〕 生命保険契約等に係る契約で，保険料等を一時に支払うことなどを内容とするものについて，保険期間等が5年以下のもの及び保険期間等が5年を超えるものでも，5年以内に解約されたものに係る差益のうち，国内にある営業所又は国内において契約の締結の代理をする者を通じて締結された契約に係るものは，国内源泉所得に該当します（所法161①十五へ，174八）。

〔3〕 また，国内に事業所等を有しない非居住者が上記の生命保険契約等に基づき支払を受ける差益については，原則としてその差益に対し15.315％の税率による分離課税の方法により課税が行われることとなります（所法164②二，169，170）。

なお，この差益が国内において支払われる場合には，支払者は，その支払の際に差益に対し15.315％の税率により源泉徴収する必要があり，源泉徴収により課税関係が終了することになります（所法209の2，209の3，復興財確法28①，②）。

〔4〕 一方，日本・フィンランド租税条約第22条は，同条約に規定していない所得，すなわち，その他の所得に対しては居住地国においてのみ課税ができる旨規定しており，上記〔3〕の差益は，その他の所得に含まれますので，あ

なたの場合，居住地国であるフィンランド国においてのみ課税されることとなり，日本においては免税となります。

なお，免税の適用を受けるためには，生命保険会社を通じて，その生命保険会社の納税地を所轄する税務署長に対し，支払を受ける日の前日までに租税条約に関する届出書（租税条約に関する届出書（所得税法第161条第１項第７号から第11号まで，第13号，第15号又は第16号に掲げる所得に対する所得税及び復興特別所得税の免除）［様式10］）を提出することが必要となります（実施特例省令９，問５―４参照）。

〔５〕 なお，保険期間が５年を超えるものに係る差益についても国内源泉所得（所法161①二）に該当し，一時所得として総合課税の対象となります（所法34①，164①二）が，日本・フィンランド租税条約の適用上は第22条が適用され，日本においては免税となります。

関係法令等

〈所法２①五，７①三，34①，161①二，十五，164①二，164②二，169，170，174八，209の２，209の３，復興財確法28①，②，日本・フィンランド租税条約22，実施特例省令９〉

第15章

雑　所　得

15－1　貸付金利子の課税

Q

私（イタリア人）は，現在，イタリアの居住者に該当し，日本では非居住者として扱われる者ですが，昨年２月に来日した際（滞在期間は３か月），知人であるイタリア人Ｇ（日本の永住者で会社員）に住宅購入資金として1,000万円を貸し付け，本年１月に１年分の利子として50万円を受け取りました。

この利子は日本で課税されますか。

なお，私は，日本国内に恒久的施設を有していません。

A

あなたが受け取った利子は，総合課税の方法により課税されますので，確定申告を行う必要があります。

解　説

〔１〕 非居住者は，国内源泉所得に対してのみ課税されます（所法２①五，７①三）。

〔２〕 非居住者が国内において業務を行う者に対して資金を貸し付け，その資金がその業務に係るものであるときには所得税法第161条第１項第10号に規定する国内源泉所得に該当しますので，この利子に対しては，その貸付けを行った非居住者が国内に恒久的施設を有しない等の場合には，分離課税の方法により課税されることとなります（所法161①十，164②二，169，170）。

なお，貸付金の利子が非居住者に対し国内で支払われる場合には，その支払者は，その支払の際にその利子に対し20.42％の税率により所得税等を源泉徴収する必要があり，源泉徴収により課税関係が終了することになります（所法212①，213①，復興財確法28①，②）。

〔３〕 また，非居住者による居住者に対する貸付金に係る債権で，その居住者の行う業務に係るもの以外のものより生ずる所得は，所得税法第161条第１項第２号に規定する国内源泉所得，すなわち国内にある資産の運用又は保有により生ずる所得（所法161①二，所令280①二）に該当し，国内に恒久的施設を有していない場合でも，総合課税の対象となり，確定申告により申告と納税

を行う必要があります（所法120，128，161①二，164①二，165）。

〔4〕　あなたが資金を貸し付けたGは国内において業務を行う者ではないことから，この貸付金の利子は所得税法第161条第1項第10号に規定する国内源泉所得に該当しませんが，同条第2号に規定する「国内にある資産の運用又は保有により生ずる所得」に該当し，総合課税の方法により課税されることとなり（所法164①二），雑所得（所法35）として確定申告を行う必要があります。

なお，この場合の所得税の額は利子の金額の10％を超えないものとされています（日伊租税条約11⑵，実施特例法4）。

関係法令等

〈所法2①五，7①三，120，128，161①二，十，164①二，②二，165，169，170，212①，213①，所令280①二，復興財確法28①，②，日伊租税条約11⑵，実施特例法4〉

15―2　非居住者が受ける退職年金の課税

私（米国市民）は，内国法人Ａ社に30年間勤務していましたが，本年３月に退職し，４月に家族とともに米国に帰国する予定です。

私は，厚生年金を受け取ることになっていますが，この厚生年金は日本で課税されるのでしょうか。

あなたは米国に帰国した後は非居住者に該当しますので，受け取る厚生年金は日米租税条約によって日本では課税されません。

解　説

〔1〕 米国に帰国後は，非居住者に該当しますので，国内源泉所得に対してのみ課税されます（所法２①五，７①三）。

〔2〕 非居住者が，国内勤務に基因して厚生年金保険法に基づき受給する年金は，国内源泉所得に該当します（所法161①十二ロ，35③，所令82の２①）。

この場合，国内に恒久的施設を有しない非居住者に対して支払われる公的年金等については，その支払金額から一定の控除をし，その残額に20.42％の税率を適用し分離課税の方法により課税されることとなります（所法164②二,169三，170，復興財確法13）。

なお，公的年金等が非居住者に対して国内で支払われる場合には，その支払者は，その支払の際に公的年金等の支払金額から一定の控除をし，その残額に20.42％の税率で所得税等を源泉徴収する必要があり，源泉徴収により課税関係が終了することになります（所法212①，213①一イ，復興財確法28①，②）。

〔3〕 ところで，日米租税条約第17条第１項では，米国の居住者に支払われる日本の社会保障制度に基づく年金については，受給者の居住地においてのみ課税することができる旨規定しています。

〔4〕 したがって，あなたの場合，退職後，米国に帰国してからは非居住者に該当しますので，あなたが受け取る厚生年金については，日本では課税されません。

この場合，あなたは厚生年金基金を通じて最初の支払を受ける日の前日までに，その基金の納税地を所轄する税務署長に対して租税条約に関する届出書（租税条約に関する届出書（退職年金・保険年金等に対する所得税及び復興特別所得税の免除）［様式９］）を提出することにより，源泉所得税の免除を受けることとなります。この届出書には，特典事項に関する付表（様式17−米）及び居住者証明書を添付する必要があります（日米租税条約22，実施特例省令９の５，問５―４「租税条約に基づく源泉徴収の減免の手続」参照）。

関係法令等

〈所法２①五，７①三，35③，161①十二ロ，164②二，169三，170，212①，213①一イ,所令82の２①，復興財確法13，28①，②，日米租税条約17①，22，実施特例省令９の５〉

15―3　居住者が受ける退職年金の課税

Q

私（米国市民）は，米国商務省を退職した後，７年前から米国法人Ｂ社の日本支店に勤務し，昨年退職しましたが，引き続き日本に居住し，内国法人Ｃ社に勤務しています。

私は米国政府及びＢ社からの年金並びにＣ社からの給与収入がありますが，これらは日本で課税されるのでしょうか。

なお，私は，日本の国籍を有しておらず，日本での永住許可も受けていません。

A

あなたは永住者に該当します。

米国商務省勤務に基づき米国政府から受ける年金については，日米租税条約により日本では課税されませんが，Ｂ社からの年金及びＣ社からの給与については課税されます。

解　説

〔１〕 あなたの場合，日本での勤務が７年前からということですから，永住者に該当し，全ての所得が課税の対象となります（所法２①三，四，７①一）。

〔２〕 日米租税条約第18条第２項では，まず，米国政府等に対して提供される役務につき，個人に対して米国政府等又は米国政府等が拠出した基金から支払われる退職年金等については，米国においてのみ課税することができるとされています（同条約18②(a)）。

そして，この場合に，その個人が日本の居住者であり，かつ，日本国民である場合には，日本においてのみ課税することができるとされています（同条約18②(b)）。

また，上記以外の一般の退職年金及び保険年金について，同条約第17条第１項及び第２項は，受給者の居住地国においてのみ課税することができる旨規定しています。

〔３〕 したがって，米国商務省の勤務に基づき支払を受ける年金については，日米租税条約の規定により日本では課税されません。

一方，米国法人Ｂ社の勤務に基づき受ける年金及び内国法人Ｃ社からの給与収入については，課税対象になりますので，あなたは，これらの所得について，確定申告を行い，納税する必要があります。

関係法令等

〈所法２①三，四，７①一，二，120，128，日米租税条約17①，②，18②〉

15—4　非居住者が受ける原稿料の課税

私（米国市民）は，米国に住んでおり，特に執筆を業としているものではありませんが，英文で作成した詩を日本の出版社Q社に送っている主婦です。

Q社からは，原稿料（報酬）から20.42％の源泉所得税を差し引いた残額が送金されています。

私は，日本国内ではこれ以外の収入はありませんが，確定申告することにより，源泉所得税の還付を受けることはできるでしょうか。

A

あなたは非居住者に該当しますので，受け取る原稿料に対しては国内源泉所得として20.42％の税率による源泉徴収により課税関係が終了することになります。

しかしながら，日米租税条約第12条により，原稿料に対する課税が，免除されることになります。

解　説

〔1〕 あなたは非居住者に該当し，国内源泉所得に対してのみ課税されます（所法２①五，７①三）。

〔2〕 詩は，「思想又は感情を創作的に表現したもので，文芸，学芸，美術又は音楽の範囲に属するもの」に該当し，著作権法上の「著作物」に該当します（著作権法２①一）。

したがって，非居住者がその詩に係る報酬は著作物の複製，翻訳その他著作物の利用に対する対価であり，著作権の使用料又は譲渡の対価に該当します（所基通161−35）ので，所得税法第161条第11号ロ《国内源泉所得・著作権の使用料等》に規定する国内源泉所得に該当することになります。

〔3〕 ところで，非居住者の著作権の使用料等に対しては，その使用料等に20.42％の税率を適用した分離課税の方法により課税することとされており，また，支払の際にその税額が源泉徴収されます。したがって，確定申告によって源泉徴収された所得税の還付を受けることはできません（所法164②二，

169, 170, 212①, 213①, 復興財確法28①, ②）。

〔4〕 しかしながら，日米租税条約では，非居住者が著作物の使用料等の支払を受ける場合で，その非居住者が日本国内に恒久的施設を有しないときには，日本での課税を免除する旨規定しています（同条約12①）。

この場合，この条約の規定の適用を受けるためには，著作物の使用料等の支払を受ける非居住者は，最初の支払を受ける日の前日までに使用料等の支払者を通じて，その支払者の納税地の所轄税務署長に対して所定の届出書を提出する必要があります（実施特例法３の２①，実施特例省令９の５）。

〔5〕 したがって，あなたは，最初の原稿料の支払を受ける日の前日までに，原稿料の支払者であるＱ社を通じて，Ｑ社の納税地を所轄する税務署長に対し租税条約に関する届出書（租税条約に関する届出書（使用料に対する所得税及び復興特別所得税の軽減・免除）［様式３］）を提出することにより，源泉所得税の免除を受けることとなります。なお，この届出書には，特典条項に関する付表（様式17）及び居住者証明書を添付する必要があります（同条約22，実施特例省令９の５）。

関係法令等

〈所法２①五，７①三，161①十一ロ，164②二，169，170，212①，213①，所基通161−35，復興財確法28①，②，日米租税条約12①，22，実施特例法３の２①，実施特例省令９の５〉

第16章

所　得　控　除

16—1　外国人の所得控除

外国人が総合課税の対象となる所得を申告する場合，居住形態によって各種の所得控除の適用の可否は異なるのですか。

A　**外国人が居住者であるか，非居住者であるかによって適用される所得控除が異なります。**

解　説

外国人が居住者（永住者，非永住者）である場合には，各種の所得控除の適用を受けることができますが，その者が非居住者である場合（総合課税の対象となる国内源泉所得を有する場合に限ります。）には，雑損控除，寄附金控除及び基礎控除のみを適用することになります（所法165）。

関係法令等

〈所法165〉

16—2　居住者期間と非居住者期間がある場合の所得控除

Q

私（米国市民）は，米国法人の日本支店に20年間勤務していましたが，本年６月に２年間の予定でスペイン支店へ単身赴任しました。

私は，日本に居住している妻（無収入）と17歳の長男を扶養し，生命保険の保険料も引き続き支払っていますが，確定申告に際してどのような所得控除を受けることができますか。

私は３年前から日本に貸家を１棟有しており，現在も家賃収入を得ていますので，出国に際しては，納税管理人の届出書を提出しております。

なお，日本国内に恒久的施設はありません。

A

本年５月までの居住者期間については，通常の所得控除の適用があります。

一方，６月の出国以降は非居住者に該当し，適用することができる所得控除は，①雑損控除，②寄附金控除及び③基礎控除に限られます。

総合課税の対象となる所得については，居住者期間に発生したものと非居住者期間に発生したものを合算し，そこから居住者期間の所得控除と非居住者期間の所得控除を差し引きます（同一の所得控除について重複適用はできません。）ので，居住者期間の所得控除を非居住者期間の所得から差し引くことも可能です。

解　説

〔1〕 あなたは6月にスペインへ出国して以降は非居住者となり，それまでは居住者（永住者）となりますので,1年のうちに居住者（永住者）期間と非居住者期間を有することとなります。

〔2〕 非居住者は，国内源泉所得のみが課税対象とされますので，海外勤務に基づき支給される給与は日本において課税はされませんが，国内にある不動産の貸付けによる対価は国内源泉所得に該当し，総合課税の対象とされます（所法７①三，161①七，十二イ，164①二）。

〔3〕 この場合の非居住者の総合課税に係る課税標準及び税額の計算は，原則として居住者の課税標準及び税額の計算を準用することとされていますが，その際に適用することができる所得控除は，雑損控除，寄附金控除及び基礎控除に限られています（所法165）。

〔4〕 年の途中で非居住者から居住者となった場合，あるいはその逆の場合の課税標準及び税額の計算については，居住者期間に発生した所得で課税対象となる所得と非居住者期間に発生した所得で課税対象となる所得を，合計して各種所得の金額を計算し，そこから居住者期間の所得控除と非居住者期間の所得控除を差し引き（同一の所得控除について重複適用はできません。）以下，納税額を計算するまでの方法については居住者の方法に準じて計算することとされています（所法102，165，所令258，所基通165－1）。

〔5〕 出国の際，納税管理人を定めて出国した場合には，確定申告書の提出期限及び納付期限は翌年３月15日となり，出国する時までの全ての所得と出国後の非居住者に対して課税される所得を合計して申告することとなります（通法117，通令39，所法２①四十二，120①，166）。

一方，納税管理人を定めないで年の中途で出国する場合は，その出国の時までに確定申告と納付を行う必要がありますので，出国の際に居住者期間の所得を申告し，その後，改めて非居住者に対して総合課税の対象となる所得を合計して税額の再計算を行い，その差額を納付することとなります（所法127，130，問19－８「年の中途で出国する場合の確定申告及び予定納税」参照）。

〔6〕 あなたの場合，昨年６月の出国以降，非居住者に該当することとなりますが，納税管理人の届出書を提出して出国しましたので，居住者期間の所得及び非居住者期間の総合課税となる所得（不動産所得）の合計額を総所得金額として翌年３月15日までに申告する必要があります。

所得控除については，出国するまでに支払った社会保険料及び生命保険料等並びに配偶者控除（配偶者特別控除），扶養控除及び基礎控除を適用することはできますが，出国後に支払った社会保険料及び生命保険料等を控除することはできません。また，居住者期間の所得控除を非居住者期間の所得から差し引きくことは可能です。

関係法令等

〈通法117，通令39，所法２①三，五，７①三，２①四十二，102，120①，127，130，161①七，十二イ，164①二，165，166，所令15①一，258，所基通165－１〉

16—3　非居住者が日本国内に所有する家屋の焼失に係る雑損控除

Q

私（米国市民）は，13年間，日本国内に妻子とともに居住し，内国法人Ｇ社に勤務していましたが，昨年６月に３年間の予定で，米国支店に転勤となり，単身で赴任しました。

私は，日本にアパート１棟（10室）を所有しており不動産所得を得ていますので，毎年，確定申告をしてきましたが，昨年10月，日本国内の自己所有の住宅（妻子が居住しています。）が火災により焼失してしまいました。

この火災による損失は，雑損控除の対象となるでしょうか。

A

あなたが日本国内に所有する住宅の焼失による損失については，雑損控除の対象となります。

解　説

〔１〕 あなたは出国の日以降，非居住者に該当します（所法２①三，五，所令15①一）。

〔２〕 非居住者が，国内の不動産を貸し付けることにより生じる所得は国内源泉所得として課税されることとなりますが，その際に適用することができる所得控除は，雑損控除，寄附金控除，基礎控除に限られています（所法７①三，161①七，164①二，165）。

〔３〕 雑損控除とは，居住者又はその者と生計を一にする配偶者その他の親族でその年の総所得金額等が基礎控除の金額以下の者が有する資産（生活に通常必要でない資産等を除いた資産）について，災害又は盗難若しくは横領による損失が生じた場合に，その損失額の一定部分をその者の総所得金額から控除することをいいます（所法72，所令205，206）。

そして，雑損控除の対象となる金額は，上記の災害等による損失額からこの災害等に基因して受け取る保険金等を控除した額となっています（所法72）。

この雑損控除の規定は非居住者であっても，総合課税の対象となる所得がある場合には準用することとされていますが（所法165），この場合，その控除の対象となるのは，その者の有する資産のうち日本国内にあるものについて生じた損失に限られています（所法165，所令292①十三）。

〔4〕 また，前記の「災害」とは，震災，風水害，火災その他の自然現象の異変による災害及び鉱害，火薬類の爆発その他の人為による異常な災害，害虫・害獣その他の生物による異常な災害等，とされています（所法2①二十七，所令9）。

〔5〕 あなたの場合，米国に転勤した後は非居住者に該当しますが，総合課税の対象となる不動産所得を有しており，火災により焼失した資産も国内にある建物ですので，あなたが所有する自宅の火災による損失は確定申告の際に雑損控除の対象として申告することができます。ただし，雑損控除の対象となる金額は，火災による損失の額からその火災に基因して受け取る保険金等を控除した額となります。

関係法令等

〈所法2①三，五，二十七，7①三，72，161①七，164①二，165，所令9，15①一，205，206，292①十三〉

16―4 非居住者が日本国外に所有する家屋の焼失に係る雑損控除

私（フランス人）は，10年前フランス法人W社の日本支店に派遣され，妻子とともに日本に居住していましたが，W社の本社に転勤となり，昨年6月に妻子とともに帰国しました。

私は日本にアパートを1棟（10室）所有していますので，毎年，確定申告をしてきましたが，昨年10月，フランスの自己所有の自宅が火災により焼失しました。

この火災による損失は雑損控除の対象となりますか。

あなたが日本国外に所有する自宅の焼失による損失は，雑損控除の対象にはなりません。

解　説

〔1〕 あなたはフランスへ帰国した後，非居住者に該当します（所法2①五）。

〔2〕 非居住者の雑損控除の対象となるのは，その者の有する資産のうち国内にあるものについて生じた損失に限られていますので，あなたがフランスに所有する自宅の火災による損失は雑損控除の対象にはなりません（所法72，164①二，165，所令292①十三）。

〔3〕 なお，雑損控除の詳細等については前掲問16―3「非居住者が日本国内に所有する家屋の焼失に係る雑損控除」を参照してください。

関係法令等

〈所法2①五，72，164①二，165，所令292①十三〉

16—5　非永住者が日本国外に所有する家屋の焼失に係る雑損控除

私（英国人）は，弁護士をしており，日本の弁護士事務所に勤務して３年目となりますが，昨年，英国で妻子が居住している私名義の家屋が火災により焼失しました。

この火災による損失は，雑損控除の対象になりますか。

あなたは居住者に該当しますので，日本国外に所有する資産について生じた損失であっても，雑損控除の対象になります。

解　説

〔1〕 雑損控除とは，居住者又はその者と生計を一にする配偶者その他の親族でその年の総所得金額等が基礎控除の金額以下の者が有する資産で，生活に通常必要でない資産等を除いた資産について，災害又は盗難若しくは横領による損失が生じた場合に，その損失額の一定部分をその者の総所得金額から控除することをいいます（所法72，所令205，206）。

この場合，居住者が有する資産で雑損控除の対象となる資産については，日本国内にあるものに限られてはいませんので，国外に所有する資産について生じた損失についても控除の対象となります（所法72）。

〔2〕 あなたは入国後継続して１年以上居住していることから居住者（所法２①三）に該当します。焼失した家屋はあなたが所有するものであり，あなたの妻子が居住しているものであることなどから，生活に通常必要でない資産に該当しないため，この家屋の焼失による損失は，雑損控除の対象となります。

関係法令等

〈所法２①三，72，所令205，206〉

16—6　国外で支払った医療費に係る医療費控除

Q

私（フランス人）は，フランス法人Ｒ社から日本支店に派遣されて３年目になりますが，昨年の夏季休暇で帰国中に病気になり，フランスで医療費を支払いました。

私は日本国外で支払った医療費について，医療費控除の適用を受けることができますか。なお，領収書は保存してあります。

A

あなたは居住者に該当しますので，国外で支払った医療費についても医療費控除を受けることができます。

解　説

〔１〕 あなたは日本支店に派遣されて３年目になるとのことですので，居住者に該当します（所法２①三）。

〔２〕 居住者が，自己又は自己と生計を一にする配偶者その他の親族に係る医療費を支払った場合には，一定金額を超える額について，医療費控除の対象とすることができます。この場合，医療費の支払は国内におけるものに限定されていませんので，国外で支払った医療費についても，それが所得税法及び所得税法施行令に規定する医療費に該当する限り，医療費控除の対象となります（所法73，所令207）。

〔３〕 あなたは，居住者に該当しますので，あなたがフランスで支払った医療費についても，日本の所得税法上の医療費控除の対象とすることができます。

なお，医師による診療等を受けるための通院費で通常，必要な支出と認められるものについては医療費控除の対象に含まれますが，上記医療費の支出は，あなたが夏季休暇で本国への帰国中のものですので，フランスへの往復の費用は医療費控除の対象とはなりません（所基通73－３⑴）。

関係法令等

〈所法２①三，73，所令207，所基通73－３⑴〉

16―7　非居住者期間の医療費を居住者になってから支払った場合の医療費控除

Q

私（米国市民）は，米国法人Ｆ社のシンガポール支店に５年間勤務していましたが，本年８月に，３年間の予定でＦ社の日本支店勤務となりました。

シンガポール勤務中の本年５月，私の妻が病気になり，私はシンガポールで100万円を，また，日本に入国した後に60万円の医療費をそれぞれ支払いましたが，これらの金額は医療費控除の対象となりますか。

あなたは居住者に該当することとなった日本への入国以降に支払った医療費60万円のみが，医療費控除の対象となります。

解　説

〔１〕　あなたは入国の日以降，居住者に該当します（所法２①三，所令14①一）。

〔２〕　医療費控除を受けることができる者は居住者に限られていますので，１年のうちに居住者期間と非居住者期間の双方がある者については，居住者期間内に支払った医療費の額だけが医療費控除の対象となります（所法73，102，165，所令258③二，所基通165－１）。

〔３〕　あなたの場合，日本に入国した本年８月以降，居住者に該当しますので，入国後に支払った60万円は医療費控除の対象となりますが，非居住者であったシンガポール勤務中に支払った100万円は医療費控除の対象とはされません。

関係法令等

〈所法２①三，73，102，165，所令14①一，258③二，所基通165－１〉

16―8　外国の制度に基づき支払った社会保険料に係る社会保険料控除

私（ドイツ人）は，昨年7月に，ドイツ法人D社から3年間の予定で日本支店に派遣されましたが，現在も引き続きドイツの社会保険料を支払っています。この保険料は社会保険料控除の対象となりますか。

あなたが入国後も継続して支払っているドイツの社会保険料は，日本での社会保険料控除の対象にはなりません。

解　説

〔1〕 社会保険料控除の対象となる「社会保険料」とは，所得税法及び所得税法施行令に限定列挙されており（所法74②，所令208），これに該当するもののみをいいますが，これらはいずれも日本で制定された法律又は条例の規定に基づいて支払うことになる保険料，掛金，納付金等に限られています（所法74①②）。

〔2〕 したがって，あなたが入国後も支払っているドイツの社会保険料は，日本の法律等に基づくものではありませんから，社会保険料控除の対象にはなりません。

関係法令等

〈所法74①，②，所令208〉

16—9　フランスの社会保険料に係る社会保険料控除（１）

Q

私（フランス人）は，フランス法人Ｆ社から３年間の予定で日本支店に派遣されましたが，現在も引き続きフランスの社会保険料を支払っています。

日本とフランスの間では，社会保障協定が締結されていると聞きましたが，その社会保障協定の概要とフランスの社会保険料の日本での社会保険料控除との関係についても教えてください。

また，私の場合，日本滞在中にフランスで支払った社会保険料は，日本の社会保険料控除の対象になりますか。

A

日本とフランスの間では社会保障協定が締結されており，派遣先国（本問の場合日本）での勤務期間が５年以内ならば一定の手続を取ることにより，日本での加入は免除され，フランスの社会保険に加入すればよいことになります。日本への派遣期間が５年超で，日本の社会保険に加入した場合，日本の年金の受給資格の判定において，フランスの年金加入期間も加味されることになります。

この社会保障協定では，フランスの社会保険料についての日本における社会保険料控除については触れられておらず，それについては日仏租税条約及び租税条約の実施特例法で手当てされています。それらによると，日本滞在中にフランスで支払った社会保険料は，一定の金額を限度として日本の社会保険料控除の対象になります。

解　説

〔１〕 各国間で人の交流が活発化する中，相手国で働いた場合，その国の社会保険制度に加入する必要があり，母国の社会保険制度の保険料とともに二重に保険料を支払わなければいけない事態が生じています。また，せっかく相手国で保険料を負担しても，その国の年金の受給資格期間に満たず，保険料が掛け捨てになってしまうということも発生しています。

このような年金制度の二重加入を防止するとともに，年金加入期間を両国間で通算し保険料の掛け捨ての事態を防止しようとする観点から，社会保障協定が各国間で締結されています。

〔2〕 フランスとの間では，平成19年6月に「社会保障に関する日本国政府とフランス共和国政府との間の協定」（以下「日仏社会保障協定」といいます。）が発効しており，二重加入の防止と年金加入期間の通算の両方が手当てされています。国によっては，日本の健康保険には加入する必要があり公的年金制度のみ免除になっている国や二重加入の防止のみ締結されている国もあります。

二重加入の防止の具体的な内容は，日本での赴任期間が5年以内と予定される場合は，フランスの社会保険制度のみに加入し，日本での加入は免除されます（日仏社会保障協定6①)。また，日本での赴任期間が5年を超えると見込まれる場合は，日本で加入することとなります。

あなたの場合は，日本での赴任期間は2年間の予定とのことですので，フランスで事前に取得した適用証明書を日本の年金事務所に提出することにより，日本の社会保険制度に加入する必要はありません。

年金の受給資格期間の通算については，あなたがもし日本に6年間派遣され，日本の社会保険制度に加入していたと仮定した場合，日本の老齢年金を受け取るためには10年間(注)の加入期間が必要ですが，日本の加入期間のみで判定すれば6年間しか加入していないので日本の老齢年金を受け取ることができません。

(注) 平成29年8月1日からは，資格期間が10年以上であれば，老齢年金を受け取ることができるようになりました。

しかし，フランスでの社会保険制度加入期間も通算して判断することになりますので（日仏社会保障協定13①)，日本での加入期間6年とフランスでの加入期間を合計して10年以上になれば，日本の老齢年金も受け取ることができます。ただし，受け取ることができる日本の老齢年金の金額は，日本で加入していた6年間に相当する部分の金額です。

〔3〕 あなたは2年間の予定で派遣されているので，入国した日から居住者に該当します（所法2①三，所令14①一)。社会保険料控除の対象となる社会保険

料は，所得税法及び所得税法施行令に限定列挙された日本の法令に基づく保険料や掛金のみです（所法72②，所令208）（問16－8のとおり。）。しかしながら，以下のとおり，居住者が日本滞在中にフランスで支払った一定の社会保険料は，日本の税金の計算上，社会保険料控除の対象となります。

日仏租税条約第18条第2項では，居住者が支払った社会保険料は，一定の要件を満たす場合は社会保険料控除が適用されることが規定されています。また，実施特例法では，居住者が支払った又は控除される保険料のうち，租税条約の規定により，租税条約の相手国の社会保険制度に対して支払われるもので，我が国の社会保障制度に対して支払われる強制保険料と同様の方法並びに類似の条件及び制限に従って取り扱われるものについては，所得税法74条2項［社会保険料控除］に規定する社会保険料とみなして同法の規定を適用する旨規定されています（実施特例法5の2①）。

ただし，所得税法第188条の「給与等から控除される社会保険料等がある場合の徴収税額の計算」，同法190条の「年末調整」及び同法第196条の「給与所得者の保険料控除申告書」に対しては適用されません（実施特例法5の2①括弧書）。

また，控除する保険料の計算は，厚生年金法及び健康保険法に規定する標準報酬月額等級の最高等級の標準報酬月額，標準賞与額の限度額等に基づいて計算した額が上限となります（実施特例法5の2②，③，④，実施特例令4の2②，③）。

〔4〕 この制度の対象とならない保険料に係る雇用主負担額については給与所得の収入金額に算入する必要があります（所令64，65，日仏租税条約改正2007年議定書に関する交換公文1(c)）。

〔5〕 この制度の適用を受けようとする場合には，その受けようとする年分の申告書に「保険料を支払った場合等の課税の特例の届出書・保険料を支払った場合等の課税の特例の還付請求書」を添付することが必要です（実施特例法5の2①，実施特例省令6の2）。

更に，当該届出書には「免除証明書」を添付することが求められます。フランスの社会保障制度に対して支払う保険料の全てがこの制度の対象となるものではないため，両国の社会保障当局から発行される証明書により，対象となる制度を判定しようとする趣旨です。

〔6〕 なお，相手国で支払った社会保険料を日本で社会保険料控除の対象として認めることを規定しているのは，日仏租税条約だけです。

関係法令等

〈所法2①三，74②，所令14①一，64，65，実施特例法5の2①，②，③，④，実施特例令4の2②，③，日仏租税条約18②，日仏租税条約改正2007年議定書に関する交換公文1(c)，日仏社会保障協定6①，13①〉

税務署受付印

保険料を支払った場合等の課税の特例の届出書
保険料を支払った場合等の課税の特例の還付請求書

（平成二十七年分以降用）

＿＿＿＿＿税務署長

＿＿年＿＿月＿＿日提出

住（居）所	（〒　　－　　）			電話番号	
フリガナ 氏　名	㊞	性別		生年月日	年　月　日
個人番号		国籍			

1　基本事項

		国内において役務の提供を開始した日	年　月　日		
居住形態	居住者	居住者となった日	年　月　日		
	非居住者	当初入国年月日	年　月　日 ．　．	在留期間	年　月　日　年　月　日 ．　．～　．　．
		在留資格		相手国の納税者番号	
		相手国の納税地			
		納税管理人	住（居）所＿＿＿＿ フリガナ 氏　名＿＿＿＿　電話番号＿＿＿＿		

2　（特定社会）保険料に関する事項

相手国法人との雇用契約	日本での就労期間	課税の特例を受けることができる事情の詳細
有・無	年　月　日　年　月　日 ．　．～　．　．	

（特定社会）保険料	種　類		（特定社会）保険料の支払（控除）金額	①	円
			（特定社会）保険料の上限 （計算方法は、裏面を参照してください。）	②	
	支払（控除）年　月　日	年　月　日	特例の対象となる（特定社会）保険料の額 （①と②とのいずれか少ない方の金額）	③	

（特定社会）保険料の金額の計算の基礎となった所得	種　類		期間	年　月　日 ．　． ～　．　．	所得の金額	④	円
					④に対する所得税及び復興特別所得税の源泉徴収税額	⑤	
	支払者	住（居）所又は所在地					
		氏名又は名称					

3　還付に関する事項（実特法第5条の2第5項の規定による還付を受けようとする場合にのみ記入します。）

2③×20.42%	⑥	円	還付請求金額 （2⑤と⑥のいずれか少ない方の金額）	⑦	円

還付される税金の受取場所	（銀行等の預金口座に振込みを希望する場合）				（ゆうちょ銀行の口座に振込みを希望する場合） 貯金口座の記号番号＿＿－＿＿
		銀行 金庫・組合 農協・漁協		本店・支店 本所・支所 出張所	（郵便局等の窓口受取りを希望する場合）
	預金種類		口座番号		

関与税理士
㊞ （TEL　－　－　）

税務署整理欄	通信日付印の年月日		確認印	整理番号		一連番号
	年　月　日					
	番号確認	身元確認	確認書類			
		□済 □未済	個人番号カード／通知カード・運転免許証 その他（　　）			

書　き　方

1　この届出書は、租税条約等の実施に伴う所得税法、法人税法及び地方税法の特例等に関する法律（以下「実特法」といいます。）((保険料を支払った場合等の課税の特例））の規定の適用を受ける場合に、所得税及び復興特別所得税の確定申告書又は所得税法172条第1項及び東日本大震災からの復興のための施策を実施するために必要な財源の確保に関する特別措置法第17条第5項の規定による申告書（以下「172条申告書」といいます。）に添付します。確定申告書の提出を要しない場合であっても、この特例の適用を受けようとする場合は、この届出書を提出期限までに添付書類とともに所管税務署長に提出します。

また、実特法第5条の2第5項の規定による所得税及び復興特別所得税の還付を受けようとする場合に、還付請求書として使用します。

2　使用する内容に応じて、標題の「保険料を支払った場合等の課税の特例の届出書 保険料を支払った場合等の課税の特例の還付請求書」のいずれかを抹消します。

その他の各欄は次により記入します。

(1)　「**1　基本事項**」の各欄

「居住形態」欄の各欄には居住形態の区分に応じて、「居住者」欄又は「非居住者」欄のいずれかの項目について記入します。

非居住者の方がこの届出書を172条申告書と併せて提出する場合は、「当初入国年月日」、「在留期間」及び「在留資格」の各欄の記入を省略して差し支えありません。「相手国の納税地」欄には、特定社会保険料（実特法第5条の2第3項に規定する特定社会保険料をいいます。以下同じです。）の金額の計算の基礎となった給与等に係る条約相手国における納税地を記入し、「相手国の納税者番号」欄には、その条約相手国において納税者番号を有する場合にその番号を記入します。また、納税管理人を定めている場合（この届出書とは別に届出が必要です。）は、「納税管理人」欄にその納税管理人の氏名、住所又は居所及び電話番号を記入します。

(2)　「**2　（特定社会）保険料に関する事項**」の各欄

保険料（実特法第5条の2第1項に規定する保険料をいいます。以下同じです。）又は特定社会保険料（以下「（特定社会）保険料」といいます。）について記入します。

条約相手国内に事業所を有する雇用者により派遣される方は、「相手国法人との雇用契約」欄の「有」を、それ以外の方は「無」をそれぞれ○を囲みます。「日本での就労期間」欄には、その雇用者のために日本で就労する期間を記入します。「課税の特例を受けることができる事情の詳細」欄には、適用される租税条約の条項や（特定社会）保険料に関する参考となるべき事項を記入します。（特定社会）保険料の「種類」及び「支払（控除）年月日」の各欄に書ききれない場合は、下の表に記入するか、適宜の用紙に記載したものを併せて提出しても差し支えありません。

種類									
支払(控除) 年 月 日									
金額									

※　（特定社会）保険料の支払（控除）金額は、外貨により支払を行った場合には、原則として当該支払を行った日の対顧客直物電信売相場と対顧客直物電信買相場の中値によって換算しますが、本邦通貨により外貨を購入し直ちに支払を行った場合には支出した本邦通貨の額として差し支えありません。

「（特定社会）保険料の支払（控除）金額（①）」欄に、支払(控除）保険料の合計額を、「（特定社会）保険料の上限（②）」欄は次の算式により計算した金額をそれぞれ記入します。

（特定社会）保険料の上限　＝　（イ＋ロ＋ハ＋ニ）×保険料の金額の基礎となった期間の月数
イ　厚生年金保険法の最高等級の標準報酬月額[注1]×保険料率[注2]×1／2
ロ　厚生年金保険法の標準賞与額の限度額[注3]×保険料率[注2]×1／2×3÷12
ハ　健康保険法の最高等級の標準報酬月額[注4]×保険料率[注5]×1／2
ニ　健康保険法の標準賞与額の限度額[注6]×保険料率[注5]×1／2÷12
（注）1　厚生年金保険法第20条第1項に規定する標準報酬月額
2　厚生年金保険法第81条第4項の表のうち、その年の12月の属する月分に応じて定められた保険料率
3　厚生年金保険法第24条の4第1項後段の規定より定められる標準賞与額の限度額
4　健康保険法第40条第1項に規定する標準報酬月額
5　健康保険法第160条第1項の規定により一般保険料率として決定される率のうち最も高い率
6　健康保険法第45条第1項ただし書の規定より定められる標準賞与額の限度額

＜居住者の方＞　「特例の対象となる（特定社会）保険料の額（③）」欄の額を、確定申告書第二表「社会保険料控除」の「支払保険料」欄に転記し、「社会保険の種類」欄には「届出書のとおり」と記入します。

＜総合課税により確定申告する非居住者の方＞　特定社会保険料の金額の計算の基礎となる給与等の収入金額から給与所得控除額及び特例の対象となる（特定社会）保険料の額（③）」欄の額を控除した残額を給与所得の金額として確定申告書に記入します。

＜172条申告書を提出する非居住者の方＞　172条申告書の「収入金額の合計」欄の下段に、収入金額の合計額をかっこ書きし、上段に収入金額から「特例の対象となる（特定社会）保険料の額（③）」欄の額を控除した後の額を記入します。

(3)　「**3　還付に関する事項**」の各欄

還付請求書として使用する場合にのみ使用します。「還付の受取場所」は、納税管理人の届出をしている場合は、納税管理人の名義の口座を記入します。

3　この届出書には、次の(1)（還付請求書として提出する場合は(1)及び(2)）の書類を添付する必要があります（添付する書類が外国語で作成されている場合はその翻訳文も併せて添付してください。）。

(1)　条約相手国の社会保障制度に係る（特定社会）保険料について特例の適用を受ける場合・・・・・条約相手国の社会保障制度に係る権限ある機関のその社会保障制度に係る法令の適用を受ける旨の証明書（適用証明書）及びその（特定社会）保険料の金額を証する書類

(2)　給与等につき源泉徴収された所得税及び復興特別所得税の額を明らかにする書類等

4　この届出書は確定申告書等に添付して、それぞれの確定申告書等の提出期限までに住所地等の所管税務署に提出します（確定申告書の提出を要しない場合でも、この特例の適用を受けようとするときは、適用を受けようとする年分の翌年3月15日までにこの届出書を提出します。）。

なお、還付請求書として提出する場合には、この特例の適用を受けようとする年分の翌年の1月1日（同日前に特定社会保険料の総額が確定した場合にはその確定した日）以後、住所地等の所轄税務署に提出します。

※　この届出書又は還付請求書を提出する際には、①個人番号（12桁）の記載及び②届出又は請求をする方の本人確認書類の提示又は写しの添付が必要となります。

SECURITE SOCIALE	**Accord de sécurité sociale du 25 février 2005 entre la France et le Japon** **2005 年 2 月 25 日の日仏社会保障協定**	**Formulaire** **様式** SE 217-06 - F/J6

ATTESTATION CONCERNANT LA LÉGISLATION APPLICABLE
適用法令の証明書

Article 6.1, article 7 et article 9, article 10 de l'accord
Article 3 de l'arrangement administratif général
協定第 6 条 1、第 7 条、第 9 条、第 10 条、一般行政取決め第 3 条

1. ☐ Travailleur 被保険者

1.1 Nom 姓
……………………………………………………………………

1.2 Prénom(s)名 ………………………………　Noms antérieurs 旧姓 ………………………………

1.3 Date de naissance 生年月日 : 日/J……月/M……西暦年/A……………………………………

1.4 Profession 職種:………………………………　Fonction 職務:………………………………

1.5 Adresse habituelle en France フランスの通常の住所
……………………………………………………………………

1.6 N° d'identification 社会保障番号 :……………………………………………………

2 Employeur en France フランスの雇用者

2.1 Nom ou raison sociale 名称あるいは社名
……………………………………………………………………

2.2 N° d'identification 登記番号・登録番号等[(1)]……………………………………………

2.3 Adresse 所在地

Téléphone 電話 ……………………　Télécopieur FAX …………　E-mail 電子メール……………

Rue 街路名 ……………………………　N°番地 ……………　Boîte 私書箱 ……………

Localité 市町村名 ……………………　Code postal 郵便番号 ………　Pays 国名 ……………

3 Employeur au Japon 日本の雇用者

3.1. Nom(s) ou raison(s) sociale(s)名称あるいは社名
……………………………………………………………………

3.2. Adresse(s)所在地

Commune et quartier 区・市町村 ……………………　N°番地 ……………　Bte 私書箱 ……………

Département 都道府県 ……………………　Code postal 郵便番号 ……　Pays 国名 ……………

3.3. N° d'identification [(1)]
……………………………………………………………………

4. Nature de l'activité 職業活動の種類

4.1. En France pour le compte de l'employeur visé au cadre 2. 枠2に記載されたフランスの雇用者の下で
Profession 職種: ………………………………………… Fonction 職務(2) : …………………………………………

4.2. Au Japon auprès de l'employeur visé au cadre 3. 枠3に記載された日本で雇用者の下で
Profession 職種: ………………………………………… Fonction 職務(2) : …………………………………………

5. Membres de la famille qui accompagnent le travailleur détaché 派遣被用者に随伴する家族

Nom 姓	Prénom 名	Date de naissance 生年月日 日/J……月/M……西暦年/A	Lien de parenté 続柄
…………	…………	…………	…………
…………	…………	…………	…………
…………	…………	…………	…………
…………	…………	…………	…………

6. L'institution désignée au cadre 7 atteste 枠7に記載される機関は以下を証明する:

6.1 que le travailleur désigné au cadre 1 reste assujetti à la législation française de sécurité sociale sur la base de l'article
枠1に指名された被用者には、協定の以下の条項を根拠として、フランスの法令が適用される：
☐ 6, paragraphe 1 第6条1 ☐ 7 第7条 ☐ 9 第9条 de l'accord
合意書照会番号 réf.(3) ………………………… date 日付(3) …………………………

6.2 du 日/J……月/M……西暦年/A より au 日/J……月/M……西暦年/A まで

6.3 Il demeure bénéficiaire des prestations du régime français ainsi que les membres de sa famille désignés au cadre 5 sous réserve des dispositions de l'article 10, paragraphe 1.
この者は、枠5に記載された家族とともに、第10条1の規定を条件として、フランス制度の給付の受益者であり続ける。

7. Institution compétente dont la législation est applicable 法令が適用される実施機関

7.1 Dénomination 名称 ………………………… Numéro de code 番号(4) …………………………

7.2 Adresse 所在地
Téléphone 電話 ………………………… Télécopieur fax ………… E-mail …………………
Rue 街路名 ………………………… N°番地 ………………… Boîte 私書箱 …………………
Localité 市町村名 ………………………… Code postal 郵便番号 ………… Pays 国名 …………………

7.3 Cachet 印

7.4 Date 日付 …………………………

7.5 Signature 署名 …………………………

INSTRUCTIONS 記入の仕方

Le formulaire doit être rempli en caractères d'imprimerie, en utilisant uniquement les lignes pointillées. Il se compose de 2 pages ; aucune d'entre elles ne peut être supprimée, même si elle ne contient aucune mention utile.
ローマ字の活字体で点線の部分に記入してください。この様式は全部で2枚あります。該当項目がないページがあっても、3枚揃えて提出してください。

16―10　フランスの社会保険料に係る社会保険料控除(２)

Q

私（フランス人）は，フランス法人Ｆ社から日本の子会社である内国法人Ｎ社に８か月間の予定で派遣されてきましたが，その期間もフランスの社会保険料を支払っています。この保険料は税金の計算上はどうなりますか。

私の給与は，フランス法人Ｆ社から私のフランスの口座に支払われています。また，日本国内にはＦ社の支店等の事業所はありません。

なお，私は日本国内に恒久的施設を有していません。

A

あなたは，非居住者に該当し，フランス法人Ｆ社の事業所等が国内にありませんので，あなたが受け取る給与については所得税等は源泉徴収されませんので，確定申告を行う必要があります。また，申告の際に，あなたがフランスで支払った社会保険料のうち，一定の金額を限度として日本滞在期間に対応する給与収入の金額から控除し，税額を計算することになります。

解　説

〔１〕 平成19年に発効した日仏租税条約の改正議定書において，日仏租税条約に社会保険料に関する条項（同条約18②）が導入されたことに伴い，実施特例法において，我が国の居住者が条約相手国の社会保障制度に支払う保険料及び条約の相手国の居住者等が我が国又は条約相手国の社会保障制度に支払う保険料について，所得の金額から，控除する制度が創設されました（実施特例法５の２）。

〔２〕 国内に恒久的施設を有しない非居住者が，その給与又は報酬から特定社会保険料（我が国の社会保険料及び条約相手国の社会保障制度に係る保険料のうち，その条約の規定によりこれらの金額につき一定の金額を限度として給与又は報酬に対し租税を課さないこととされるものをいいます。）を支払った又は控除される場合において，その給与又は報酬につき源泉徴収の規定の

適用を受けないときは，その年中に支払を受ける給与又は報酬の額のうち源泉徴収の規定の適用を受けない部分の金額から特定保険料の金額を控除した残額を基に所得税の額を計算して，所得税法第172条に規定する申告書を提出することになります（実施特例法５の２⑥)。

〔３〕 この制度の適用を受けようとする場合には，その適用を受けようとする年分の給与等につき所得税法第172条に規定する申告書に一定の事項を記載した届出書「保険料を支払った場合等の課税の特例の届出書・保険料を支払った場合等の課税の特例の還付請求書」に一定の書類を添付することが必要です（実施特例法５の２①，実施特例省令６の２)。

〔４〕 控除する保険料の計算，添付書類及び適用時期は，前掲問16－９〔３〕を参照してください。

〔５〕 あなたの場合，非居住者に該当しますので，国内源泉所得である給与所得に対して分離課税の方法により，20.42％の税率で課税されます（所法161①十二，164②二，169，170，復興財確法13)。

〔６〕 なお，Ｎ社の勤務に基づく給与は全て国外で支払われ，日本の子会社Ｎ社はフランス法人Ｆ社の事業所等に該当しないことから，源泉徴収の対象となりませんので，日本滞在期間に対応する給与の収入金額に20.42％の税率を適用した所得税法第172条に規定する申告書を提出して，申告と納税をすることになります。

〔７〕 また，申告の際に，日本滞在期間に対応する給与収入の金額からあなたがフランスで支払った社会保険料のうち，一定の金額を限度として控除し，20.42％の税率を適用して税額を計算することになります。

関係法令等

〈所法74②，161八，164②二，169，170，実施特例法５の２①，②，④，⑥，実施特例政令４の２，実施特例省令６の２，日仏租税条約18②，復興財確法13，17⑤〉

16—11　非居住者期間に支払った社会保険料に係る社会保険料控除

Q

私（英国人）は，内国法人Ｊ社の社員ですが，２年間のマニラ支店勤務を終えて，本年８月に日本に帰国しました。

私は，マニラ支店勤務期間中もＪ社本社から給与の一部の支払を受けており，その際に社会保険料を差し引いた残額が日本国内にある私の銀行口座に振り込まれていました。

この場合，本年７月までの間に私が負担した社会保険料は，本年分の社会保険料控除の対象となるでしょうか。

あなたは日本に帰国する前のマニラ支店勤務期間中は非居住者に該当しますので，その期間中に負担した社会保険料は，社会保険料控除の対象になりません。

解　説

〔１〕　あなたは日本に帰国した日から居住者となります（所法２①三，所令14①一，所基通３－３）。

〔２〕　居住者が，自己又は自己と生計を一にする配偶者その他の親族の負担すべき社会保険料を支払った場合又は給与から控除される場合には，その支払った金額又は控除される金額を，その居住者のその年分の総所得金額等から控除して，課税総所得金額等を計算できることとされています（所法74①）。

社会保険料控除を適用することができる者は居住者に限られ，控除できる社会保険料も居住者期間に負担した社会保険料に限られますので，年の中途で非居住者が居住者となった場合には，その者が居住者期間内に支払った社会保険料又は居住者期間に支給された給与から差し引かれた社会保険料のみが社会保険料控除の対象になります（所法102，所令258①，③三）。

〔３〕　あなたの場合は，本年８月の日本に帰国の日以降は居住者に該当しますが，マニラ支店勤務期間中は非居住者に該当しますので，この間に給与から差し引かれた社会保険料は，社会保険料控除の対象にはなりません。

関係法令等

〈所法２①三，74①，102，所令14①一，258①，③三〉

16―12　外国の生命保険会社に支払った生命保険料に係る生命保険料控除

私（スイス人）は，昨年４月に２年間の予定で，スイス法人Ｔ社から日本支店に派遣されましたが，スイスにおいてスイスのＹ生命保険会社と契約した生命保険の保険料を入国後も引き続き支払っています。この保険料は生命保険料控除の対象となりますか。

あなたは居住者に該当しますが，支払っている生命保険料は，外国で締結されたものであるため，生命保険料控除の対象とはなりません。

解　説

〔１〕 居住者が生命保険契約等に係る保険料等を支払った場合には，その支払保険料等のうち一定の計算に基づき算定した金額を，生命保険料控除としてその年分の総所得金額等から控除して課税総所得金額等を計算できることとされていますが（所法76①～③），全ての生命保険契約に基づく生命保険料が対象とされるのではなく，所得税法に規定する生命保険契約等に基づくものに限られています（所法76⑤～⑨）。

〔２〕 外国の生命保険会社との契約に基づく生命保険料が生命保険料控除の対象となるのは，保険業法第２条第８項に定める外国生命保険会社等との契約に係るものに限られています（所法76⑤一）。また，前記の外国生命保険会社等との生命保険契約であっても，国外において締結されたものは控除の対象から除かれます（所法76⑤一括弧書）。

〔３〕 あなたは日本支店に派遣されてからは居住者に該当しますが（所法２①三，所令14①一），スイスにおいてスイスのＹ生命保険会社と締結した生命保険契約に基づく生命保険料は，その契約が国外で締結されているため，生命保険料控除の対象にはなりません。

関係法令等

〈所法２①三，76①～③，⑤～⑨，所令14①一〉

16—13 居住者・非居住者期間にわたり支払った生命保険料に係る生命保険料控除

Q

私（米国市民）は，米国法人Ｂ社の日本支店に勤務した後，２年前に本社勤務となり米国に帰国しましたが，本年３月に３年間の予定で日本に再入国しました。

私は，前回の日本滞在中に日本で契約した月額１万円の生命保険料を，米国勤務の間も銀行口座振替で支払い続けてきました。

本年分の生命保険料控除の計算はどうなりますか。

A

あなたは居住者に該当することとなる本年３月の再入国以降支払った生命保険料の金額10万円（３月～12月分）が，生命保険料控除額の計算の基礎となる金額となります。

解　説

〔１〕 居住者が生命保険契約等に係る保険料等を支払った場合には，その支払保険料等のうち一定の計算に基づき算定した金額を，その年分の総所得金額等から控除して課税総所得金額等を計算できることとされています（所法76①～③）。

〔２〕 生命保険料控除を適用することができる者は居住者に限られ，控除できる生命保険料も居住者期間に負担したものに限られますので，年の中途で非居住者が居住者となった場合には，その者が居住者期間内に支払った生命保険料のみが生命保険料控除の対象となります（所法102，所令258①，③四）。

〔３〕 あなたの場合，本年３月の日本入国以降は，居住者に該当することとなります（所法２①三，所令14①一）。したがって，居住者期間である３月以降に支払った10か月分の生命保険料10万円が生命保険料控除の対象となる「その年に支払った生命保険料の金額の合計」になります。

関係法令等

〈所法２①三，76①～③，102，所令14①一，258①，③四〉

16―14　日本赤十字社に行った東日本大震災の被災者に対する寄附金

Q　私（米国市民，非居住者）は，2015年（平成27年）４月から４年間，米国法人Ｔ社の日本子会社に派遣されていましたが，2019年（平成31年）３月に派遣期間を満了したため納税管理人を選任して米国に帰国しました。

米国へ帰国後に日本赤十字社に対して，東日本大震災の被災者に対する義援金として100万円を寄附したのですが，寄附金控除の適用をすることはできますか。

なお，私の2019年分（令和元年分）の所得として，給与所得以外に不動産所得及び譲渡所得があるため，確定申告をする予定でいます。

A　**あなたは非居住者に該当しますが，寄附金控除を受けることができます。**

解　説

〔1〕 所得税法第78条第１項では，居住者が，各年において，特定寄附金を支出した場合において，その年中に支出した特定寄附金の額の合計額が2,000円を超えるときは，その超える金額を，その者のその年分の総所得金額，退職所得金額又は山林所得金額から控除するとしており（寄附金控除），所得税法第78条第２項において特定寄附金を定め，日本赤十字社は公益の増進に著しく寄与する法人として指定されており（所法78②三，所令217二），日本赤十字社に対する寄附金は特定寄附金に該当し，寄附金控除の対象となります。

〔2〕 あなたは米国に帰国後は非居住者（所法２①五）に該当しますが，非居住者の国内源泉所得について課する所得税の課税標準及び所得税の額は居住者に係る所得税の課税標準，税額等の計算に準じて計算した金額とされており，寄附金控除については居住者に係る所得税の税額等の計算に準じて計算することになります（所法165，166）。

〔3〕 したがって，あなたは，2019年分（令和元年分）の確定申告の際に日本赤

十字社に対する義援金について寄附金控除を受けることができます。

関係法令等

〈所法２①五，所法78，165,166，令15，令217二〉

16—15　一夫多妻制の国から来た外国人の所得控除

Q

私（外国人，居住者）は，一夫多妻制度を採用する国から家族とともに来日した会社員です。私の家族は，妻が３人（全員外国人で70歳未満）ですが，３人とも無職で収入がありませんので，私の給料で家族全員生活しています。私の所得は給料のみで，私の年間の給与所得は約800万円です。

配偶者控除の額はいくらになるでしょうか。

あなたは控除対象配偶者に該当する者が３人いますが，配偶者控除の額は38万円です。

解　説

〔１〕 居住者が控除対象配偶者を有する場合には，その居住者の総所得金額等から配偶者控除として一定額を控除します（所法83）。

そして，控除対象配偶者とは，合計所得金額が1,000万円以下である居住者の配偶者でその居住者と生計を一にするもの（青色専従者に該当するもので，給与の支払を受けるもの及び事業専従者に該当するものを除きます。）のうち，合計所得金額が38万円以下である者をいいます（所法２①三十三，三十三の二）。

〔２〕 ここで，所得税法に規定する配偶者とは，民法に規定する配偶者をいい，外国人で民法の規定によれない者については，法の適用に関する通則法の規定によることとなります（所基通２−46）。

法の適用に関する通則法第24条（婚姻の成立及び方式）では，第１項で「婚姻の成立は，各当事者につき，その本国法による。」とし，第２項では「婚姻の方式は，婚姻挙行地の法による。」と規定しています。また，同条第３では「前項の規定にかかわらず，当事者の一方の本国法に適合する方式は，有効とする。ただし，日本において婚姻が挙行された場合において，当事者の一方が日本人であるときは，この限りでない。」とされています。

あなたの場合は，夫婦ともに外国人ですので，本国において婚姻関係が有効に成立していれば，３人の妻は所得税法上も配偶者となり，３人が要件を満たしていれば全員が控除対象配偶者となります（所法83）。

〔３〕 ところで，配偶者控除については，控除対象配偶者を有する場合には居住者本人の合計所得金額に応じて一定額を控除すると規定されており，その人数に応じた控除額が受けられることにはなっていません（所法83①）。

そのため，配偶者控除の額は，控除対象配偶者に該当する者が複数いる場合であっても，一定額ということになります。

〔４〕 あなたの場合，３人の配偶者には収入がなく，あなたの年間の給与所得の金額は約800万円で，その給料で生活しているということですので，あなたには控除対象配偶者に該当する者が３人いますが，配偶者控除の額は38万円になります。

〔５〕 なお，所得税法の定義上，配偶者は扶養親族には含まれませんので，３人の配偶者のうち，１人について配偶者控除の適用を受け，２人について扶養控除の適用を受けるということはできません（所法２①三十四，84）。

関係法令等

〈所法２①三十三，三十三の二，三十四，83，84，所基通２-46，法の適用に関する通則法24〉

16—16　国外に居住する親族へ送金等をした場合の扶養控除の要件

Q　私（ブラジル人）は，米国法人G社の日本支店に勤務して2年目になりますが，ブラジルにいる両親には収入がありませんので，2人分の生活費として月10万円を送金しています。

私は，両親を扶養控除の対象とすることができますか。

あなたは，両親を扶養控除の対象とすることができますが，控除を受けるためには，両親についての親族関係書類（両親であることを示す公的書類）及び送金等関係書類を年末調整の際に給与の支払者に提示又は提出するか，又は所得税の確定申告の際にそれらの書類を提示又は添付する必要があります。この場合に，送金等関係書類は，両親の各人にそれぞれ送金等を行っていることを示す書類が必要です。

解　説

〔1〕　扶養控除の対象となる控除対象扶養親族とは，居住者の親族で居住者と生計を一にするもの（配偶者及び事業専従者・青色事業専従者を除きます。）のうち，合計所得金額が38万円以下の者をいいますが（年齢16歳以上の者に限ります。），国内に居住しているか否かは問わないこととされています（所法2①三十四，三十四の二，84）。

また，居住者が親族と日常の起居を共にしていなくても，「親族間において，常に生活費，学資金，療養費等の送金が行われている場合」には，それらの親族は生計を一にしているものとして取り扱われていますので（所基通2-47(1)ロ），送金額が生活費相当額であり，かつ，その親族が所得要件を満たしていれば，別居している親族であっても扶養控除の対象にすることができます。

〔2〕　あなたの場合，日本支店勤務のために入国後は居住者に該当します（所法2①三，所令14①一）。あなたの両親には収入がなく，あなたが毎月の生活費相当額を送金しているとのことですから，あなたは両親と生計を一にしているものと考えられます。

〔3〕 控除を受けるためには，両親についての親族関係書類（両親であることを示す公的書類）及び送金等関係書類を年末調整の際に給与の支払者に提示又は提出（所法195の2①，②，所令318の3,所規47の2⑤，⑥，74の4）するか，又は所得税の確定申告の際にそれらの書類を提示又は添付（所法120③二，所令262③，所規47の2⑤，⑥）する必要があります。

ここで，親族関係書類とは，次の①又は②のいずれかの書類（外国語で作成されている場合にはその翻訳文も必要です。）で，その国外居住親族がその納税者の親族であることを証するものをいいます。

① 戸籍の附票の写しその他の国又は地方公共団体が発行した書類及びその国外居住親族の旅券の写し

② 外国政府又は外国の地方公共団体が発行した書類（その国外居住親族の氏名，生年月日及び住所又は居所の記載があるものに限ります。）

また，送金等関係書類とは，その年における次の①又は②の書類（外国語で作成されている場合にはその翻訳文も必要です。）で，その国外居住親族の生活費又は教育費に充てるための支払を，必要の都度，各人に行ったことを明らかにするものをいいます。

① 金融機関の書類又はその写しで，その金融機関が行う為替取引によりその納税者からその国外居住親族に支払いをしたことを明らかにする書類

② いわゆるクレジットカード発行会社の書類又はその写しで，そのクレジットカード発行会社が交付したカードを提示してその国外居住親族が商品等を購入したこと等及びその商品等の購入等の代金に相当する額をその納税者から受領したことを明らかにする書類

関係法令等

〈所法2①三，三十四，三十四の二，84，120③二，195の2①，②，所令262③，318の3，所規47の2⑤，⑥，74の4，所基通2-47(1)ロ〉

16―17　出国後に16歳になる扶養親族の判定時期

私（英国人）は，英国法人M社から３年間の予定で日本支店に派遣されていましたが，本年８月，勤務終了に伴い，納税管理人の届出をした上で，英国へ帰国しました。

私は，M社からの給与以外に，日本国内にある不動産の貸付けによる不動産所得があるため，本年分についても確定申告が必要となりますが，本年11月に16歳になった次男を扶養親族の対象にすることができるでしょうか。

納税管理人の届出をして帰国した場合の扶養親族の判定時期は，その年の12月31日現在となりますので，確定申告を行う際，帰国後の11月に16歳になった次男を扶養控除の対象にすることができます。

解　説

〔1〕 あなたの場合は，帰国するまでは居住者（非永住者），帰国後は非居住者に該当します（所法２①三，四，五）。そして，非永住者期間中の国外源泉所得以外の所得の全てと，国外源泉所得のうち国内において支払われ，又は国外から送金されたもの及び非居住者期間中の国内源泉所得について課税されます（所法７①二，三，102，所令258，所基通165−１）。

〔2〕 扶養親族等の判定については，居住者の場合には，原則としてその年の12月31日の現況によることとされ，その者がその年の中途において死亡し，又は出国する場合にはその死亡又は出国のときの現況によることとされています（所法85①，③，所基通85−１）。

この場合，出国により，居住者期間を有する非居住者となった者に係る扶養親族等の判定の時期については，次のように取り扱うこととされています（所法２①三十四，三十四の二，84，85①，③，所基通165−２）。

①　その者が国税通則法に定める納税管理人の届出をして出国した場合	⇨	その年の12月31日（その者がその年中に死亡したときは，その死亡時）

② その者が国税通則法に定める納税管理人の届出をしないで出国した場合 ⇨ 出国の時

〔3〕 あなたの場合には，本年8月の帰国以降，非居住者に該当することとなりますので，①居住者期間中の給与所得及び不動産所得並びに②非居住者期間中の不動産所得について，課税対象となりますが，出国前に納税管理人の届出をしていますので，翌年3月15日までに確定申告を行う必要があります（所法161①七）。

また，あなたは，帰国時までに納税管理人の届出書を提出していますので，あなたの次男が扶養親族に該当するか否かの判定時期は，その年の12月31日となります。したがって，本年11月に16歳になった次男についても扶養控除の対象に含めることができます。

〔4〕 なお，あなたが，帰国の時までに納税管理人の届出書を提出していない場合には，本年8月の帰国時（出国時）の現況により判定を行うこととなりますので，本年11月に16歳になった次男を扶養控除の対象とすることはできません。

また，あなたが帰国の時までに納税管理人の届出書を提出していない場合には，あなたは，本年8月の出国の時までに居住者期間中の給与所得及び不動産所得について確定申告を行う必要がある（所法127①）とともに，翌年3月15日までに居住者期間中の給与所得及び不動産所得並びに非居住者期間中の不動産所得について再度，確定申告を行う必要があります（所法102，161①七，164①二，165，166，所令258，所基通165－1）。

【参　考】

国内の不動産の貸付けによる不動産所得を有している場合など，出国後も確定申告書の提出その他国税に関する事項を処理する必要があるときは，それを処理させるため，日本国内に住所又は居所を有する者でその処理につき便宜を有するもののうちから納税管理人を定めなければならないとされています（通法117）。

関係法令等

〈通法117，所法2①三，四，五，三十四，三十四の二，7①二，三，8，84，85①，

③，102，127①，161①七，164①二，所令258，所基通165-１，165-２〉

第17章

税額控除

17—1　海外勤務になった場合の住宅借入金等特別控除

私（英国人）は，2013年（平成25年）に英国法人Ｆ社から日本支店へ６年間の予定で派遣されていますが，2018年（平成30年）に日本人の女性と結婚し，その際に新築住宅を取得して居住しており，同年から，住宅借入金等特別控除の適用を受けていました。

2019年（令和元年）11月に派遣期間の終了に伴い２年間の予定でＦ社の香港支店勤務を命ぜられ，妻とともに香港に赴任することとなりました。

私は，香港支店勤務が終了する2021年（令和３年）11月以降は，再び，日本に戻り，2018年（平成30年）に取得した住宅に居住する予定です。

なお，私は，香港に赴任している間，その住宅を会社に貸し付けることにしています。

この場合，私は，2019年（令和元年）分及び２年後の2021年（令和３年）分以降についても，引き続き住宅借入金等特別控除の適用を受けることができるのでしょうか。

香港へ赴任してからはその家屋に居住していませんので，2019年分（令和元年分）及び2020年分（令和２年分）については，住宅借入金等特別控除を受けることはできません。

ただし，予定どおり２年後の2021年（令和３年）に帰国して，再びその家屋に居住した場合には，2021年分（令和３年分）については，年の途中まで賃貸の用に供しているため，住宅借入金等特別控除を受けることはできませんが，2022年（令和４年）以降の適用年については，その年の12月31日において引き続き居住していれば，再度，住宅借入金等特別控除を受けることができます。

解　説

〔１〕　住宅借入金等特別控除は従来は居住者に限られていましたが，平成28年４

月１日以後の住宅の取得等については，非居住者にも適用されることとなりました（措法41①，平28法15改正附則76）。

そこで，居住形態（居住者か，非居住者か）にかかわらず，その家屋の取得から６か月以内にその家屋に居住し，かつ，その後において，その年12月31日まで引き続き居住しているか否かで，住宅借入金等控除の適用の可否が判定されます（措法41①）。

〔２〕 住宅借入金等特別控除の適用を受けていた個人が，給与等の支払者からの転任の命令に伴う国内外における転居その他これに準ずるやむを得ない事由に基因して，その家屋を居住の用に供さなくなったことにより，住宅借入金等特別控除を受けられなくなった後，その家屋を再びその者の居住の用に供した場合には，当初の居住年以後の適用年の未経過年分のうち，その者がその家屋を再び居住の用に供した日の属する年（その年において，その家屋を賃貸の用に供していた場合には，その年の翌年）以後の各年について，再び住宅借入金等特別控除を受けることができます（措法41㉓）。

なお，この控除は，その個人がその家屋を居住の用に供しなくなる日までに必要事項を記載した届出書をその家屋の所在地の所轄税務署長に提出しており，かつ，再び住宅借入金等特別控除の適用を受ける最初の年分の確定申告書に，その家屋を再び居住の用に供したことを証する書類その他必要な書類の添付がある場合に限り適用されます。（措法41㉔，措規18の21⑱，⑲，⑳）。ただし，上記の確定申告書の提出がなかった場合又は届出書の提出若しくは証明書類の添付がなかった場合においても，その提出や添付がなかったことについて，税務署長がやむを得ない事情があると認めるときは，これらの提出があった場合に限り，上記の控除が適用されます（措法41㉕）。

〔３〕 あなたの場合には，2019年（令和元年）及び2020年（令和２年）の12月31日において，この家屋に居住していないため，これらの年分の住宅借入金等特別控除は受けられません。

また，あなたは2021年（令和３年）にその家屋を再び居住の用に供するということですが，同年のそれ以前の期間は賃貸の用に供されていたため，2021年（令和３年）の12月31日において居住していても，その年は住宅借入金等特別控除は受けられません（措法41㉓）。しかし，引き続きその家屋に居住していれば，その翌年の2022年（令和４年）以後は，未経過適用年について住宅借入金等特別控除が受けられます。

ご質問の場合を図示すると，次のようになります。

12月31日居住（2018年末）　転居（2019年中）　再入居（2021年中）　12月31日居住（2021年末）　12月31日居住（2022年末）

年	2018年	2019年	2020年	2021年	2022年
居住地	日本	日本／香港	香港	香港／日本	日本
家屋の用途	自己の居住用	自己の居住用／賃貸用	賃貸用	賃貸用／自己の居住用	自己の居住用
住宅借入金等特別控除の適用	○	×	×	×	○
不適用の理由	－	その年12月31日に居住していない	その年12月31日に居住していない	その年中に賃貸期間がある	－

関係法令等

〈措法41①，㉓，㉔，㉕，措規18の21⑱，⑲，⑳，平28法15改正附則76〉

17―2　居住を開始した年に国外に居住することとなった場合の住宅借入金等特別控除

私は，2019年（平成31年）2月に，国内に住宅を購入し居住していましたが，同年7月に転任命令によりA国に赴任することとなりました。帰国は2021年（令和3年）7月の予定ですが，以下の場合において，帰国後に住宅借入金等特別控除を受けることはできますか。

⑴　赴任期間満了後の2021年（令和3年）7月に帰国し再居住した場合

⑵　赴任期間満了前に帰国することとなり，2019年（令和元年）12月に再居住した場合

(1)の場合，あなたは，2021年（令和3年）分から2028年（令和10年）分までの各年分において，住宅借入金等特別控除の適用を受けることができます。

(2)の場合，あなたは，2019年（令和元年）分から2028年（令和10年）分までの各年分において，住宅借入金等特別控除の適用を受けることができます。

解　説

個人が，国内において，住宅の用に供する家屋で政令で定めるものの取得をし，1999年（平成11年）1月1日から2021年（令和3年）12月31日までの間にその者の居住の用に供した場合（その家屋の取得の日から6か月以内にその者の居住の用に供した場合に限ります。）において，転任命令等によりその家屋を自己の居住の用に供しなくなった後，その者が再びその家屋を自己の居住の用に供したときは，当初の居住年以後10年間（ただし，15年又は13年の場合あり(注)。）の各年のうち，その者がその家屋を再び居住の用に供し，かつ，その後において，その年の12月31日まで，引き続き居住している年（その年において，その家屋を賃貸の用に供していた場合には，その年

の翌年）以後の各年について住宅借入金等特別控除の適用を受けることができます（措法41①，⑥，⑬，㉓）。

（注）　控除可能期間が15年又は13年となるのは，居住の用に供した年等に応じて，以下のようになります。

居住の用に供した年	控除可能期間
2007年（平成19年）１月１日から 2007年（平成19年）12月31日まで	15年（15年を選択した場合）
2019年（令和元年）10月１日から 2020年（令和２年）12月31日まで	13年（10％の消費税が課されるべき家屋を取得した場合） 10年（上記以外）

この規定は，その個人が，住宅借入金等特別控除の適用を受ける最初の確定申告書にその控除に関する記載があり，かつ，通常の住宅借入金等特別控除に係る添付書類のほか当初居住年において自己の居住の用に供していたことを証する書類，再び居住の用に供したことに関する証明書類等一定の書類の添付がある限り適用されます（措法41㉔）。

上記⑴の場合，2021年（令和３年）以後の各年について，上記⑵の場合，2019年（令和元年）以後の各年について，住宅借入金等特別控除の適用を受けることができます。

関係法令等

〈措法41①，㉓，㉔〉

17―3　外国法人からの配当金についての配当控除

Q

私（米国市民）は，日本の居住者（永住者）に該当する者ですが，所有している米国法人Ａ社の株式について，米国内の金融機関を通じて配当金を受け取りました。

私は，この配当金を日本で申告する必要があるのでしょうか。また，申告する場合，配当控除の適用を受けることができるのでしょうか。

なお，この配当金は，日本で申告する場合，配当所得に該当するものですが，その支払を受ける際，日本の所得税及び復興特別所得税は源泉徴収されていません。

日本の居住者（永住者）に該当するとのことですので，Ａ社株式の配当金に係る配当所得についても原則として日本で申告することとなります。また，外国法人から受ける配当金については，配当控除を受けることはできません。

解　説

〔１〕 永住者は，国内源泉所得に該当するか否かを問わず，全ての所得について日本で課税の対象となります（所法７①一）。

〔２〕 配当所得のうち，上場株式等の配当等（大口株主等が受ける場合を除く。）その他一定のものについては確定申告をしなくてもよいこととされており，これを確定申告不要制度といいます（措法８の５①）。国外において発行された株式の配当で，国外で支払われるものについては，国内における支払の取扱者（証券会社等）を通じて交付を受け，その交付の際に日本の所得税が源泉徴収されている場合に限って，確定申告不要制度の対象になります（措法９の２②，⑤）。

〔３〕 居住者が剰余金の配当等に係る配当所得を有する場合には，その年分の所得税額から配当控除として一定の金額を控除することができますが，外国法人から受ける剰余金の配当等については，配当控除の適用を受けることはで

きないこととされています（所法92①）。

〔4〕 あなたは，永住者に該当するということですので，全ての所得について日本で課税の対象とされます。また，あなたが受け取ったA社株式の配当金は，国内における支払いの取扱者を通じて交付を受けたものでなく，日本の所得税及び復興特別所得税が源泉徴収されていませんので，確定申告不要制度の対象になりません。したがって，A社株式の配当金に係る配当所得についても日本で申告することとなりますが，A社は外国法人に該当しますので，配当控除の適用を受けることはできません。

関係法令等

〈所法7①一，92①，措法8の5①，9の2②，⑤〉

17－4　外国税額控除の対象となる外国所得税の範囲（１）

Q

居住者が国外で生じた所得について外国において税を納付することとなる場合，どのような税が外国税額控除の対象となるのでしょうか。

また，非居住者の外国税額控除についてはどうでしょうか。

A

居住者が外国で納付した税のうち，外国の法令に基づき外国又はその地方公共団体により個人の所得を課税標準として課される税（外国所得税）が外国税額控除の対象となります。ただし，一定の外国所得税は外国税額控除の対象になりません。

また，非居住者における控除対象となる外国所得税については，非居住者に係る課税標準や税額等の計算を考慮した上で居住者と類似する規定が設けられています。

解　説

1　居住者に係る外国税額控除

〔１〕 居住者が国外で生じた所得について外国において税を納付することとなる場合には，日本と外国との二重課税の調整を図るため，外国税額控除を受けることができますが，その対象となる税の範囲は，外国の法令に基づき外国又はその地方公共団体により個人の所得を課税標準として課される税（以下「外国所得税」といいます。）に限るとされています（所法95①，所令221①）。ただし，一定の外国所得税は，外国税額控除の対象になりません（下記〔３〕及び〔４〕参照）。

〔２〕 外国又はその地方公共団体により課される次に掲げる税は，外国所得税に含まれます（所法95①，所令221②）。

① 超過所得税その他個人の所得の特定の部分を課税標準として課される税

② 個人の所得又はその特定の部分を課税標準として課される税の附加税

③ 個人の所得を課税標準として課される税と同一の税目に属する税で，個人の特定の所得につき，徴税上の便宜のため，所得に代えて収入金額その

他これに準ずるものを課税標準として課されるもの

④　個人の特定の所得につき，所得を課税標準とする税に代え，個人の収入金額その他これに準ずるものを課税標準として課される税

〔3〕 外国又はその地方公共団体により課される税であっても，次のものは外国所得税に含まれません（所法95①，所令221③）。

①　税を納付する人が，その税の納付後，任意にその金額の全部又は一部の還付を請求することができる税（所令221③一）

②　税を納付する人が，税の納付が猶予される期間を任意に定めることができる税（所令221③二）

③　複数の税率の中から税を納付することとなる人と外国若しくはその地方公共団体又はこれらの者により税率を合意する権限を付与された者との合意により税率が決定された税のうち一定の部分（所令221③三）

④　外国所得税に附帯して課される附帯税に相当する税その他これに類する税（所令221③四）

〔4〕 外国所得税であっても，次のものは居住者に係る外国税額控除の対象にはなりません（所法95①，所令222の２①，③，④，所基通95-２，95-29）。

①　通常行われる取引と認められない一定の取引に基因して生じた所得に対して課される外国所得税の額（所令222の２①）

②　資本の払戻しなど所得税法第25条第１項各号に掲げる事由により交付を受ける金銭の額及び金銭以外の資産の価額に対して課される外国所得税額（その交付の基因となったその法人の株式又は出資の取得価額を超える部分の金銭に対して課される部分を除きます。）（所令222の２③一）

③　国外事業所等から事業場等への支払につきその国外事業所等の所在する国又は地域において課される外国所得税の額（所令222の２③二）

④　出資先外国法人の本店等における増額更正等があった場合において，そこで増額された税額相当額を配当とみなして課される外国所得税の額（所令222の２③三）

⑤　租税特別措置法第９条の８に規定する非課税口座内上場株式等の配当等又は同法第９条の９第１項に規定する未成年者口座内上場株式等の配当等

に対して課される外国所得税の額（所令222の２③四）

⑥　居住者がその年以前の年において非居住者であった期間内に生じた所得に対して課される外国所得税の額（所令222の２④一）

⑦　外国法人に係る課税対象金額等で外国子会社合算税制（措法40の４）の規定により居住者の雑所得の収入金額に算入されたものからの配当等があった場合等において，その配当等の額等を課税標準として課される外国所得税の額（所令222の２④二）

⑧　特殊関係株主等である居住者に係る外国関係法人に係る所得の課税の特例（措法40の７）の規定の適用を受けた場合における上記⑦と同様の外国所得税の額（所令222の２④三）

⑨　租税条約の規定によりその相手国等において課することができることとされる額を超える部分に相当する金額又は免除することとされる額に相当する外国所得税の額（所令222の２④四）

⑩　外国居住者等の所得に対する相互主義による所得税等の非課税等に関する法律の規定により，軽減することとされる部分に相当する金額又は免除することとされる額に相当する外国所得税の額（所令222の２④四）

⑪　居住者の所得に対して課される外国所得税の額で租税条約の規定において外国税額控除をされるべき金額の計算に当たって考慮しないものとされるもの（所令222の２④五）

⑫　マレーシアにおける配当所得に対するいわゆる源泉控除のように，外国法人から配当等の支払を受けるに当たり，その外国法人のその配当等の額の支払の基礎となった所得の金額に対して課される外国法人税の額に充てるためにその配当等の額から控除される金額（所基通95－２）

⑬　非永住者の課税所得の範囲外の所得に対して外国又はその地方公共団体により課された外国所得税の額（所基通95-29）

2　非居住者に係る外国税額控除

〔1〕　非居住者は国内源泉所得が課税対象ですが，国内に恒久的施設を有する非居住者がその恒久的施設に帰属する所得（恒久的施設帰属所得）について外

国の法令で所得税に相当する租税が課される場合，日本及びその外国の双方で二重に所得税が課税されることになります。

この国際的な二重課税を調整するために，恒久的施設を有する非居住者が恒久的施設帰属所得につき外国所得税を納付することとなる場合には，一定の金額（控除限度額）を限度として，その外国所得税の額をその納付することとなる年分の所得税の額から控除することができます（所法165の６）。

〔２〕 居住者の場合と同様に，上記１〔２〕のものは，外国所得税に含まれます（所法165の６①）。

〔３〕 外国又はその地方公共団体により課される税であっても，居住者の場合と同様に，上記１〔３〕のものは外国所得税に含まれません（所法165の６①）。

〔４〕 外国所得税であっても，次のものは，非居住者に係る外国税額控除の対象にはなりません（所法165の６①，所令222の２①，292の９①，②）。

① 通常行われる取引と認められない一定の取引に基因して生じた所得に対して課される外国所得税の額（所令222の２①，292の９①）

② 非居住者の居住地国において課される外国所得税の額（非居住者が支払を受けるべき利子，配当その他これらに類するものの額を課税標準として源泉徴収の方法により課される外国所得税の額で，その居住地国の法令の規定又は租税条約の規定により，その居住地国のその外国所得税額以外の外国所得税の額から控除しないこととされるものを除きます。）（所令292の９②一）

③ 非居住者の居住地国以外の国において課される外国所得税の額のうち，その外国所得税の課税標準となる所得について租税条約が適用されるとしたならばその租税条約の規定による限度税率を超える部分（又は免除することとされる金額）に相当する金額（所令292の９②二）

④ 外国において課される外国所得税の額のうち，外国居住者等の所得に対する相互主義による所得税等の非課税等に関する法律の規定により，軽減することとされる部分に相当する金額又は免除することとされる額に相当する金額（所令292の９②二）

関係法令等

〈所法95, 165の6, 所令221, 222の2①, ③, ④, 292の9①, ②, 所基通95-2, 95-29〉

17—5　外国税額控除の対象となる外国所得税の範囲(２)

私（X国人）は，日本の居住者（永住者）に該当しますが，X国法人A社の株式に係る配当を受け取っており，この配当を受け取る際にX国の所得税が20%の税率で源泉徴収されています。日本とX国との間では租税条約が締結されていませんが，このX国の所得税は外国税額控除の対象になるのでしょうか。

租税条約が締結されていない国等で課された所得税であっても，国内法の規定により外国税額控除を受けることができます。

解　説

〔1〕 居住者が，国外で生じた所得について納付する外国の法令に基づき外国又はその地方公共団体により個人の取得を課税標準として課される税（以下「外国所得税」といいます。）があるときは，納付する所得税の額（一定の場合には，所得税の額及び復興特別所得税の額）から控除限度額を限度として，その外国所得税（一定のものを除きます。前問参照。）の額を差し引くことができます（所法95①，所令221①，復興財確法14①）。

〔2〕 控除の対象となる外国所得税には，次のものを含みます（所令221②）。

① 超過所得税その他個人の所得の特定の部分を課税標準として課される税

② 個人の所得又はその特定の部分を課税標準として課される税の附加税

③ 個人の所得を課税標準として課される税と同一の税目に属する税で，個人の特定の所得につき，徴税上の便宜のため，所得に代えて収入金額その他これに準ずるものを課税標準として課されるもの

④ 個人の特定の所得につき，所得を課税標準とする税に代え，個人の収入金額その他これに準ずるものを課税標準として課される税

〔3〕 あなたの場合，日本とX国との間で租税条約が締結されているか否かに関わらず，上記〔1〕及び〔2〕の各規定により，X国で課税された所得税について外国税額控除を適用することができます。

関係法令等

〈所法95①，所令221①，②，復興財確法14①〉

17―6　日米租税条約と外国税額控除

Q

私は，日本の居住者（永住者）に該当する者ですが，米国市民権を有しており，米国でも全ての所得に対して課税を受けています。

私は2019年（令和元年）に内国法人Ｊ社からの給与のほか，米国法人Ｋ社から配当金を受け取っており，この配当金については米国の所得税が源泉徴収（10%）されています。

私は米国でこれらの所得について確定申告をし，所得税を納税することになりますが，米国で納める所得税は外国税額控除の対象となりますか。

なお，給与は全額，日本国内での勤務に対応するものです。

A

日本の居住者である米国市民が外国税額控除を行う場合に対象となる外国所得税は，その者の全ての所得に対して米国市民として通常税率で課された米国の所得税額ではなく，その者が米国市民でない日本の居住者であるとした場合に日米租税条約により米国で課される所得税額に限られていますので，配当金について源泉徴収された米国の所得税のみが外国税額控除の対象となります。

解　説

〔1〕 居住者が各年において外国所得税（外国の法令により課される所得税に相当する税で一定のもの。以下同じ。）を納付することとなる場合には，その年分の所得税の額のうち，その年において生じた所得でその源泉が国外にあるものに対応するものとして一定の方法により計算した控除限度額を限度として，その外国所得税（一定のものを除く。問17－４参照）の額をその年分の所得税の額（一定の場合には，所得税の額及び復興特別所得税の額）から控除することとされています（所法95①，復興財確法14①）。

〔2〕 米国においては，いわゆる市民課税が行われており，米国の市民権を有する者については，米国に居住しているか否かにかかわらず，その者の全ての所得に対して通常税率で米国で課税の対象とされます。

したがって，日本の居住者（永住者）であり，かつ，米国市民である者は，日本において全世界所得に課税されると同時に，米国においても全世界所得に課税されることとなります。

〔3〕 日米租税条約第23条第３項(a)は，日本における外国税額控除の額の計算上，米国が米国の市民又は市民であった者若しくは長期居住者とされる者でない日本の居住者が取得した所得に対し日米租税条約の規定に従って課することができる租税の額のみを考慮に入れるものとしています。

この租税条約の規定を踏まえ，居住者の所得に対して課される外国所得税の額で租税条約の規定において外国税額控除の額の計算に当たって考慮しないものとされるものは，控除対象外国所得税の額に含まれないものとされています（所令222の２④五）。

〔4〕 したがって，日本の居住者であり，かつ，米国市民である者が日本で外国税額控除を行う際には，その者が米国市民でない日本の居住者であるとした場合に，日米租税条約の規定に従って米国で課税される米国の所得税のみが控除対象外国所得税の額に含まれることになります。

〔5〕 あなたの場合には，内国法人Ｊ社からの給与はすべて国内において行う勤務に対応するものであるため国内源泉所得に該当し，米国法人Ｋ社からの配当は米国源泉所得に該当します。したがって，米国源泉所得であるＫ社からの配当金について，米国市民でない日本の居住者として日米租税条約の適用を受けた場合の限度税率（10％）（同条約10②(b)）に相当する税額のみが日本での外国税額控除の対象となり，米国市民として確定申告をして追加納付する税金部分は対象にはなりません。

関係法令等

〈所法95，所令222の２④五，復興財確法14①，日米租税条約10②(b)，23〉

17—7 租税条約で定められた限度税率を超えて課税された場合の外国税額控除

Q

私（米国市民）は，日本の居住者（永住者）に該当する者ですが，米国に所在するＡ社から日本円換算で100万円の配当を受け取りました。日本と米国との租税条約では親子会社間配当以外の配当の限度税率は10％となっていますが，租税条約上の特典を米国において受けるための手続を行っていなかったため，配当金に対して日本円換算で30万円（30％）の米国の所得税が源泉徴収されました。

外国税額控除の計算上，対象となる外国所得税は30万円として計算してよろしいでしょうか。

A

日本と米国との租税条約で定められた限度税率10％で計算した10万円が外国税額控除の対象となる外国所得税になります。

解　説

〔1〕 外国税額控除は所得税法第95条第１項において，「居住者が各年において外国の法令により課される所得税に相当する税で一定のもの（以下「外国所得税」といいます。）を納付することとなる場合には，その年分の所得税の額のうち，その年において生じた所得でその源泉が国外にあるものに対応するものとして計算した控除限度額を限度として，その外国所得税（一定のものを除きます。問17－４参照。）の額をその年分の所得税の額から控除する」と定めています。

なお，上記の規定の適用を受ける場合において，その年の外国税額控除の対象となる外国所得税の額が上記の控除限度額を超えるときは，一定の範囲内で，復興特別所得税の額から控除するとされています（復興財確法14①）。

〔2〕 また，日本が租税条約を締結している相手国等において課される外国所得税の額のうち，その租税条約の規定によりその相手国等において課することができることとされる額を超える部分に相当する金額又は免除することとされる額に相当する金額は，外国税額控除の対象とならない旨規定しています

（所法95①，所令222の２④四）。

〔３〕 日米租税条約第10条第２項(b)において親子会社間の配当以外の配当の限度税率は10％とされています。

〔４〕 したがって，租税条約に定める限度税率（10％）を超えて課された部分は外国税額控除の対象とはならず，10％の限度税率分の10万円の所得税が外国税額控除の対象となる外国所得税となります。

関係法令等

〈所法95①，所令222の２④四，復興財確法14①，日米租税条約10②(b)〉

17―8　外国税額控除の控除限度額の計算及び控除を受けるための手続

Q

私（英国人）は，日本の居住者（永住者）に該当する者ですが，内国法人Ｕ社の海外支店に昨年２月から９か月間勤務し，その間支店から支給を受けた給与についてその国での所得税が課され納付しました。

この所得税は日本の所得税及び復興特別所得税の計算上，外国税額控除の対象となるとの説明を受けましたが，確定申告に当たり，外国税額控除額の計算及び控除を受けるための手続はどのようにすればよいのでしょうか。

A

外国税額控除の控除額は，その年分の所得税の額に，その年分の所得総額のうちにその年分の調整国外所得金額の占める割合を乗じた額が限度とされています。また，確定申告に当たり，外国税額控除の適用を受けるためには，確定申告書に外国税額控除を受けるべき金額及びその計算に関する明細を記載し，国外事業所等帰属所得に係る所得の金額の計算に関する明細を記載した書類及び国外源泉所得に係る所得の金額の計算に関する明細を記載した書類や外国所得税が課されたことを証する書類及び外国所得税に該当することの説明等を記載した書類を添付する必要があります。

解　説

〔1〕　居住者が各年において外国の法令により課される所得税に相当する税（以下「外国所得税」といいます。）を納付することとなる場合には，その年分の所得税の額のうち，その年において生じた所得でその源泉が国外にあるものに対応するものとして計算した以下の控除限度額を限度として，その外国所得税（一定のものを除きます。問17－４参照。）の額をその年分の所得税の額から控除することとされています（所法95①）。

この場合の控除限度額は，その年分の所得税の額に，その年分の所得総額のうちにその年分の調整国外所得金額の占める割合を乗じて計算した金額とされており，以上を算式で示すと次のようになります（所令222①）。

$$\text{控除限度額}=\text{その年分の所得税の額}^{(\text{注1})}\times\frac{\text{その年分の調整国外所得金額}^{(\text{注3})}}{\text{その年分の所得総額}^{(\text{注2})}}$$

（注１）「その年分の所得税の額」とは，配当控除，住宅借入金等特別控除及び災害減免額等を適用した後の金額をいい，附帯税は含みません（令222①）

（注２）「その年分の所得総額」とは，純損失の繰越控除，雑損失の繰越控除，居住用財産の買換え等の場合の譲渡損失の繰越控除又は特定居住用財産の譲渡損失の繰越控除をしないで計算したその年分の総所得金額，土地等に係る事業所得等の金額（1998年（平成10年）１月１日から2020年（令和２年）12月31日までの間については適用はありません），分離短期譲渡所得の金額，分離長期譲渡所得の金額，分離課税の上場株式等に係る配当所得の金額，株式等に係る譲渡所得等の金額（上場株式等に係る譲渡損失の繰越控除及び特定株式に係る譲渡損失の繰越控除の適用前の金額），先物取引に係る雑所得等の金額（先物取引の差金等決済に係る損失の繰越控除の適用前の金額），山林所得金額及び退職所得金額の合計額（その合計額がその年分の国外所得総額に満たない場合は，その年分の国外所得総額に相当する金額）をいいます（所令222②，措法28の４⑥，措令４の２⑩，19㉔，20④，21⑦，25の８⑯，25の11の２⑳，25の12の２㉔，26の７⑱一，26の７の２⑭一，26の23⑥，26の26⑪）。

（注３）その年分の調整国外所得金額とは，純損失の繰越控除又は雑損失の繰越控除を適用しないで計算した場合の国外所得金額（非永住者については，その国外所得金額のうち，国内において支払われ，又は国外から送金された国外源泉所得に係る部分に限ります。）をいいます（所令222③）ただし，その国外所得金額がその年分の所得総額を超える場合には，その金額を限度とします。

ここで，「国外所得金額」とは，次の国外源泉所得に係る所得の金額を合計した金額（その合計した金額が零を下回る場合には，零）です（所法95①，所令221の２）。

イ　所得税法第95条第４項第１号に掲げる国外源泉所得（国外事業所等帰属所得）

ロ　所得税法第95条第４項第２号から第17号までに掲げる国外源泉所得（ただし，第２号から第14号まで，第16号及び第17号の国外源泉所得については，上記イ（第１号）の国外源泉所得に該当するものを除きます。）

〔２〕 外国税額控除の対象となる外国所得税の額が上記〔１〕の控除限度額を超えるときは，その超える金額を一定の控除限度額の範囲内で，復興特別所得税の額から控除します（復興財確法14①）。この控除限度額は，その年分の復興特別所得税の額に上記〔１〕の割合を乗じて計算した金額になります（復興特別所得税政令３）。

$$控除限度額＝復興特別所得税の額×\frac{調整国外所得金額}{その年分の所得税額}$$

〔３〕 外国税額控除の適用を受けるためには，確定申告書（及び復興特別所得税申告書），修正申告書又は更正請求書に以下に掲げる内容の記載及び書類の添付が必要です（所法95⑤，所規41，復興財確法14③）。

⑴ 外国税額控除を受けるべき金額及びその計算に関する明細の記載

⑵ 国外事業所等帰属所得（所法95④一）に係る所得の金額の計算に関する明細を記載した書類の添付（所令221の３⑧）及び国外源泉所得に係る所得（所法95④二～十七）の金額の計算に関する明細を記載した書類の添付（所令221の６）

⑶ 外国の法令により課される税の名称及び金額，その税を納付することとなった日及びその納付の日又は納付予定日，その税を課する外国又は地方公共団体の名称並びにその税が外国所得税に該当することについての説明を記載した書類の添付（所規41一）

⑷ 外国所得税を課されたことを証する書類及びその税が既に納付されている場合にはその納付を証する書類の添付（所規41三）

外国所得税を課されたことを証する書類には，申告書の写し又は現地の税務官署が発行する納税証明書等のほか，更正若しくは決定に係る通知書，賦課決定通知書，納税告知書，源泉徴収の外国所得税に係る源泉徴収票その他これらに準ずる書類又はこれらの書類の写しが含まれます（所基通95–30）。

⑸ 納付することとなった外国所得税の額が減額された場合，外国所得税が減額された場合の特例（所法95⑨，所令226①）に規定する減額に係る年において減額された外国所得税の額につきその減額された金額及びその減額

されることとなった日並びにその外国所得税額がその減額に係る年の前年以前の各年において外国税額控除をされるべき金額の計算の基礎となったことについての説明及び減額控除対象外国所得税額の計算に関する明細を記載した書類の添付（所規41二）

関係法令等

〈所法95，所令221の2，221の３⑧，222，226①，所規41，措令４の２⑩，25の８⑯，26の７⑱一，26の７の２⑭一，26の23⑥，26の26⑪，復興財確法14①，②，復興特別所得税政令３〉

17—9 外国税額控除限度額の計算における国内所得及び国外所得の区分計算

Q

私（米国市民）は，日本の居住者（永住者）に該当する者ですが，本年，海外支店に7か月間勤務した際，その支店から支給された給与に対してその国の所得税が課され納付しました。

外国税額控除を受ける場合の国内所得金額及び国外所得金額の計算等はどのようにすればよいのでしょうか。

A

給与所得の金額を，国内及び国外の給与収入金額の割合によってあん分計算し，国内及び国外の給与所得の金額を算出した上で，調整国外所得金額に相当する所得税相当の「控除限度額」を計算し，控除すべき金額を算出します。

解　説

〔1〕 居住者が各年において，外国の法令により課される所得税に相当する税（以下「外国所得税」といいます。）を納付することとなった場合にはその年において生じた所得でその源泉が国外にあるものに対応するものとして一定の方法により計算した控除限度額を限度として，その外国所得税（一定のものを除きます。問17－4参照）の額をその年分の所得税の額（一定の場合には，所得税の額及び復興特別所得税の額）から控除します（所法95①，復興財確法14①）。

〔2〕 その年分の給与所得が国内勤務と国外勤務の双方からなる場合には，以下の方法によって国外勤務に相当する給与所得の金額を算出し，その結果，算出された調整国外所得金額に基づいて外国税額控除の控除すべき金額を計算します。

この場合，「調整国外所得金額」とは，所得税法第161条《国内源泉所得》に規定する国外所得金額（非永住者の場合には国外源泉所得のうち国内で支払われたもの及び国外から送金を受けたものに限ります。）をいいます（所令222③）。

① 国内勤務及び国外勤務に係る給与の収入金額の合計額から給与所得控除額を差し引いて，その年の給与所得の金額を算出します。

② その年分の給与所得の金額を給与収入の総額に占める国外に源泉がある給与収入（国外勤務に係る給与収入）の割合によってあん分し，国外源泉に係る給与所得の金額を算出します。

〔3〕 以上を，算式で表しますと，次のとおりとなります（所基通95-26）。

① （国内勤務に係る給与収入＋国外勤務に係る給与収入）－給与所得控除額＝給与所得の金額

② 給与所得の金額×$\dfrac{\text{給与等の総額のうちその源泉が国外にあるものの金額}}{\text{給与等の総額}}$＝国外源泉の給与所得の金額

〔4〕 なお，勤務等が国内及び国外の双方にわたって行われた場合の国内源泉所得又は国外源泉所得の計算については，給与総額の計算期間のうちに国内勤務の期間，あるいは国外勤務の期間の占める割合を基にあん分し，算出された金額を基に計算することが適当と考えられます（所基通161-41）。

なお，国内勤務又は国外勤務に伴い，特別に加算される給与がある場合には，上記の方法は使用しないものとされています（所基通161-41（注１））。

また，内国法人の役員の場合は，役員として国外において勤務することによる報酬等は国内源泉所得とされることから，前記算式にはよらないこととなります（所法95④十イ，161①十二イ，所令285①一）。

関係法令等

〈所法95①，④十イ，161①十イ，所令222③，285①一，復興財確法14①，所基通95-26，161-41〉

17―10 非永住者の外国税額控除

Q

私（英国人）は，３年間の予定で英国法人から内国法人M社に派遣されています。本年，M社の海外支店に７か月間出張し，この間の給与は同支店から支給を受けていましたが，これに対して海外で所得税を課され，納付しました。

この場合，私は外国税額控除を受けることができるでしょうか。

A

非永住者に該当しますので，海外支店勤務に基づく給与で国外で支払われた給与について，国外から送金されたものがあり，日本で課税対象となっている場合には，外国税額控除の適用を受けることができますが，日本において課税対象とされていない場合には，外国税額控除を受けることはできません。

解　説

〔1〕 あなたがM社で勤務している３年間は，海外支店への７か月間の出張期間も含めて，非永住者に該当します（所法２①三，四，所令14①一）。

〔2〕 非永住者は，①国外源泉所得以外の全て及び②国外源泉所得のうち国内において支払われたもの又は国外から送金されたものが課税されます（所法７①二）。

〔3〕 居住者が各年において外国の法令に基づき外国所得税を納付することとなった場合には，その年において生じた所得でその源泉が国外にあるものに対応するものとして一定の方法により計算した控除限度額を限度として外国所得税の額をその年分の所得税の額（一定の場合には，所得税の額及び復興特別所得税の額）から控除することができます（所法95，所令222③，復興財確法14①）。

〔4〕 また，非永住者については，日本において課税対象となる所得以外の所得に対して課された外国所得税は，外国税額控除の対象となる外国所得税に該当しないこととされています（所基通95-29）。

〔5〕 あなたの場合，非永住者に該当し，７か月間の海外支店での勤務に基づい

て支給を受けた給与について，国外から送金されたもの(注)がある場合には，日本において課税の対象となり，この場合にはじめてこの所得に対して課された外国所得税が，外国税額控除の対象となります。

(注)　国外から送金されたものについては，国外勤務に係る給与からの送金である必要はなく，国外の自己資金からの送金であれば当てはまります（所基通7－6）。)

したがって，海外支店の勤務に基づいて支給を受けた給与で国外から送金されたものがなく，日本で課税対象となっていない場合には，この所得に対して課された外国所得税は，外国税額控除の対象となる外国所得税に該当せず，外国税額控除は受けられません。

関係法令等

〈所法2①三，四，7①二，95①，復興財確法14①，所令14①一，222③，所基通7－6，95-29〉

17―11 内国法人の役員が支払った外国所得税

Q

私（英国人）は，英国法人Ｂ社の日本の子会社であるＡ社の専務取締役として日本に派遣されて４年目になります。

私は，本年，中国に出張して９か月間勤務しました。給与は全てＡ社から日本で支払われていますが,9か月の中国出張に係る給与について，中国で所得税を納付しました。

この場合，私は外国税額控除を受けることができるでしょうか。

A

中国で課税された中国での勤務に基づく給与所得は，国外源泉所得に該当しますので，中国で納付した所得税は，控除限度額を限度として外国税額控除を受けることができます。

解　説

〔１〕 あなたはＡ社で勤務して４年目とのことですので，中国への９か月間の出張期間も含めて，非永住者に該当します（所法２①三，四，所令14①一）。

〔２〕 居住者が，各年において，外国の法令に基づき，外国所得税を納付することとなる場合には，その年において生じた所得でその源泉が国外にあるものとして一定の方法により計算した控除限度額を限度として，その納付した外国所得税の額をその年分の所得税の額（一定の場合には，所得税の額及び復興特別所得税の額）から控除することとされています（所法95，復興財確法14①）。

〔３〕 ところで，給与その他，人的役務の提供に対する対価については，その役務提供地を所得源泉地とするのが原則ですが（所法95④十イ本文），内国法人の役員（使用人兼務役員を除きます。）の報酬は，勤務が国外で行われたものであっても全て国外源泉所得以外の所得とされます（所法95④十イ括弧書，所令225の８①一）。

〔４〕 しかし，平成23年分の所得税からは，外国税額控除の控除限度額の計算上，租税条約の規定により条約相手国等において租税を課することができることとされる所得（その租税条約の規定において控除限度額の計算に当たって考慮しないものとされるものを除きます。）でその条約相手国等において外国

所得税が課されるものについては，国外源泉所得に該当することとされました（所法95④十六，所令225の13）。

〔５〕 あなたの場合，内国法人の役員ですが，中国での勤務に基づく給与所得は日中租税条約第15条に基づき中国においても租税を課せられていますので，国外源泉所得に該当します。

したがって，中国で納付した所得税について，控除限度額を限度として外国税額控除を受けることができます。

関係法令等

〈所法２①三，95①，④十六，162，所令14①一，225の８①一，225の13，所基通３－３，日中租税条約15①〉

17—12 外国所得税の減額があった場合の外国税額控除

私（英国人）は，英国法人Ｃ社の日本支店に派遣されて７年目になります。2017年（平成29年）において，Ｃ社からの給与，Ｃ社からの配当及び英国に所有していた不動産を譲渡したことによる所得がありました。

私はこれらの所得を日本で確定申告し，その際，Ｃ社からの配当金及び英国に所有していた不動産の譲渡代金から，英国の所得税として1,500千円相当額が源泉徴収されておりますので，この英国所得税を基に外国税額控除を受けています。

私は，毎年，英国でも確定申告をしており，2019年（令和元年）６月に，2017年（平成29年）に英国で所得税として源泉徴収された税額の一部の還付金として1,000千円相当額を受け取りました。

私が2019年（令和元年）中に納付した英国の所得税は，Ｃ社からの配当に係る200千円のみでしたが，私の2019年（令和元年）分の申告において外国税額控除額の計算をどのようにしたらよいのでしょうか。

なお，私は，毎年，日本で確定申告書を提出し，外国税額控除の適用を受けており，前年以前に外国税額控除の控除限度超過額が300千円ありました。

2019年（令和元年）分の確定申告においては，同年に納付した外国税額を控除することはできず，減額された英国の所得税1,000千円相当額のうち500千円相当額を雑所得の総収入金額に算入して申告することとなります。

解　説

〔１〕 居住者が納付することとなった外国所得税の額について外国税額控除の適用を受けた年の翌年以後７年内の各年において，その外国所得税の額が減額された場合には，その減額されることとなった日の属する年において納付す

ることとなる外国所得税の額から，その減額された外国所得税の額に相当する金額を控除し，外国税額控除の規定を適用することとされています（所法95①～③，所令226①）。

〔2〕 更に，減額に係る年に納付することとなる外国所得税の額がない場合や納付することとなる外国所得税の額が減額された外国所得税の額に満たないときは，減額に係る年の前年以前3年内の各年の控除限度超過額から，それぞれ減額された外国所得税額の全額又は減額された外国所得税額のうちその年に納付することとなる外国所得税の額を超える部分の金額を控除して，その控除後の金額につき外国税額控除の規定を適用します（所令226③）。

〔3〕 なお，減額された外国所得税の額のうち，上記〔1〕又は〔2〕により，その年に納付することとなる外国所得税額からの控除又は前年以前3年内の各年の控除限度超過額からの控除に充てられることとなる部分の金額に相当する部分の金額は，その者のその年分の雑所得の金額の計算上，総収入金額に算入されないこととなりますが，これらの控除又は充当をした後に残額がある場合には，その残額はその者のその年分の雑所得の金額の計算上，総収入金額に算入されることとなります（所法44の3，所令93の2）。

〔4〕 あなたの場合，2019年（令和元年）中に源泉徴収により納付した外国所得税は200千円ですが，同年6月に前年以前に外国税額控除の対象とした外国所得税額から1,000千円相当額の還付を受けていますので，2019年（令和元年）の外国税額控除を計算する際の納付することとなった外国所得税額は0円となり，したがって，同年における外国税額控除額も0円となります。

〔5〕 そして，あなたが還付を受けた前年の外国所得税額1,000千円相当額から，その年に源泉徴収された外国所得税額200千円相当額を控除した残額800千円相当額は，前年以前3年内の各年の控除限度超過額300千円相当額に充当し，充当後の残額500千円相当額は，その年のあなたの雑所得の総収入金額に算入します。

関係法令等

〈所法44の3，95，所令93の2，226〉

17—13　外国税額控除の計算例

Q　私（イタリア人）は，日本の居住者であり，内国法人G社に勤務して６年目になりますが，私の2019年（令和元年）分の国内源泉及び国外源泉の所得金額等は次のとおりです。私の外国税額控除額及び申告納税額の計算はどのようになりますか。

なお，内国法人G社からの給与は，全て，国内における勤務に基づくものであり，また，私の妻も日本の会社に勤めていて給与収入が800万円ほどありますが，16歳と18歳の子供は，私の扶養親族として勤務先の会社に申告しています。

	収入金額	所得金額	税　額	参　考
利子所得	ユーロ 20,000	ユーロ 20,000	ユーロ 2,000	契約満了及び支払日 31.2.28
給与所得	円 40,000,000	円 37,800,000	円 11,912,148	
換算レート（TTM）	31.2.28現在　126.09円／ユーロ			
社会保険料控除　800,000円 生命保険料控除　120,000円		扶養控除　760,000円 基礎控除　380,000円		

（注）利子所得はイタリアの預金の利子であり，上記表中「税額」は全て源泉徴収税額である。

あなたは永住者に該当し，外国税額控除額は252,180円，申告納税額は354,500円となります。

解　説

〔1〕　あなたはG社に勤務して６年目ということですので永住者（所法２①三，四）に該当し，居住者が外国の法令に基づき外国の所得税を納付することとなる場合には，その年において生じた所得でその源泉が国外にあるものとして，一定の方法により計算した控除限度額を限度としてその納付した外国所得税の額をその年分の所得税の額から控除することとされています（所法95）。

この場合の外国税額の控除額は，その年分の所得税の額にその年分の所得総額のうちに，その年分の国外所得総額の占める割合を乗じた額が限度とされています（所令222①）。

〔2〕 ご質問の事例に基づく，2019年（令和元年）分の外国税額控除の計算は以下のとおりです。

（計算内容）

⑴　国外所得の邦貨換算

①　利子所得

イ　利子収入

20,000ユーロ×126.09円／ユーロ＝2,521,800円（31.2.28現在の為替レート）

ロ　外国所得税

2,000ユーロ×126.09円／ユーロ＝252,180円（31.2.28現在の為替レート）

（注） 外国所得税の額については，次の区分に応じ，それぞれ次に掲げる外国為替の売買相場により邦貨に換算した金額とすることとされています（所基通95-28）

⑴　源泉徴収による外国所得税

源泉徴収により納付することとなる利子，配当，使用料等に係る外国所得税については，当該配当等の額の換算に適用する外国為替の売買相場により換算した金額とする。

⑵　⑴以外による外国所得税

源泉徴収以外の方法により納付することとなる外国所得税については，所得税法第57条の３第１項《外貨建取引の換算》に規定する外貨建取引に係る経費の金額の換算に適用する外国為替の売買相場により換算した金額とする。

⑵　所得総額及び所得税額

①　所得総額

（利子所得）　（給与所得）　（所得総額）
2,521,800円＋37,800,000円＝40,321,800円

うち国外所得金額

（利子所得）
2,521,800円

②　所得控除合計額

（社会保険料控除）（生命保険料控除）（扶養控除）（基礎控除）（所得控除合計額）
800,000円 ＋ 120,000円 ＋760,000円＋380,000円＝ 2,060,000円

③ 課税所得金額

（所得総額）（所得控除合計額）（課税所得金額）
40,321,800円－ 2,060,000円 ＝38,261,000円（千円未満切捨て）

④ 所得税額（基準所得税額）

（課税所得金額）（税率）（所得税額（基準所得税額））
38,261,000円×40％ －2,796,000円 ＝ 12,508,400円

⑤ 復興特別所得税額

（所得税額（基準所得税額））（復興特別所得税額）
12,508,400円 ×2.1％＝ 262,676円

⑶ 外国税額控除額の計算

① 外国所得税

（利子分）
252,180円

② 控除限度額の計算

・ 所得税の控除限度額

（所得税額）（調整国外所得金額）（所得総額）
12,508,400円× 2,521,800円／40,321,800円＝782,298円

・ 復興特別所得税の控除限度額

（復興特別所得税額）（調整国外所得金額）（所得総額）
262,676円× 2,521,800円／40,321,800円＝ 16,428円

③ 控除税額の計算

納付した外国所得税252,180円は，所得税の控除限度額782,298円の範囲内となりますので，252,180円全額を2019年（令和元年）分の外国税額控除として控除することになります。

なお，納付した外国所得税額が控除限度額に満たないので，その満たない金額530,118円（782,298円－252,180円）を国税の「控除余裕額」として翌年以降３年間繰り越すことができます。

外国税額控除以降の計算については，次ページ以降の「確定申告書」及び「外国税額控除に関する明細書」を参照してください。

関係法令等

〈所法95，所令222，所基通95-28，復興財確法13，14①〉

FA0125

税務署長
令和　年　月　日

令和 01 年分の所得税及び復興特別所得税の確定申告書B

第一表（令和元年分以降用）

住所（又は事業所・事務所・居所など）		個人番号	
		フリガナ	
		氏名	
		性別 男 女	職業 / 屋号・雅号 / 世帯主の氏名 / 世帯主との続柄
令和元年1月1日の住所		生年月日	電話番号 自宅・勤務先・携帯

（単位は円）　種類　青色 分離 国出 損失 修正　特農の表示 特農　整理番号

収入金額等	事業 営業等	㋐	
	事業 農業	㋑	
	不動産	㋒	
	利子	㋓	252,1800
	配当	㋔	
	給与	㋕	40000000
	雑 公的年金等	㋖	
	雑 その他	㋗	
	総合譲渡 短期	㋘	
	総合譲渡 長期	㋙	
	一時	㋚	
所得金額	事業 営業等	①	
	事業 農業	②	
	不動産	③	
	利子	④	252100
	配当	⑤	
	給与 区分	⑥	37800000
	雑	⑦	
	総合譲渡・一時 ㋘＋{(㋙＋㋚)×½}	⑧	
	合計	⑨	40321800
所得から差し引かれる金額	社会保険料控除	⑩	
	小規模企業共済等掛金控除	⑪	
	生命保険料控除	⑫	800000
	地震保険料控除	⑬	
	寡婦、寡夫控除	⑭	120000
	勤労学生、障害者控除	⑮〜⑯	0000
	配偶者（特別）控除 区分	⑰〜⑱	0000
	扶養控除	⑲	760000
	基礎控除	⑳	380000
	⑩から⑳までの計	㉑	2060000
	雑損控除	㉒	
	医療費控除 区分	㉓	
	寄附金控除	㉔	
	合計（㉑＋㉒＋㉓＋㉔）	㉕	2060000

税金の計算	課税される所得金額（⑨－㉕）又は第三表	㉖	38261000
	上の㉖に対する税額 又は第三表の㊱	㉗	12508400
	配当控除	㉘	
	区分	㉙	
	（特定増改築等）住宅借入金等特別控除 区分	㉚	00
	政党等寄附金等特別控除	㉛〜㉝	
	住宅耐震改修特別控除 住宅特定改修・認定住宅新築等特別税額控除 区分	㉞〜㊲	
	差引所得税額（㉗－㉘－㉙－㉚－㉛－㉜－㉝－㉞－㉟－㊱－㊲）	㊳	12508400
	災害減免額	㊴	
	再差引所得税額（基準所得税額）（㊳－㊴）	㊵	12508400
	復興特別所得税額（㊵×2.1%）	㊶	262676
	所得税及び復興特別所得税の額（㊵＋㊶）	㊷	12771076
	外国税額控除 区分	㊸	25218０
	源泉徴収税額	㊹	12164328
	申告納税額（㊷－㊸－㊹）	㊺	354500
	予定納税額（第1期分・第2期分）	㊻	
	第3期分の税額（㊺－㊻） 納める税金	㊼	354500
	第3期分の税額（㊺－㊻） 還付される税金	㊽	△
その他	配偶者の合計所得金額	㊾	
	専従者給与（控除）額の合計額	㊿	
	青色申告特別控除額	51	
	雑所得・一時所得等の源泉徴収税額の合計額	52	
	未納付の源泉徴収税額	53	
	本年分で差し引く繰越損失額	54	
	平均課税対象金額	55	
	変動・臨時所得金額 区分	56	
延届納の出	申告期限までに納付する金額	57	00
	延納届出額	58	000

還付される税金の受取場所：銀行 金庫・組合 農協・漁協　本店・支店 出張所 本所・支所　郵便局名等　預金種類 普通 当座 納税準備 貯蓄　口座番号 記号番号

整理欄：区分 A B C D E F G H I J K　異動 年 月 日 L　管理 名簿　補完 確認

税理士署名押印 電話番号　－　－　㊞　税理士法書面提出 30条 33条の2

←復興特別所得税額の記入をお忘れなく。

納付 事業 住民 資産 配当 分離 検算 補信 通信日付印 年月日 一連番号

外国税額控除に関する明細書（居住者用）
（平成30年分以降用）

（平成・令和　元　年分）　　氏　名

1　外国所得税額の内訳

○　本年中に納付する外国所得税額

国名	所得の種類	税種目	納付確定日	納付日	源泉・申告(賦課)の区分	所得の計算期間	相手国での課税標準	左に係る外国所得税額
イタリア	利子	所得税	平成31・2・28	平成31・2・28	源泉	平成31・1・1 令和元・12・31	(外貨 ユーロ) 20,000.00 2,521,800円	(外貨 ユーロ) 20,000.00 252,180円
			・・	・・		・・ ・・	(外貨) 円	(外貨) 円
			・・	・・		・・ ・・	(外貨) 円	(外貨) 円
計							2,521,800円	Ⓐ 252,180円

○　本年中に減額された外国所得税額

国名	所得の種類	税種目	納付日	源泉・申告(賦課)の区分	所得の計算期間	外国税額控除の計算の基礎となった年分	減額されることとなった日	減額された外国所得税額
			・・		・・ ・・	年分	・・	(外貨) 円
			・・		・・ ・・	年分	・・	(外貨) 円
			・・		・・ ・・	年分	・・	(外貨) 円
計								Ⓑ　円

Ⓐの金額がⒷの金額より多い場合（同じ金額の場合を含む。）

Ⓐ 252,180円 － Ⓑ　円 ＝ Ⓒ 252,180円 → 6の「⑪」欄に転記します。

Ⓐの金額がⒷの金額より少ない場合

Ⓑ　円 － Ⓐ　円 ＝ Ⓓ　円 → 2の「Ⓓ」欄に転記します。

2　本年の雑所得の総収入金額に算入すべき金額の計算

前3年以内の控除限度超過額			
年分	㋑ 前年繰越額	㋺ ㋑から控除すべきⒹの金額	㋩ ㋑－㋺
平成28年分（3年前）	円	円	Ⓖ　円
平成29年分（2年前）			Ⓗ
平成30年分（前年）			Ⓘ
計		Ⓔ	

Ⓖ、Ⓗ、Ⓘの金額を5の「㋡前年繰越額及び本年発生額」欄に転記します。

本年中に納付する外国所得税額を超える減額外国所得税額		
本年発生額	Ⓓに充当された前3年以内の控除限度超過額	雑所得の総収入金額に算入する金額（Ⓓ－Ⓔ）
Ⓓ　円	Ⓔ　円	Ⓕ　円

→ 雑所得の金額の計算上、総収入金額に算入します。

提出用

○この明細書は、**申告書と一緒に提出してください。**

3　所得税の控除限度額の計算

所得税額	①	12,508,400 円	← 2のⒻの金額がある場合には、その金額を雑所得の総収入金額に算入して申告書により計算した税額を書きます（詳しくは、**控用の裏面**を読んでください。）。
所得総額	②	40,321,800	← 2のⒻの金額がある場合には、その金額を雑所得の総収入金額に算入して計算した所得金額の合計額を書きます（詳しくは、**控用の裏面**を読んでください。）。
調整国外所得金額	③	2,521,800	← 2のⒻの金額がある場合には、その金額を含めて計算した調整国外所得金額の合計額を書きます。
控除限度額（①×$\frac{③}{②}$）	④	782,298	→ 5の「㋥」欄及び6の「⑨」欄に転記します。

4　復興特別所得税の控除限度額の計算

復興特別所得税額	⑤	262,676 円	← 3の「①」欄の金額に2.1%の税率を乗じて計算した金額を書きます。
所得総額	⑥	40,321,800	← 3の「②」欄の金額を転記します。
調整国外所得金額	⑦	2,521,800	← 3の「③」欄の金額を転記します。
控除限度額（⑤×$\frac{⑦}{⑥}$）	⑧	16,428	→ 5の「㋭」欄及び6の「⑩」欄に転記します。

5　外国所得税額の繰越控除余裕額又は繰越控除限度超過額の計算の明細

本年分の控除余裕額又は控除限度超過額の計算

控除限度額	所得税（3の④の金額）	㋥	782,298 円	控除余裕額	所得税（㋥－㋷）	㋦	530,118 円
	復興特別所得税（4の⑧の金額）	㋭	16,428		道府県民税（(㋥+㋭+㋬−㋷) と㋬のいずれか少ない方の金額）	㋸	93,875
	道府県民税（㋥×(12%)又は6％）	㋬	93,875		市町村民税（(㋠−㋷) と㋣のいずれか少ない方の金額）	㋾	140,813
	市町村民税（㋥×(18%)又は24％）	㋣	140,813		計（㋦＋㋸＋㋾）	㋻	764,806
	計（㋥＋㋭＋㋬＋㋣）	㋠	1,033,414				
外国所得税額（1のⒸの金額）		㋷	252,180	控除限度超過額（㋷－㋠）		㋕	

前3年以内の控除余裕額又は控除限度超過額の明細等

年分	区分	控除余裕額 ㋵前年繰越額及び本年発生額	控除余裕額 ㋟本年使用額	控除余裕額 ㋹翌年繰越額（㋵－㋟）	控除限度超過額 ㋞前年繰越額及び本年発生額	控除限度超過額 ㋡本年使用額	控除限度超過額 ㋤翌年繰越額（㋞－㋡）	所得税の控除限度額等
年分（3年前）	所得税	円	円		Ⓖ 円	円		円
	道府県民税							（翌年1月1日時点の住所）□指定都市 □一般市
	市町村民税							
	地方税計							
年分（2年前）	所得税			円	Ⓗ		円	円
	道府県民税							（翌年1月1日時点の住所）□指定都市 □一般市
	市町村民税							
	地方税計							
年分（前年）	所得税				Ⓘ			円
	道府県民税							（翌年1月1日時点の住所）□指定都市 □一般市
	市町村民税							
	地方税計							
合計	所得税		Ⓙ			Ⓜ		
	道府県民税							
	市町村民税							
	計		Ⓚ					
本年分	所得税	㋦ 530,118	Ⓛ	530,118	㋕	Ⓚ		
	道府県民税	㋸ 93,875		93,875				
	市町村民税	㋾ 140,813		140,813				
	計	㋻ 764,806	Ⓜ	764,806				

6　外国税額控除額の計算

所得税の控除限度額（3の④の金額）	⑨	782,298 円	復興財確法第14条第1項による控除税額（⑨が⑪より小さい場合に(⑪−⑨)と⑩とのいずれか少ない方の金額）	⑬	円
復興特別所得税の控除限度額（4の⑧の金額）	⑩	16,428	所法第95条第2項による控除税額（5のⒿの金額）	⑭	
外国所得税額（1のⒸの金額）	⑪	252,180	所法第95条第3項による控除税額（5のⓁの金額）	⑮	
所法第95条第1項による控除税額（⑨と⑪とのいずれか少ない方の金額）	⑫	252,180	控除税額（⑫＋⑬＋（⑭又は⑮））	⑯	252,180

⑬の金額がある場合には、**申告書第一表「税額の計算」欄**の**「外国税額控除」欄**（申告書Aは㊲欄、申告書Bは㊸欄）の「区分」の□に「1」と記入します。

17―14　外国所得税の外国税額控除の適用又は必要経費算入の選択

Q

私（ドイツ人）は，内国法人Ｈ社に勤務して８年目になります。私は，ドイツにアパートを所有しており，これに係る不動産所得とＨ社の給与所得とを毎年，確定申告しています。

この不動産所得に対し，ドイツで邦貨に換算して３万円の所得税を課され納付していますので，外国税額控除の適用を受けることができると思いますが，少額であるため不動産所得の金額の計算上，必要経費に算入したいと考えています。

この方法は認められるでしょうか。

ドイツで納付した外国所得税については，外国税額控除を行うか，又は不動産所得の金額の計算上の必要経費に算入するか，いずれかを選択することができます。

解　説

〔１〕 あなたはＨ社に勤務して８年目とのことですので，永住者に該当し，全ての所得が課税の対象となります（所法２①三，四，７①一）。

〔２〕 給与を１か所から受けている人でも，給与所得や退職所得以外の所得金額の合計額が20万円を超える場合など，一定の場合には確定申告を行う必要があります（所法120，問19―１「確定申告をしなければならない人」参照）。

〔３〕 不動産所得の金額，事業所得の金額，山林所得の金額若しくは雑所得の金額又は一時所得の金額について課された外国所得税の額については，納税者の選択により，外国税額控除を行うか，それぞれの所得金額の計算上の必要経費又は支出した金額に算入することができます（所法46，95）。

〔４〕 外国所得税の額について，必要経費若しくは支出した金額に算入するか，又は外国税額控除を適用するかどうかの選択は，各年ごとに，その年中に確定した外国所得税の額の全部について行わなければならないものとされています（所基通46-１）。

〔５〕 また，その年において納付する外国所得税の一部につき外国税額控除の適

用を受ける場合には，その外国所得税の額の全部が必要経費又は支出した金額に算入されないこととされています（所基通95−1）。

〔6〕 あなたの場合，永住者であり，ドイツ国内のアパート貸付けによる国外源泉所得としての不動産所得についても日本で課税を受けることになりますが，ドイツの外国所得税を負担していますので，外国税額控除の適用を受けることができます。

また，あなたが選択すれば，ドイツで納付した外国所得税を不動産所得の金額を計算する際の必要経費に算入することもできることとなりますが，その際には，外国税額控除の適用を受けることはできなくなります。

関係法令等

〈所法２①三，四，７①一，46，95，120，所基通46−１，95−１〉

17―15　外国税額控除を適用する年分（外国税額の控除余裕額の算定）

Q

私（フランス人）は，フランス法人Ｐ社から同社の日本支店に派遣されて８年目になりますが，業務命令により2018年（平成30年）６月から12月までの７か月間，フランス本社で勤務を行った後，日本支店に戻り，引き続き日本支店で勤務を続けることとなりました。

私は，本社勤務に係る給与についてフランスでも2019年（令和元年）６月30日に申告書を提出し納付しましたが，この外国所得税は日本の所得税から控除することはできますか。

なお，私に2019年（令和元年）分の国外源泉所得はありません。

私は，フランス勤務に係る給与も含め，全ての給与を日本支店から支給されており，平成25年分及び平成26年分の給与等の支給状況は次のとおりです。

⑴　2018年（平成30年）

１月～５月　給与収入　10,000,000円
（うち，源泉徴収税額　2,200,000円）

６月～12月　給与収入　14,000,000円（フランス本社勤務分）
（うち，源泉徴収税額　3,150,000円）

給与収入合計　24,000,000円
（うち，源泉徴収税額　5,350,000円）

⑵　2019年（令和元年）

１月～12月　給与収入　25,000,000円
（うち，源泉徴収税額　5,800,000円）

⑶　フランスでの課税状況（2018年（平成30年）分）

課税標準　98,000ユーロ

所得税　29,000ユーロ

（注）換算レートは，すべて130.00円／ユーロとします。

⑷　所得控除（2019年（令和元年）分及び2018年（平成30年）分）

合計　各 1,560,000円

配偶者控除	0円	扶養控除	380,000円
社会保険料控除	800,000円	基礎控除	380,000円

A　あなたは永住者に該当し，2018年（平成30年）分の確定申告で外国税額控除の控除余裕額を算出し，これを2019年（令和元年）分に繰り越して，その年分の確定申告においてその年分において生じた外国所得税の額を控除することができます。

解　説

〔1〕 あなたは，8年間日本支店で勤務した後,7か月間フランス本社に出張し，その後，再び，日本支店に戻って引き続き勤務することとなったとのことですので，過去10年間の間に5年以上住所を有していることとなり，引き続き，永住者に該当します（所法2①三，四，所令14①一，15①一）。

永住者は，全ての所得が課税の対象となります（所法7①一）。

〔2〕 外国税額控除の制度及び控除額の計算方法については，問17—4～17—9及び問17—13を参照してください。

〔3〕 この場合，外国税額控除は「外国所得税を納付することとなる日の属する年分」について適用されますが，継続してその納付することが確定した外国所得税の額につき，実際に納付した日の属する年分において適用している場合には，これを認めることとされています（所法95①，所基通95-3）。

外国所得税を「納付することとなる日」とは，申告，賦課決定等の手続により外国所得税について具体的にその納付すべき租税債務が確定した日をいうこととされており（所基通95-3(注)），外国所得税の課税方式に応じてそれぞれ次に掲げる日（納付確定日）と解されています。

① 申告納税方式による場合　⇨　納税申告書を提出した日（その提出した日が法定申告期限前であるときは法定申告期限）

② 賦課課税方式による場合　⇨　賦課決定の通知があった日
ただし，納期が分割されている場合には，それぞれの納付すべき日

③ 源泉徴収方式による場合　⇨　その源泉徴収の対象となった利子，配当，使用料等の支払の日

〔4〕　あなたがフランスの所得税を納付することとなるのは2019年分（令和元年分）においてですが，この年分には国外源泉所得はなく，国外源泉所得が発生したのはその前年分の2018年分（平成30年分）においてです。

そこで，国外源泉所得が発生した2018年分（平成30年分）の確定申告において，控除限度額の計算を行いますが，この年には納付することとなる外国所得税がありませので，この年分の控除限度額を控除余裕額（注）として2019年分（令和元年分）に繰り越して，外国所得税を納付することなる年分である2019年分（令和元年分）の確定申告においてこの控除余裕額を使用して，外国税税額控除の計算を行います（所法95①，③，122①）。

（注）　控除余裕額とは，その年分の外国所得税（A）が，その年分の控除限度額（B）に満たない場合におけるその差額（B－A）をいいます（所令224④）。

〔5〕　ご質問の場合の外国税額控除の計算は次のとおりです。

⑴　2018年（平成30年）

イ　所得総額（給与所得）

（給与収入金額）24,000,000円－2,200,000円＝（給与所得の金額）21,800,000円

ロ　国外所得総額（フランス勤務に係る給与所得）

（給与所得の金額）21,800,000円 × $\frac{14,000,000円（フランスでの収入）}{24,000,000円（給与収入合計）}$ ＝（国外所得総額）12,716,666円

ハ　外国税額控除限度額の計算

(イ)　課税標準

（所得総額）21,800,000円－（所得控除合計額）1,560,000円＝（課税所得金額）20,240,000円

(ロ)　所得税額

（課税所得金額）20,240,000円×（税率）40％－2,796,000円＝（所得税額）5,300,000円

(ハ)　復興特別所得税額

（所得税額）5,300,000円×（税率）2.1％＝（復興特別所得税額）111,300円

(ニ)　控除限度額

$$\underset{\text{（所得税額）}}{5,300,000\text{円}}\times\frac{\overset{\text{（調整国外所得金額）}}{12,716,666\text{円}}}{\underset{\text{（所得総額）}}{21,800,000\text{円}}}=\underset{\text{（控除限度額）}}{3,091,666\text{円}}$$

㈭　復興特別所得税の控除限度額

$$\underset{\text{（復興特別所得税額）}}{111,300\text{円}}\times\frac{\overset{\text{（調整外国所得金額）}}{12,716,666\text{円}}}{\underset{\text{（所得総額）}}{21,800,000\text{円}}}=\underset{\text{（控除限度額）}}{64,924\text{円}}$$

ニ　外国所得税額

2018年（平成30年）中に納付すべき外国所得税はありませんので，この年の所得税に係る控除限度額3,091,666円全額を，国税の「控除余裕額」として2019年（令和元年）分に繰り越すこととなります。なお，復興特別所得税に係る控除限度額は繰り越せません。

【参　考】

地方税を含めた全体の控除余裕額は4,019,164円（「外国税額控除に関する計算明細書」の5を参照）となります。

⑵　2019年（令和元年）

イ　所得総額（給与所得）

$$\underset{\text{（給与収入金額）}}{25,000,000\text{円}}-2,200,000\text{円}=\underset{\text{（給与所得の金額）}}{22,800,000\text{円}}$$

ロ　国外所得総額　　なし

ハ　外国税額控除限度額の計算

㈠　課税標準

$$\underset{\text{（所得総額）}}{22,800,000\text{円}}-\underset{\text{（所得控除合計額）}}{1,560,000\text{円}}=\underset{\text{（課税所得金額）}}{21,240,000\text{円}}$$

㈡　所得税額

$$\underset{\text{（課税所得金額）}}{21,240,000\text{円}}\times\underset{\text{（税率）}}{40\%}-2,796,000\text{円}=\underset{\text{（所得税額）}}{5,700,000\text{円}}$$

㈢　復興特別所得税額

$$\underset{\text{（所得税額）}}{5,700,000\text{円}}\times\underset{\text{（税率）}}{2.1\%}=\underset{\text{（復興特別所得税額）}}{119,700\text{円}}$$

㈣　控除限度額

$$\underset{\text{（所得税額）}}{5,700,000\text{円}}\times\frac{\overset{\text{（調整外国所得金額）}}{0\text{円}}}{\underset{\text{（所得総額）}}{22,800,000\text{円}}}=\underset{\text{（控除限度額）}}{0\text{円}}$$

(ホ)　復興特別所得税の控除限度額

$$\underset{\text{(復興特別所得税額)}}{119{,}700\text{円}} \times \frac{\overset{\text{(調整国外所得金額)}}{0\text{円}}}{\underset{\text{(所得総額)}}{22{,}800{,}000\text{円}}} = \underset{\text{(控除限度額)}}{0\text{円}}$$

ニ　外国所得税額の邦貨換算

（外国所得税額）
29,000ユーロ×130.00円／ユーロ＝3,770,000円

ホ　外国税額控除額　3,091,666円

（国税の控除余裕額）　（外国所得税額）
3,091,666円　＜　3,770,000円

2018年（平成30年）から繰り越された控除余裕額4,019,164円（所得税3,091,669，復興特別所得税64,924円，道府県民税370,999円，市町村民税556,499円）のうち，2019年（令和元年）に納付した外国所得税額3,770,000円に達するまでの金額（所得税3,091,669，復興特別所得税64,924円，道府県民税370,999円，市町村民税307,335円）は，2019年分（令和元年分）の所得税及び復興特別所得税，道府県民税，市町村民税から，それぞれ控除することができます。

この場合，前年から繰り越された市町村民税の控除余裕額556,499円のうち,2019年（令和元年）に控除対象とならなかった残額249,164円（556,499円－307,999円）は，引き続き，翌年以降に繰り越すことができます。

〔６〕　外国税額控除に関する明細書及び確定申告書の記載例は，次ページ以降のとおりです。

関係法令等

〈所法２①三，四，７①一，95，120①，122②，所令14①一，15①一，224，所基通95－３〉

FA0124

＿＿＿＿税務署長
＿＿年＿＿月＿＿日

平成 30 年分の所得税及び復興特別所得税の確定申告書B

第一表（平成三十年分以降用）

住所（又は事業所・事務所・居所など）	〒	個人番号	
		フリガナ	
		氏名	
		性別 男・女	職業 / 屋号・雅号 / 世帯主の氏名 / 世帯主との続柄
平成年1月1日の住所		生年月日	電話番号 自宅・勤務先・携帯

受付印　（単位は円）　種類 青色 分離 国出 損失 修正 特農の表示 特農　整理番号

収入金額等	事業 営業等	㋐	
	事業 農業	㋑	
	不動産	㋒	
	利子	㋓	
	配当	㋔	24000000
	給与	㋕	
	雑 公的年金等	㋖	
	雑 その他	㋗	
	総合譲渡 短期	㋘	
	総合譲渡 長期	㋙	
	一時	㋚	
所得金額	事業 営業等	①	
	事業 農業	②	
	不動産	③	
	利子	④	
	配当	⑤	
	給与 区分	⑥	21800000
	雑	⑦	
	総合譲渡・一時 ㋘＋{(㋙＋㋚)×½}	⑧	
	合計	⑨	21800000
所得から差し引かれる金額	雑損控除	⑩	
	医療費控除 区分	⑪	
	社会保険料控除	⑫	800000
	小規模企業共済等掛金控除	⑬	
	生命保険料控除	⑭	
	地震保険料控除	⑮	
	寄附金控除	⑯	
	寡婦、寡夫控除	⑱	0000
	勤労学生、障害者控除	⑲～⑳	0000
	配偶者(特別)控除 区分	㉑～㉒	0000
	扶養控除	㉓	380000
	基礎控除	㉔	380000
	合計	㉕	1560000

税金の計算	課税される所得金額（⑨－㉕）又は第三表	㉖	20240000
	上の㉖に対する税額又は第三表の㊱	㉗	5300000
	配当控除	㉘	
	区分	㉙	
	（特定増改築等）住宅借入金等特別控除 区分	㉚	00
	政党等寄附金等特別控除	㉛～㉝	
	住宅耐震改修特別控除 住宅特定改修・認定住宅新築等特別税額控除 区分	㉟～㊲	
	差引所得税額	㊳	5300000
	災害減免額	㊴	
	再差引所得税額（基準所得税額）（㊳－㊴）	㊵	5300000
	復興特別所得税額（㊵×2.1％）	㊶	111300
	所得税及び復興特別所得税の額（㊵＋㊶）	㊷	5411300
	外国税額控除 区分	㊸	
	所得税及び復興特別所得税の源泉徴収税額	㊹	5350000
	所得税及び復興特別所得税の申告納税額（㊷－㊸－㊹）	㊺	61300
	所得税及び復興特別所得税の予定納税額（第1期分・第2期分）	㊻	
	所得税及び復興特別所得税の第3期分の税額（㊺－㊻） 納める税金	㊼	61300
	還付される税金	㊽	△
その他	配偶者の合計所得金額	㊾	
	専従者給与(控除)額の合計額	㊿	
	青色申告特別控除額	(51)	
	雑所得・一時所得等の所得税及び復興特別所得税の源泉徴収税額の合計額	(52)	
	未納付の所得税及び復興特別所得税の源泉徴収税額	(53)	
	本年分で差し引く繰越損失額	(54)	
	平均課税対象金額	(55)	
	変動・臨時所得金額 区分	(56)	
延納の届出	申告期限までに納付する金額	(57)	00
	延納届出額	(58)	000

← 復興特別所得税額の記入をお忘れなく。

還付される税金の受取場所：銀行・金庫・組合・農協・漁協　本店・支店・出張所・本所・支所　郵便局名等　預金種類 普通・当座・納税準備・貯蓄　口座番号・記号番号

整理欄：区分 A B C D E F G H I J K　異動 年 月 日 L　管理　名簿　補完　確認

（税理士署名押印・電話番号）㊞

税理士法第30条の書面提出有　税理士法第33条の2の書面提出有

外国税額控除に関する明細書（居住者用）
（平成 30 年分以降用）

（平成・令和　30　年分）　　　　氏　名＿＿＿＿＿＿＿＿＿＿

提出用

○この明細書は、申告書と一緒に提出してください。

1　外国所得税額の内訳

○　本年中に納付する外国所得税額

国　名	所得の種類	税種目	納付確定日	納付日	源泉・申告（賦課）の区分	所得の計算期間	相手国での課税標準	左に係る外国所得税額
			・　・	・　・		・　・ ・　・	（外貨　） 円	（外貨　） 円
			・　・	・　・		・　・ ・　・	（外貨　） 円	（外貨　） 円
			・　・	・　・		・　・ ・　・	（外貨　） 円	（外貨　） 円
計							円	Ⓐ　円

○　本年中に減額された外国所得税額

国　名	所得の種類	税種目	納付日	源泉・申告（賦課）の区分	所得の計算期間	外国税額控除の計算の基礎となった年分	減額されることとなった日	減額された外国所得税額
			・　・		・　・ ・　・	年分	・　・	（外貨　） 円
			・　・		・　・ ・　・	年分	・　・	（外貨　） 円
			・　・		・　・ ・　・	年分	・　・	（外貨　） 円
計								Ⓑ　円

Ⓐの金額がⒷの金額より多い場合（同じ金額の場合を含む。）

Ⓐ　円 － Ⓑ　円 ＝ Ⓒ　円 → 6の「⑪」欄に転記します。

Ⓐの金額がⒷの金額より少ない場合

Ⓑ　円 － Ⓐ　円 ＝ Ⓓ　円 → 2の「Ⓓ」欄に転記します。

2　本年の雑所得の総収入金額に算入すべき金額の計算

前3年以内の控除限度超過額			
年　分	㋑ 前年繰越額	㋺ ㋑から控除すべきⒹの金額	㋩ ㋑－㋺
平成27年分（3年前）	円	円	Ⓖ　円
平成28年分（2年前）			Ⓗ
平成29年分（前　年）			Ⓘ
計		Ⓔ	

Ⓖ、Ⓗ、Ⓘの金額を5の「㋡前年繰越額及び本年発生額」欄に転記します。

本年中に納付する外国所得税額を超える減額外国所得税額		
本年発生額	Ⓓに充当された前3年以内の控除限度超過額	雑所得の総収入金額に算入する金額（Ⓓ－Ⓔ）
Ⓓ　円	Ⓔ　円	Ⓕ　円

→ 雑所得の金額の計算上、総収入金額に算入します。

3　所得税の控除限度額の計算

所　得　税　額	①	5,300,000 円	← 2のⒻの金額がある場合には、その金額を雑所得の総収入金額に算入して申告書により計算した税額を書きます（詳しくは、控用の裏面を読んでください。）。
所　得　総　額	②	21,800,000	← 2のⒻの金額がある場合には、その金額を雑所得の総収入金額に算入して計算した所得金額の合計額を書きます（詳しくは、控用の裏面を読んでください。）。
調整国外所得金額	③	12,716,666	← 2のⒻの金額がある場合には、その金額を含めて計算した調整国外所得金額の合計額を書きます。
控除限度額（①× ③/②）	④	3,091,666	→ 5の「㋥」欄及び6の「⑨」欄に転記します。

4　復興特別所得税の控除限度額の計算

復興特別所得税額	⑤	111,300 円	← 3の「①」欄の金額に2.1%の税率を乗じて計算した金額を書きます。
所　得　総　額	⑥	21,800,000	← 3の「②」欄の金額を転記します。
調整国外所得金額	⑦	12,716,666	← 3の「③」欄の金額を転記します。
控除限度額（⑤× ⑦/⑥）	⑧	64,924	→ 5の「㋭」欄及び6の「⑩」欄に転記します。

5　外国所得税額の繰越控除余裕額又は繰越控除限度超過額の計算の明細

本年分の控除余裕額又は控除限度超過額の計算

控除限度額	所得税（3の④の金額）	㋥	3,091,666 円	控除余裕額	所得税（㋥−㋷）	㋦	3,091,666 円
	復興特別所得税（4の⑧の金額）	㋭	64,924		道府県民税（(㋥+㋭+㋬−㋷) と㋬のいずれか少ない方の金額）	㋸	370,999
	道府県民税（㋥×12%又は6%）	㋬	370,999		市町村民税（(㋠−㋷) と㋣のいずれか少ない方の金額）	㋾	556,499
	市町村民税（㋥×18%又は24%）	㋣	556,499		計（㋦+㋸+㋾）	㋻	4,019,164
	計（㋥+㋭+㋬+㋣）	㋠	4,084,088				
外国所得税額（1のⒸの金額）		㋷		控除限度超過額（㋷−㋠）		㋕	

前3年以内の控除余裕額又は控除限度超過額の明細等

年分	区分	控除余裕額 ㋵前年繰越額及び本年発生額	控除余裕額 ㋟本年使用額	控除余裕額 ㋹翌年繰越額（㋵−㋟）	控除限度超過額 ㋞前年繰越額及び本年発生額	控除限度超過額 ㋡本年使用額	控除限度超過額 ㋧翌年繰越額（㋞−㋡）	所得税の控除限度額等
年分（3年前）	所得税	円	円		Ⓖ 円	円		円
	道府県民税							翌年1月1日時点の住所 □指定都市 □一般市
	市町村民税							
	地方税計							
年分（2年前）	所得税			円	Ⓗ		円	円
	道府県民税							翌年1月1日時点の住所 □指定都市 □一般市
	市町村民税							
	地方税計							
年分（前年）	所得税				Ⓘ			円
	道府県民税							翌年1月1日時点の住所 □指定都市 □一般市
	市町村民税							
	地方税計							
合計	所得税		Ⓙ			Ⓜ		
	道府県民税							
	市町村民税							
	計		Ⓚ					
本年分	所得税	㋦ 3,091,666	Ⓛ	3,091,666	㋕	Ⓚ		
	道府県民税	㋸ 370,999		370,999				
	市町村民税	㋾ 556,499		556,499				
	計	㋻ 4,019,164	Ⓜ	4,019,164				

6　外国税額控除額の計算

所得税の控除限度額（3の④の金額）	⑨	3,091,666 円	復興財確法第14条第1項による控除税額（⑨が⑪より小さい場合に(⑪−⑨)と⑩とのいずれか少ない方の金額）	⑬	円
復興特別所得税の控除限度額（4の⑧の金額）	⑩	64,924	所法第95条第2項による控除税額（5のⒿの金額）	⑭	
外国所得税額（1のⒸの金額）	⑪		所法第95条第3項による控除税額（5のⓁの金額）	⑮	
所法第95条第1項による控除税額（⑨と⑪とのいずれか少ない方の金額）	⑫		控除税額（⑫+⑬+（⑭又は⑮））	⑯	

⑬の金額がある場合には、**申告書第一表「税額の計算」欄**の**「外国税額控除」欄**（申告書Aは㊲欄、申告書Bは㊸欄）の「区分」の□に「1」と記入します。

FA0125

＿＿＿税務署長
令和＿年＿月＿日　令和 01 年分の 所得税及び復興特別所得税 の　申告書B

第一表（令和元年分以降用）

住所（又は事業所事務所居所など）		個人番号	
		フリガナ	
		氏名	
		性別 男 女	職業　屋号・雅号　世帯主の氏名　世帯主との続柄
令和 年 1月1日 の住所		生年月日	電話番号 自宅・勤務先・携帯

（単位は円）　種類　特農の表示　整理番号

収入金額等	事業 営業等	㋐	
	事業 農業	㋑	
	不動産	㋒	
	利子	㋓	
	配当	㋔	
	給与	㋕	25000000
	雑 公的年金等	㋖	
	雑 その他	㋗	
	総合譲渡 短期	㋘	
	総合譲渡 長期	㋙	
	一時	㋚	
所得金額	事業 営業等	①	
	事業 農業	②	
	不動産	③	
	利子	④	
	配当	⑤	
	給与 区分	⑥	22800000
	雑	⑦	
	総合譲渡・一時 ㋘＋{(㋙＋㋚)×½}	⑧	
	合計	⑨	22800000
所得から差し引かれる金額	社会保険料控除	⑩	
	小規模企業共済等掛金控除	⑪	
	生命保険料控除	⑫	800000
	地震保険料控除	⑬	
	寡婦、寡夫控除	⑭	0000
	勤労学生、障害者控除	⑮～⑯	0000
	配偶者(特別)控除 区分	⑰～⑱	0000
	扶養控除	⑲	380000
	基礎控除	⑳	380000
	⑩から⑳までの計	㉑	1560000
	雑損控除	㉒	
	医療費控除 区分	㉓	
	寄附金控除	㉔	
	合計 (㉑＋㉒＋㉓＋㉔)	㉕	1560000

税金の計算	課税される所得金額 (⑨－㉕)又は第三表	㉖	21240000
	上の㉖に対する税額 又は第三表の㊳	㉗	5700000
	配当控除	㉘	
	区分	㉙	
	(特定増改築等)住宅借入金等特別控除 区分	㉚	00
	政党等寄附金等特別控除	㉛～㉝	
	住宅耐震改修特別控除 住宅特定改修・認定住宅新築等特別税額控除 区分	㉞～㊲	
	差引所得税額 (㉗－㉘－㉙－㉚－㉛－㉜－㉝－㉞－㉟－㊱－㊲)	㊳	5700000
	災害減免額	㊴	
	再差引所得税額(基準所得税額) (㊳－㊴)	㊵	5700000
	復興特別所得税額 (㊵×2.1%)	㊶	119700
	所得税及び復興特別所得税の額 (㊵＋㊶)	㊷	5819700
	外国税額控除 区分	㊸	3091666
	源泉徴収税額	㊹	5800000
	申告納税額 (㊷－㊸－㊹)	㊺	△3071966
	予定納税額 (第1期分・第2期分)	㊻	
	第3期分の税額 (㊺－㊻) 納める税金	㊼	00
	第3期分の税額 (㊺－㊻) 還付される税金	㊽	△3071966
その他	配偶者の合計所得金額	㊾	
	専従者給与(控除)額の合計額	㊿	
	青色申告特別控除額	51	
	雑所得・一時所得等の源泉徴収税額の合計額	52	
	未納付の源泉徴収税額	53	
	本年分で差し引く繰越損失額	54	
	平均課税対象金額	55	
	変動・臨時所得金額 区分	56	
延届納の出	申告期限までに納付する金額	57	00
	延納届出額	58	000

← 復興特別所得税額の記入をお忘れなく。

還付される税金の受取場所	銀行 金庫・組合 農協・漁協	本店・支店 出張所 本所・支所
郵便局名等	預金種類	普通 当座 納税準備 貯蓄
口座番号 記号番号		

整理欄	
区分	A B C D E F G H I J K
異動	年 月 日 L
管理	名簿
補完	確認

税理士署名押印 電話番号 ー ー 印
税理士法書面提出 30条 33条の2

外国税額控除に関する明細書（居住者用）

（平成 30 年分以降用）

（平成 ㊞令和 元 年分）

氏　名＿＿＿＿＿＿＿＿＿＿＿＿

提出用

○この明細書は、申告書と一緒に提出してください。

1　外国所得税額の内訳

○　本年中に納付する外国所得税額

国　名	所得の種類	税種目	納付確定日	納付日	源泉・申告(賦課)の区分	所得の計算期間	相手国での課税標準	左に係る外国所得税額
フランス	給与	所得税	令和元・6・30	令和元・6・30	申告(賦課)	平成30・1・1 平成30・12・31	(外貨 ユーロ) 98,000.00 12,740,000 円	(外貨 ユーロ) 29,000.00 3,770,000 円
			・　・	・　・		・　・ ・　・	(外貨　) 円	(外貨　) 円
			・　・	・　・		・　・ ・　・	(外貨　) 円	(外貨　) 円
計							12,740,000 円	Ⓐ 3,770,000 円

○　本年中に減額された外国所得税額

国　名	所得の種類	税種目	納付日	源泉・申告(賦課)の区分	所得の計算期間	外国税額控除の計算の基礎となった年分	減額されることとなった日	減額された外国所得税額
			・　・		・　・ ・　・	年分	・　・	(外貨　) 円
			・　・		・　・ ・　・	年分	・　・	(外貨　) 円
			・　・		・　・ ・　・	年分	・　・	(外貨　) 円
計								Ⓑ　円

Ⓐの金額がⒷの金額より多い場合（同じ金額の場合を含む。）

Ⓐ 3,770,000 円 － Ⓑ　円 ＝ Ⓒ 3,770,000 円 → 6の「⑪」欄に転記します。

Ⓐの金額がⒷの金額より少ない場合

Ⓑ　円 － Ⓐ　円 ＝ Ⓓ　円 → 2の「Ⓓ」欄に転記します。

2　本年の雑所得の総収入金額に算入すべき金額の計算

前3年以内の控除限度超過額			
年　分	㋑ 前年繰越額	㋺ ㋑から控除すべきⒹの金額	㋩ ㋑－㋺
平成28年分（3年前）	円	円	Ⓖ　円
平成29年分（2年前）			Ⓗ
平成30年分（前　年）			Ⓘ
計		Ⓔ	

Ⓖ、Ⓗ、Ⓘの金額を5の「㋠前年繰越額及び本年発生額」欄に転記します。

本年中に納付する外国所得税額を超える減額外国所得税額		
本年発生額	Ⓓに充当された前3年以内の控除限度超過額	雑所得の総収入金額に算入する金額（Ⓓ－Ⓔ）
Ⓓ　円	Ⓔ　円	Ⓕ　円

→ 雑所得の金額の計算上、総収入金額に算入します。

3　所得税の控除限度額の計算

所得税額	①	5,700,000 円	← 2のⒻの金額がある場合には、その金額を雑所得の総収入金額に算入して申告書により計算した税額を書きます（詳しくは、**控用の裏面**を読んでください。）。
所得総額	②	22,800,000	← 2のⒻの金額がある場合には、その金額を雑所得の総収入金額に算入して計算した所得金額の合計額を書きます（詳しくは、**控用の裏面**を読んでください。）。
調整国外所得金額	③		← 2のⒻの金額がある場合には、その金額を含めて計算した調整国外所得金額の合計額を書きます。
控除限度額（①× ③/②）	④	0	→ 5の「㋥」欄及び6の「⑨」欄に転記します。

4　復興特別所得税の控除限度額の計算

復興特別所得税額	⑤	119,700 円	← 3の「①」欄の金額に2.1%の税率を乗じて計算した金額を書きます。
所得総額	⑥	22,800,000	← 3の「②」欄の金額を転記します。
調整国外所得金額	⑦		← 3の「③」欄の金額を転記します。
控除限度額（⑤× ⑦/⑥）	⑧	0	→ 5の「㋭」欄及び6の「⑩」欄に転記します。

5　外国所得税額の繰越控除余裕額又は繰越控除限度超過額の計算の明細

本年分の控除余裕額又は控除限度超過額の計算

控除限度額	所得税（3の④の金額）	㋥	0 円	控除余裕額	所得税（㋥－㋷）	㋦	円
	復興特別所得税（4の⑧の金額）	㋭	0		道府県民税（（㋥+㋭+㋬－㋷）と㋬のいずれか少ない方の金額）	㋸	
	道府県民税（㋥×12%又は6%）	㋬	0		市町村民税（（㋠－㋷）と㋣のいずれか少ない方の金額）	㋾	
	市町村民税（㋥×18%又は24%）	㋣	0		計（㋦+㋸+㋾）	㋻	
	計（㋥+㋭+㋬+㋣）	㋠	0				
外国所得税額（1のⒸの金額）		㋷	3,770,000	控除限度超過額（㋷－㋠）		㋕	3,770,000

前3年以内の控除余裕額又は控除限度超過額の明細等

年分	区分	控除余裕額 ㋵前年繰越額及び本年発生額	控除余裕額 ㋟本年使用額	控除余裕額 ㋹翌年繰越額（㋵－㋟）	控除限度超過額 ㋞前年繰越額及び本年発生額	控除限度超過額 ㋡本年使用額	控除限度超過額 ㋧翌年繰越額（㋞－㋡）	所得税の控除限度額等
平成28年分（3年前）	所得税	円	円		Ⓖ 円	円		円
	道府県民税							（翌年1月1日時点の住所）□指定都市 □一般市
	市町村民税							
	地方税計							
平成29年分（2年前）	所得税			円	Ⓗ		円	円
	道府県民税							（翌年1月1日時点の住所）□指定都市 □一般市
	市町村民税							
	地方税計							
平成30年分（前年）	所得税	3,091,666	3,091,666	0	Ⓘ			円
	道府県民税	370,999	370,999	0				（翌年1月1日時点の住所）□指定都市 □一般市
	市町村民税	556,499	307,335	249,164				
	地方税計	927,498	678,334	249,164				
合計	所得税	3,091,666	Ⓙ3,091,666	0		Ⓜ		
	道府県民税	370,999	370,999	0				
	市町村民税	556,499	307,335	249,164				
	計	4,019,164	Ⓚ3,770,000	249,164				
本年分	所得税	㋦	Ⓛ		㋕ 3,770,000	Ⓚ 3,770,000	0	
	道府県民税	㋸						
	市町村民税	㋾						
	計	㋻	Ⓜ					

6　外国税額控除額の計算

所得税の控除限度額（3の④の金額）	⑨	円	復興財確法第14条第1項による控除税額（⑨が⑪より小さい場合に（⑪－⑨）と⑩とのいずれか少ない方の金額）	⑬	円
復興特別所得税の控除限度額（4の⑧の金額）	⑩		所法第95条第2項による控除税額（5のⒿの金額）	⑭	3,091,666
外国所得税額（1のⒸの金額）	⑪	3,770,000	所法第95条第3項による控除税額（5のⓁの金額）	⑮	
所法第95条第1項による控除税額（⑨と⑪とのいずれか少ない方の金額）	⑫		控除税額（⑫+⑬+（⑭又は⑮））	⑯	3,091,666

⑬の金額がある場合には、**申告書第一表「税額の計算」欄の「外国税額控除」欄**（申告書Aは㊲欄、申告書Bは㊸欄）の「区分」の□に「1」と記入します。

第18章

損　益　通　算

18—1　外国で生じた不動産所得の損失に係る損益通算(1)

Q

私（米国市民）は，米国法人W社の日本支店に派遣されて7年目になりますが，来日に当たりカリフォルニアにある自宅を貸し付けて不動産所得を得ています。本年は修繕費等に相当の費用がかかったため，不動産所得を計算すると損失となりますが，この外国で生じた不動産所得の損失を日本で生じた他の所得と損益通算できますか。

A

居住者（永住者）に該当し，国外で生じた不動産所得も総合課税の対象となりますので，国外で生じた不動産所得の損失であっても他の所得と損益通算することができます。

解　説

〔1〕 日本国内に過去10年以内において5年を超える期間，住所又は居所を有する居住者は，永住者に該当し，全ての所得が課税の対象となります（所法2①三，四，7①一）。

〔2〕 総所得金額，退職所得金額又は山林所得金額を計算する場合において，不動産所得の金額，事業所得の金額，山林所得の金額又は譲渡所得の金額の計算上生じた損失があるときは，一定の順序（所令198）によりその損失を他の各種所得の金額から控除（これを「損益通算」といいます。）します（所法69）。

所得税法上，損益通算の対象となる所得は国内で生じたものに限るとする旨の規定はありませんので，国外で生じた不動産所得の損失についても損益通算することができます。

〔3〕 あなたは日本に5年を超えて居住しており，永住者に該当しますので，国外源泉所得を含めた全ての所得が課税対象となり，国外で生じた不動産所得の損失についてもこれを他の所得と損益通算をすることができます。

関係法令等

〈所法2①三，四，7①一，69，所令198〉

18－2　外国で生じた不動産所得の損失に係る損益通算（2）

Q

私（米国市民）は，日本の居住者（永住者）に該当する者ですが，ニューヨークのオフィスビルを私が出資しているリミテッド・ライアビリティ・カンパニー（LLC：Limited Liability Company）を通じて貸し付けています。この場合，日本における所得税について，このLLCが所有しているオフィスビルの貸付けから生じる不動産所得の損失を私の損失として申告し，他の所得との損益通算をしたいのですが認められるでしょうか。

なお，このLLCは，ニューヨーク州のLLC法に準拠して設立され，登記もされています。また，同州LLC法において，LLC自らが法的主体となり得る旨規定されています。

あなたが出資しているLLCは，日本において外国法人に該当しますので，居住者（永住者）であるあなたに帰属する所得として取り扱うことはできず，LLCを介して行う不動産所得の損失をあなたの他の所得と損益通算することはできません。

解　説

〔1〕 LLCは，米国各州が制定するLLC法（Limited Liability Company Act）に基づいて設立される事業体であり，会社（corporation）とパートナーシップの折衷的な性質を有しています。米国の税務上は，パス・スルー課税（構成員課税）を選択することで，法人と出資者との間に生ずる二重課税を排除するという税メリットを享受できるとされています。

〔2〕 国税庁は，国税庁ホームページ「米国LLCに係る税務上の取扱い」において，LLCの性質と税務上の取扱いを明らかにしており，LLCが米国の税務上，法人課税又はパス・スルー課税のいずれの選択を行ったかにかかわらず，原則的には我が国の税務上，「外国法人（内国法人以外の法人）」として取り扱うのが相当としています。その理由は，以下のとおりです。

⑴　LLCは，商行為をなす目的で米国の各州のLLC法に準拠して設立され

た事業体であること。

⑵　事業体の設立に伴いその商号等の登録（登記）等が行われること。

⑶　事業体自らが訴訟の当事者等になれるといった法的主体となることが認められていること。

⑷　統一LLC法においては，「LLCは構成員（member）と別個の法的主体（a legal entity）である。」，「LLCは事業活動を行うための必要かつ十分な，個人と同等の権利能力を有する。」と規定されていること。

〔3〕　ただし，米国のLLC法は個別の州において独自に制定され，その規定振りは個々に異なることから，個々のLLCが外国法人に該当するか否かの判断は，個々のLLC法（設立準拠法）の規定等に照らして，個別に判断する必要があります。

〔4〕　あなたの場合，あなたが出資しているLLCはニューヨーク州のLLC法に準拠して設立され，登記もされていること，また，同州LLC法においてLLC自らが法的主体になり得る旨規定されていることから，日本の税務上，外国法人に該当しますので，居住者（永住者）であるあなたに帰属する所得として取り扱うことはできず，LLCを介して行う不動産所得の損失をあなたの他の所得と損益通算することはできません。

【参　考】　国税庁ホームページ　http://www.nta.go.jp

ホーム＞法令等＞質疑応答事例＞法人税＞米国LLCに係る税務上の取扱い

18―3　組合事業から生じた不動産所得の損失に係る損益通算

Q

私（米国市民）は，日本に居住して20年以上，個人で貸ビル業を営んできました。私自身，日本の居住者（永住者）に該当しますので，貸ビル事業から生じる不動産所得を申告していますが，この度新たに同業者と任意組合契約（N組合契約）を締結し，N組合事業の一環として新たな貸ビル事業を展開することとなりました。

N組合事業について損失が生じた場合，私の税務上の取扱いはどのようになりますか。

あなたが不動産所得を生ずべき事業を行うN組合における組合員としての位置付けによっては，N組合事業から生じた不動産所得の損失額は，不動産所得の計算上生じなかったものとみなされ，給与等の他の所得と損益通算することはできません。また，N組合事業以外の一般の不動産所得の金額からの控除（不動産所得内の通算）もできないので注意が必要です。

解　説

〔1〕 民法第667条第1項《組合契約》に規定する組合契約により成立する組合において営まれる事業に対する課税について，組合事業に係る資産・負債が自己の持分に応じて個々の組合員に帰属しており，税務上，その事業の収益や損失を組合員に帰属させることが可能な実態が私法上備わっている場合には，直接その組合員が納税義務者となります（所基通36・37共－19）。

〔2〕 平成17年度税制改正において，不動産所得を生ずべき事業を行う民法上の組合等の「特定組合員」に該当する個人が，平成18年分以後の各年において，その年分の不動産所得の金額の計算上組合事業から生じた不動産所得の損失額がある場合には，当該損失額は，所得税法第26条第2項《不動産所得》及び第69条第1項《損益通算》の規定その他の所得税に関する法律の規定の適用上生じなかったものとみなす措置が講じられ，更に平成19年度税制改正において，信託から生じた不動産所得の損失についても民法組合と同様の措置

が講じられています（措法41の４の２①）。

〔３〕 ここで，民法上の組合等の「特定組合員」とは，組合契約を締結している組合員のうち，組合事業に係る重要な財産の処分若しくは譲受け又は組合事業に係る多額の借財に関する業務（以下「重要業務」といいます。）の執行の決定に関与し，かつ，当該業務のうち契約を締結するための交渉その他の重要な部分を自ら執行する組合員以外のものをいいます（措法41の４の２①，措令26の６の２①）。

〔４〕 上記〔３〕の「重要な財産の処分若しくは譲受け」及び「多額の借財」に該当するかどうかは，組合事業に係る当該財産又は借財の価額，当該財産又は借財が組合事業に係る財産等に占める割合，当該財産の保有等又は借財の目的及びその組合事業における従来の取扱いの状況等を総合的に勘案して判定することとされています（措通41の４の２－2，措通41の４の２－３）。

〔５〕 あなたの場合，N組合事業に係る重要業務の詳細が不明ですが，N組合が貸付けを行うビルがN組合事業に係る重要な財産に該当する事実，また，同ビルの購入資金に充てるため金融機関から借り入れたローンがN組合事業に係る多額の借財に該当すると仮定した場合，N組合の組合員であるあなたが貸ビルの譲受けや金融機関からの借入れに関する業務の執行の決定に関与し，かつ，当該業務のうち契約を締結するための交渉その他の重要な部分を自ら執行した事実がなければ，あなたは特定組合員に該当することとなります。

〔６〕 また，非特定組合員の要件としては，重要業務の執行の決定とその重要部分の執行に継続的に参加することが求められています（措通41の４の２－４）。したがって，N組合の組合事業に係る重要業務が貸ビルの譲受けと金融機関からの借入れだけだと仮定した場合，あなたは，その両方について執行の決定に関与し，かつ，契約を締結するための交渉その他の重要な部分の全てを自ら執行しなければ非特定組合員とはなりませんので注意が必要です。

関係法令等

〈所法26②，69①，措法41の４の２，措令26の６の２，所基通36・37共－19，措通41の４の２－２，２－３，２－４，民法667〉

第19章

申告及び納付

 確定申告をしなければならない人

Q 私は外国人ですが，どのような場合に確定申告をしなければならないのですか。

A **確定申告をしなければならない場合は，以下のとおりであり，外国人であるか日本人であるかで違いはありません。**

解　説

〔1〕 所得税の確定申告とは，納税者がその年1年間の所得の金額とそれに対応する所得税の額又は損失の金額を計算し，その年の翌年2月16日から3月15日までの間に納税地を所轄する税務署長に対し確定申告書を提出する手続をいいます（所法120①，123①）。

〔2〕 居住者で，次のうち，いずれかに該当する人は確定申告をする必要があります（所法120①，121①）。

(1) 給与所得を有する人

イ　その年の給与等の収入金額が2,000万円を超える人（所法121①）

ロ　給与等の支払を1か所から受けている人で，給与所得及び退職所得以外の所得金額の合計額が20万円を超える人（所法121①一）

ハ　給与等の支払を2か所以上から受けている人で，主たる給与の給与等の収入金額と給与所得及び退職所得以外の所得金額の合計額(注)が20万円を超える人（所法121①二）

(注) 給与所得及び退職所得以外の所得の金額の合計額には，次の所得は入りません。

① 上場株式等の配当や非上場株式の少額配当等で確定申告をしないことを選択したもの

② 特定口座の源泉徴収選択口座内の上場株式等の譲渡による所得で，確定申告をしないことを選択したもの

③ 特定公社債の利子で確定申告をしないことを選択したもの

④ 源泉分離課税とされる預貯金や一般公社債等の利子等

⑤ 源泉分離課税とされる抵当証券などの金融類似商品の収益

⑥　源泉分離課税とされる一時払養老保険の差益（保険期間等が５年以下のもの及び保険期間等が５年超で５年以内に解約されたもの）

ニ　家事使用人で，給与等の支払を受ける際に所得税を源泉徴収されないこととなっている人（所法121①，184，所基通121－5）

ホ　国外において給与等の支払を受けている人や在日外国公館に勤務する人（日本の国民でない者又は日本に通常居住していない者を除きます。）で給与等の支払を受ける際に所得税を源泉徴収されない人（所法121①，所基通121－5）

ヘ　同族会社の役員や，その親族などで，その法人から給与等のほかに，その法人の事業のために使用される貸付金の利子や，その法人に対して不動産，動産，営業権その他の資産を貸し付けることにより，その法人から賃貸料などの支払を受ける人（所法121①，所令262の２）

ト　災害減免法の適用を受けて，所得税の源泉徴収の猶予などを受けた人（災法３⑥）

⑵　給与所得以外の所得を有する人

各種の所得金額の合計から雑損控除やその他の所得控除の額の合計額を差し引いた金額を基として計算した所得税の合計額が，配当控除の額を超える人（所法120①）

〔３〕 非居住者でも，次のうち，いずれかに該当する人は確定申告をする必要があります。

⑴　非居住者のうち総合課税に係る所得を有する人（所法164①）

ただし，各種の所得金額の合計額が基礎控除，雑損控除及び寄附金控除の額の合計額以下の場合は，確定申告書を提出する必要はありません（所法120①，165，166）。

⑵　分離課税で課税関係が終了する非居住者が受ける給与・報酬等について，源泉徴収をされない人（所法164②，169，172）。

なお，非居住者に対する課税方法の概要は問４―１「非居住者の所得種類別の課税方法」を参照してください。

〔４〕 また，2013年（平成25年）から2037年（令和19年）までの各年分の確定申

告については，所得税と復興特別所得税を併せて申告しなければなりません（復興財確法17①，⑤）。

関係法令等

〈所法120①，121①，123①，164，165，166，169，172，184，所令262の２，所基通121−５，災法３⑥，復興財確法17①，⑤〉

19—2　非居住者の納税地

Q

私（オーストラリア人）は，３年間の日本勤務を終了し，家族全員で昨年10月にオーストラリアに帰国しました。

私は，帰国後，日本で居住用に使用していた家屋を友人に売却しましたので，確定申告する必要があると思いますが，納税地はどこになるのでしょうか。なお，私には，現在，日本に住所等とすべき場所はありません。

また，私は，在日中，給与所得のほか雑所得がありましたので，毎年，確定申告をしておりました。本年も申告の必要があると思いましたので，帰国の際には納税管理人を定め，その届出書も税務署に提出してあります。

帰国する直前に納税地としていた場所が納税地となりますので，そこを管轄する税務署に確定申告書を提出する必要があります。

解　説

〔１〕　日本国内にある不動産の譲渡による所得は，所得税法上，国内源泉所得（所法161①三，五，所令281，281の３）とされ，非居住者でも総合課税の方法により申告する必要があります（所法164①二，165，復興財確法17①）。

なお，不動産の譲渡による所得は，租税特別措置法により申告分離課税とされています（措法31，32）。

〔２〕　納税地とは，納税者が申告・申請等の諸手続を行う場所及び更正，決定等の処分に関する所轄官庁を定める基準となる場所をいい，納税地については原則としてその者の住所地とされていますが，所得税法ではそれぞれの納税者の形態に応じ以下のように定めています（所法15，所令53，54，復興財確法11①）。

①　国内に住所を有する場合……その住所地

②　国内に住所を有せず，居所を有する場合……その居所地

③　国内に住所・居所を有せず，事務所，事業所……その事務所等の所在地

等を有する非居住者の場合

④　③に掲げる非居住者以外の非居住者で，その納税地とされていた住所又は居所にその者の親族等が引き続きその者に代わって居住している場合……その納税地とされていた場所

⑤　①から④以外の場合で，国内にある不動産の貸付け等の対価を受ける非居住者……その対価に係る資産の所在地

⑥　①から⑤により納税地を定められていた個人がそのいずれにも該当しないこととなった場合……その該当しないこととなった時の直前において納税地であった場所

⑦　①から⑥以外で，その者が国に対し所得税の申告・請求その他の行為をする場合……その者が選択した場所

⑧　上記のいずれにも該当しない場合……麴町税務署の管轄区域内の場所

〔3〕 あなたの場合，上記〔2〕の⑥に該当することとなりますので，帰国直前の日本における住所が納税地となります。

なお，あなたは納税管理人を選任していますので，税務署からの書類は納税管理人の住所宛に送付されます（通法12①）。

関係法令等

〈通法12①，所法15，161①三，五，164①二，165，所令53，54，281，281の３，措法31，32，復興財確法11①，17①〉

19—3　外国人による確定申告書への押印

Q

私（居住者）は，この度確定申告書を税務署に提出することになりましたが，印章を有していません。

印章がないと確定申告書は提出できないのでしょうか。

確定申告書の提出には署名押印が必要とされていますが，外国人は，署名のみで提出できます。

解　説

〔1〕 確定申告書を提出する者は，その確定申告書に氏名を記載し，押印しなければならないこととされています（通則法124①，②）。

〔2〕 しかしながら，押印すべき者が外国人である場合，「外国人ノ署名捺印及び無資力証明ニ関スル法律」において「法令ノ規定ニ拠リ署名，捺印スヘキ場合ニ於イテハ外国人ハ署名スルヲ以ッテ足ル」とされていることから，署名することで足ります。

関係法令等

〈通則法124①，②，外国人ノ署名捺印及び無資力証明ニ関スル法律１①〉

19—4　所得税及び復興特別所得税の確定申告書の提出場所等

所得税及び復興特別所得税の確定申告書の提出場所や納税方法を教えてください。

A　確定申告書の提出場所，納税方法等は以下のとおりです。

解　説

〔1〕 所得税及び復興特別所得税の確定申告書は，納税地を所轄する税務署長に２月16日から３月15日（３月15日が土曜日又は日曜日となる場合は翌々日又は翌日となります。以下，同様です。）までの間に提出することとなっています（所法120①，通法10②，通令２②，復興財確法17①）。

〔2〕 所得税の納税地は，国内に住所がある場合はその住所地が納税地となり（所法15一），住所がなく居所がある場合にはその居所地が納税地となります（所法15二）。

住所と居所については，問２－２「住所と居所の相違」で説明しています。

国内に住所のほかに居所がある場合には，選択により，居所地を納税地とすることができます（所法16①）。

また，国内に住所又は居所のいずれかがある場合に，その住所又は居所のほかに事業所等があるときは，選択により，その事業所等の所在地を納税地とすることができます（所法16②）。

上記の居所地を納税地とする特例又は事業所等を納税地とする特例を受ける場合には，本来の納税地の所轄税務署長に，納税地の特例を受けたい旨の届出書を提出する必要があります（所法16③，④）。

なお，非居住者の納税地については，問19－２で説明しています。

〔3〕 事業所得等を有する場合には，種々の特典のある青色申告をすることができます。そして，青色申告をするには事前に申請書を税務署に提出する必要がありますが，これについては問21－７「非居住者の青色申告」を参照してください。

〔4〕 納税は，原則として3月15日までに，銀行・郵便局又は税務署で行いますが，手続をすれば，銀行口座等からの口座振替による「振替納税」の方法によっても納税することができます（通法34①）。

この「振替納税」による場合の銀行口座等からの口座振替は，期限内申告に係る所得税の確定申告による所得税等については,4月20日頃となります。

また，これら以外の納税方法として，ダイレクト納付，インターネットバンキング等，クレジットカード納付，コンビニ納付（QRコード），コンビニ納付（バーコード）（コンビニ納付は納税額が30万円以下の場合）があります。これらの詳細については，国税庁のホームページ「[手続名] 国税の納付手続（納期限・振替日・納付方法)」などで説明されています。

関係法令等

〈通法10②，15①一，二，16①～④，34①，通令2②，所法120①，復興財確法17①〉

19—5 外国人の電子申告

私（A 国人）は日本国籍を有していませんが，確定申告の際，電子申告（e-Tax）を利用することはできますか。

また，電子申告を利用するにはどのようにすればよいですか。

電子申告により所得税の確定申告を行うには，2019年（平成31年）1月からは，①マイナンバー（個人番号）カードとICカードリーダーライタを利用する方法と②ID・パスワードを利用する方法の二つがあります。

解　説

電子申告により所得税の確定申告を行うには，2019年1月（平成31年1月）からは，以下の二つの方法のいずれかにより行うことができます（行政手続等における情報通信の技術の利用に関する法律3，国税関係法令に係る行政手続等における情報通信の技術の利用に関する省令5）。

〔1〕 マイナンバー（個人番号）カードを使用する方法

外国人でも，住民票がある方又は入国して市区町村に住民登録をした方には，12桁のマナイナンバーが通知されます（行政手続における特定の個人を識別するための番号の利用等に関する法律7①）。

そして，このマイナンバーを基に本人が市区町村にマイナンバーカードを申請すると，電子証明が搭載されたマイナンバーカードが発行されます行政手続における特定の個人を識別するための番号の利用等に関する法律17①）。

このマイナンバーカードとICカードリーダーライタを使用して，自宅のパソコン等から電子申告を行うことができます。

なお，マイナンバーカードがない方で，電子証明が搭載された住民基本台帳カードを持っている方は，住民基本台帳カードの利用でも可能です。

〔2〕 ID・パスワードを使用する方法

本人が税務署へ行って，職員と対面した後で，IDとパスワードを発行してもらい，これを利用して行う方法です。マイナンバーカードとICカードリーダーライタがなくても電子申告を行うことができます。

税務署へ行く際には，運転免許証などの本人確認書類を持参することが必要です。

また，この方式により電子申告ができるのは，国税庁のホームページの「確定申告書等作成コーナー」からのみです。

関係法令等

〈行政手続等における情報通信の技術の利用に関する法律3，国税関係法令に係る行政手続等における情報通信の技術の利用に関する省令5，行政手続における特定の個人を識別するための番号の利用等に関する法律7①，17①〉

19—6 居住形態別の所得控除及び税額控除の適用

Q 居住形態別の所得控除及び税額控除の適用を教えてください。

A 居住形態別の所得控除及び税額控除の適用は以下のとおりです。

解　説

次の表のとおり，居住者・非居住者の別により所得控除及び税額控除の適用が異なります。

なお，非居住者が受ける所得で，分離課税で課税関係が終了する給与・報酬等については，所得控除や税額控除の適用は原則としてありません。

詳しくは「第16章　所得控除」，「第17章　税額控除」をご参照ください。

項目＼区分		居住者		非居住者	年の中途で居住形態の変更があった場合
		永住者	非永住者		
所得控除	雑損控除	○	○	●	●
	医療費控除	○	○	×	△
	社会保険料控除	○	○	×	△
	小規模企業共済等掛金控除	○	○	×	△
	生命保険料控除	○	○	×	△
	地震保険料控除	○	○	×	△
	寄附金控除	○	○	○	○
	障害者控除	○	○	×	▲
	寡婦（寡夫）控除	○	○	×	▲
	勤労学生控除	○	○	×	▲
	配偶者控除	○	○	×	▲

	配偶者特別控除	○	○	×	▲
	扶養控除	○	○	×	▲
	基礎控除	○	○	○	○
税額控除	配当控除	○	○	○	○
	住宅借入金等特別控除	○	○	○	○
	政党等寄付金特別控除	○	○	○	○
	外国税額控除	○	○	◇	□

（注１）○……適用あり。

●……非居住者である期間については，日本国内に有する資産についてのみ適用あり。

△……居住者であった期間の支払分については適用あり。

▲……次の時期の現況で扶養親族等と判定される場合は適用あり。

・非居住者から居住者に変更の場合→その年の12月31日の現況による。

・居住者から非居住者に変更の場合→以下のとおり。

i　納税管理人を定めない場合は，出国時の現況による。

ii　納税管理人を定める場合はその年の12月31日の現況による。

◇……国内に恒久的施設を有する非居住者が，その恒久的施設に帰属する所得について日本及び外国の双方で二重に所得税が課税される場合には，外国税額控除の対象となる。

□……非居住者から居住者となった場合に，非居住者であった期間内に生じた所得に対して課される外国所得税は対象とならない。

×……適用なし。

19—7 年の中途で出国する場合の予定納税

Q

私（米国市民）は，米国法人Ｒ社の日本支店に勤務して６年目になりますが，日本国内のアパートからの収入があるため，毎年，不動産所得と給与所得について確定申告を行い，所得税及び復興特別所得税を30万円程度納めています。

私は，本年８月から３年間の予定でマニラ支店勤務となり，７月末には出国する予定です。この場合，本年分の予定納税額の納付はどのようにすればよいでしょうか。

A

出国前に納税管理人の選任を行い，税務署に届け出る必要がありますが，納税管理人の届出をした場合には，本来の納税期限までに納付を行います。

なお，納税管理人を定めない場合には，出国までに確定申告を行い，予定納税額を含めた所得税及び復興特別所得税の全額を納付する必要があります。

解　説

〔1〕 その年の６月30日に居住者である者又は総合課税を受ける非居住者である者については，前年分の課税総所得金額（譲渡所得，一時所得，雑所得又は雑所得に該当しない臨時所得の金額）に対する所得税の額から源泉徴収をされた，又はされるべきであった所得税の額（前記括弧内の所得に係るものを除きます。）を控除した金額（これを「予定納税基準額」といいます。）が15万円以上である場合には，７月及び11月に予定納税基準額の３分の１に相当する所得税を国に納付しなければなりません（所法104，105，166）。

〔2〕 更に，所得税の予定納税をする者で，平成25年から令和19年までの各年分の所得税の予定納税基準額及びその予定納税基準額に100分の2.1を乗じて計算した金額の合計額が15万円以上である者は，所得税の予定納税に係る復興特別所得税を，その所得税の予定納税に併せて国に納付しなければなりません（復興財確法16①）。

〔3〕　また，納税者が日本に住所及び居所を有せず，若しくは有しないこととなる場合で，申告書の提出その他国税に関する事項を処理させる必要があるときは，その者は当該事項を処理させるため，国内に住所又は居所を有する者でその処理につき便宜を有するもののうちから納税管理人を定め，所轄する税務署長にその旨届け出なければなりません（通法117①②，通令39①）。

〔4〕　あなたの場合，本年６月30日の現況では居住者に該当し，予定納税基準額及びその予定納税基準額に100分の2.1を乗じて計算した金額が15万円を超えていますので，所得税及び復興特別所得税の予定納税額の納税義務があります（所基通105−２）。

更に，あなたはアパートの貸付けによる国内源泉所得があることから，本年８月に出国し非居住者となってから以降も，日本で確定申告の必要がありますので，出国の時までに納税管理人を定め，税務署にその旨の届出書を提出しておく必要があります。

その結果，あなたは，予定納税の本来の納期限（７月31日，11月30日）までに予定納税額を納付し，翌年２月16日から３月15日までの間に確定申告を行って，所得税及び復興特別所得税の精算を行うこととなります。

なお，あなたが，納税管理人を定めないで出国する場合には，あなたは出国の時までに確定申告を行い，通知を受けた予定納税額の第１期分・２期分も含めて，残りの所得税及び復興特別所得税も納付する必要があります（所法２①四十二，115，127①，130，復興財確法17①，18①）。

（注）　予定納税及び確定申告の手続については，次掲問19―８「年の中途で出国する場合の確定申告及び予定納税」を参照してください。

【参　考】

年の途中で非居住者となる場合の予定納税のフローチャート

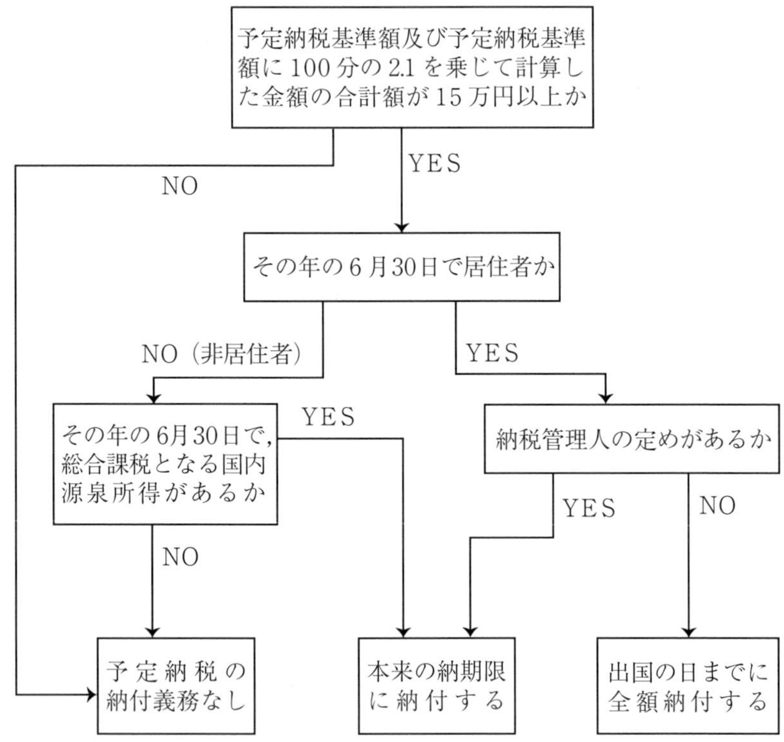

関係法令等

〈通法117①，②，通令39①，所法2①三～五，四十二，104，105，115，127①，130，166，復興財確法16①，17①，18①，所基通105‐2〉

19−8　年の中途で出国する場合の確定申告及び予定納税

Q

私（英国人）は，英国法人Ｃ社の東京支店に勤務して７年目になりますが，米国法人Ａ社からの招請により2019年（令和元年）９月から３年間の予定で渡米することになりました。

私は，平成25年８月までのＣ社東京支店からの給与のほか，国内に所有する賃貸マンション１室（居住用・賃借人は個人）に係る不動産収入があります。

2019年（令和元年）分の第２期分の予定納税及び確定申告はどのようにしたらよいですか。

A

出国する時までに納税管理人の届出書を提出する場合と提出しない場合によって，2019年（令和元年）分の第２期分の予定納税の納期限及び確定申告の提出期限が異なります。

解　説

〔１〕　納税管理人の届出書を提出して出国する場合

2019年（令和元年）分の第２期分（その年の11月１日から11月30日までの期間をいいます。）の予定納税額については，納税管理人を通じて法定納期限の12月２日（11月30日が土曜日の場合，その翌々日となるため）までに納付します（所法104①，復興財確法16①）。

2019年（令和元年）分の確定申告は，出国するときまでの全ての所得（給与所得及び不動産所得）と，出国した時からのアパートから生ずる不動産所得とを合計して，2020年（令和２年）３月16日（３月15日が日曜日の場合，その翌日となるため。詳しくは問19−４「所得税及び復興特別所得税の確定申告書の提出場所等」を参照してください。）までに納税管理人を通じて確定申告と納税をすることになります（通法117①②，通令39①，所法120①，128，復興財確法17①，18①）。

〔２〕　納税管理人の届出書を提出しないで出国する場合

⑴　2019年（令和元年）分の第２期分の予定納税については，出国の時まで

に納付する必要があります（所法115）。

⑵　2019年（令和元年）分の確定申告については，2019年（平成31年）の１月１日から出国の時までの間に生じた所得について，出国の時までに確定申告（準確定申告）と納税します（所法127，130，復興財確法17①，18①）。

次に，出国後は非居住者となりますが，国内に所有する賃貸マンション１室に係る不動産収入は，国内源泉所得に該当し，非居住者でも総合課税の方法により申告する必要があります。したがって，出国の際に申告した居住者期間の全ての所得に，非居住者期間中の不動産所得を合計して，改めて税額の計算を行い，2020年（令和２年）３月16日までに申告と納税します（所法８，164①二，165，166）。

関係法令等

〈通法117，通令39①，所法８，104①，115，120①，127，130，164①二，165，166，復興財確法17①，18①〉

19―9　同一年に準確定申告（出国）と確定申告をする場合

私（米国市民）は，米国法人Ｂ社の日本支店で３年間勤務した後，2019年（令和元年）８月に２年間の予定でマニラ支店勤務となり出国しました。

出国前までＢ社の日本支店以外の内国法人からの給与収入がありましたので，出国に際しては納税管理人を選任することなく準確定申告書を提出して出国しました。

しかし，出国後，まもなくマニラで病気になり，2019年（令和元年）10月，再度，２年間の予定で日本支店に勤務することとなりました。

私は，帰国後は従来どおり２か所からの給与収入があることとなるため，確定申告の必要があると思いますが，2019年（令和元年）分については，再度，確定申告を行えばよいのでしょうか。

なお，Ｂ社の日本支店では，出国前の給与（年末調整済）と帰国後の給与を合計して，再度年末調整をしています。

出国前の給与（２か所）と帰国後の給与（２か所）を合計して，再度，確定申告を行う必要があります。

解　説

〔１〕　国外において継続して１年以上居住することを通常必要とする職業に従事することとなる場合，その者は国内に住所を有しない者との推定を受けて，出国以降，非居住者に該当するものとして取り扱われます（所法２①五，所令15①一）。

あなたは，２年間のマニラ支店勤務の予定で出国していますので，この推定規定に該当し，マニラ支店勤務の間は非居住者となります。実際には，出国後にまもなく病気になり,2か月ほどで日本に帰国していますが，この推定は出国時点の現況により行いますので，出国後の病気により，覆ることはなく，この２か月ほどのマニラ勤務の間は，非居住者となります。

また，国内において継続して1年以上居住することを通常必要とする職業に従事することとなる場合，その者は国内に住所を有する者との推定を受けて，入国の日の翌日以降，居住者に該当するものとして取り扱われます（所法2①三，所令14①一）。

あなたは，マニラから2年間の日本支店勤務の予定で再来日しており，この推定規定に該当し，日本に入国の時から居住者となります。

〔2〕 所得税法上，「出国」とは，納税管理人の届出をしないで国内に住所及び居所を有しなくなることをいいます（所法2①四十二）が，年の途中で出国する場合において確定申告書を提出しなければならない場合（所法120①）に該当するときは，出国の時までに確定申告書（準確定申告書）を提出する必要があります（所法127①）。

〔3〕 あなたは，マニラへ出国する際に，納税管理人の届出書を提出していませんので，出国前の給与（2か所）について，出国の時までに確定申告書（準確定申告書）を提出する必要があります。

〔4〕 また，マニラからの帰国後は，居住者に該当しますので，国内勤務に係る給与の全てが課税対象になることになります。

〔5〕 したがって，あなたが2019年（令和元年）中に居住者として支払を受けた全ての給与（出国前及び帰国後の給与）について，改めて税額の計算を行い，修正申告書の様式を使用するなどして，2020年（令和2年）3月16日（3月15日が日曜日の場合，その翌日となるため）までの間に再度申告し，算出した税額と当初の準確定申告に係る税額との差額を納付する（又は還付される）ことになります。

関係法令等

〈所法2①三，五，四十二，120①，127①，所令14①一，15①一〉

19―10　準確定申告（出国）を行った後に，出国までの間に更に所得が発生した場合

Q

私は，内国法人Ｔ社に４年間勤務していた外国人です。本年６月に同社を退職し，すぐに出国する予定で納税管理人の届出をしないで準確定申告書を提出しましたが，都合によりその後３か月間日本内国法人Ｕ社に勤務していました。

本年10月，出国するに当たってＵ社から発行された源泉徴収票を基に確定申告したいと思いますが，６月の準確定申告による還付金をすでに受け取っていても，私はＵ社からの給与収入を再度申告することができるでしょうか。

なお，Ｔ社では退職時に年末調整は行っていません。

所得税の年税額の計算は，暦年単位でその間に生じたすべての所得を合算して行いますので，既に準確定申告に含めたＦ社からの給与にＵ社からの給与も加えて再度，申告等を行う必要があります。

この再計算により，税金を納めることとなる場合には修正申告，還付金が発生する場合には更正の請求となります。

解　説

〔１〕 所得税法上，「出国」とは，納税管理人の届出をしないで国内に住所及び居所を有しなくなることをいいます（所法２①四十二）が，年の途中で出国する場合において確定申告書を提出しなければならない場合（所法120①）に該当するときは，出国の時までに確定申告書（準確定申告書）を提出する必要があります（所法127①）。

また，還付を受けるための申告書を提出することができる場合（所法122①）に該当するときは，出国の時までに還付を受けるための申告書（準確定申告書）を提出することができます（所法127②）。

〔２〕 あなたの場合，出国する予定でいた本年６月には納税管理人を定めていないことから，出国する時までに確定申告書を提出して，源泉徴収された所得

税の還付の請求を行うことができます。

〔3〕 事情により出国が延期となり，その後に更に所得を有することになった場合には，申告済の所得金額も含めて，全てを合算して税額を計算し直す必要があります。

この再計算により，税金を納めることとなる場合には，先に提出した準確定申告（出国）の修正申告（通法19①），還付金が発生する場合には更正の請求（通法23①）となります。

関係法令等

〈通法19①，23①，所法２①四十二，120①，122①，127①，②〉

19―11　同一年に２種類の申告書（確定申告書及び所得税法第172条に規定する申告書）を提出する場合

Q

私（米国市民）は，米国法人Ｘ社から日本の子会社Ｙ社に３年間出向し，本年４月に米国に帰国しました。Ｙ社の勤務に基づく給与はＸ社から支払われており，また，出国後の本年６月に支払われる賞与についてもＸ社から支払われます。私は，出国までに納税管理人の届出書を提出していますが，4月までの勤務に基づく給与及び６月に支給される賞与の申告は，どのようにしたらよいのでしょうか。

出国前の給与については，翌年の２月16日から３月15日までの間に確定申告書を，出国後の賞与については，翌年の３月15日までに所得税法第172条に規定する申告書を，それぞれ納税管理人を通じて提出する必要があります。

解　説

〔１〕 確定申告義務のある居住者が年の途中で出国する場合において，出国の時までに納税管理人の届出書を提出した場合には，納税管理人を通じて翌年の２月16日から３月15日までの間に確定申告書を提出することとなります（通法117，所法120）。

〔２〕 非居住者については，国内源泉所得のみが課税の対象であり（所法７①三），給与等の支払地が国内及び国外のいずれであるかを問わず，国内での勤務に基づき支払われた給与等は国内源泉所得として課税されます（所法161①十二イ，164②二）。

〔３〕 また，非居住者に対して支給される給与等については，その支払地が国外であっても，給与等の支払者が国内に事業所等を有する場合には，国内において給与を支払ったものとみなされ，20.42％の税率による所得税等の源泉徴収が行われますが（所法212②，213①，復興財確法28①，②），給与等の支払者が国内に事業所等を有しない場合には源泉徴収の対象とはならず，非居住

者自身が所得税法第172条に規定する申告書を翌年の３月15日までに提出することとなります（所法172）。

〔４〕 あなたの場合，出国までに納税管理人の届出を済ませていますから，所得税法上の「出国」には該当せず（所法２①四十二），４月までの給与については翌年の２月16日から３月15日までの間に，納税管理人を通じて確定申告書を提出することになります（通法117，所法120）。

〔５〕 また，あなたは本年４月以降は居所を有しない非居住者に該当しますので，６月に支給される賞与のうちＹ社勤務に対応する部分については，賞与の金額に20.42％の税率を適用した所得税法第172条に規定する申告書を納税管理人を通じて翌年の３月15日までに提出することになります（所法172）。

関係法令等

〈通法117，所法２①三，五，四十二，７①三，120，161①十二イ，164②二，170，172，212②，213①，復興財確法28①，②〉

19―12 居住者期間と非居住者期間がある場合の不動産所得の課税関係

Q

私（英国人）は，英国法人A社の日本支店に8年間勤務した後，2017年（平成29年）4月に2年間の予定で韓国支店勤務となり，日本の自宅をA社日本支店に月額20万円で貸し付けて家族とともに出国しました。

私は，その後，2019年（平成31年）4月に再び日本支店勤務となり，A社日本支店に貸し付けていた自宅に戻りましたが，私の各年分の所得税額等の計算はどうなりますか。各年分の所得金額等は次のとおりです。

⑴　2017年（平成29年）分

①　1月～3月

給　与　⇨　A社からの収入300万円（源泉徴収税額46,400円）

・社会保険料20万円，生命保険料（一般）10万円，配偶者に所得なし

・居住者として源泉徴収，出国時に年末調整済

②　4月～12月

給　与　⇨　全額国外源泉所得

不動産　⇨　収入180万円，所得100万円（源泉徴収税額367,560円）

⑵　2018年（平成30年）分

給　与　⇨　全額国外源泉所得

不動産　⇨　収入240万円，所得150万円（源泉徴収税額490,080円）

⑶　2019年（令和元年）分

①　1月～3月

給　与　⇨　全額国外源泉所得

不動産　⇨　収入60万円，所得25万円（源泉徴収税額122,520円）

②　4月～12月

給　与　⇨　A社からの収入1,000万円（源泉徴収税額909,200円）

不動産　⇨　収入・所得ともなし

・社会保険料40万円，旧生命保険料（一般）10万円，配偶者に所得なし（年末調整済）

2017年（平成29年）から2019年（令和元年）の３年間において居住者期間と非居住者期間を有するため，それぞれの期間に対応した課税対象額を基に各年の所得金額を計算する必要があります。

解　説

〔１〕 非居住者は国内源泉所得に対してのみ課税の対象とされ，居住者は永住者に該当する場合は全ての所得に対し，また，非永住者に該当する場合には①国外源泉所得以外の所得の全て及び②国外源泉所得のうち国内において支払われ，又は国外から送金されたものに対して課税されます（所法７①一～三)。

〔２〕 ところで，国内にある不動産等の貸付けによる対価は国内源泉所得（所法161①七）として取り扱われ，非居住者がこれらの収入を得る場合には，その非居住者が恒久的施設を有するか否かに関係なく，総合課税の方法によって課税を受けることとなりますので，確定申告を行う必要があります（所法164①，165)。

なお，非居住者に対し国内にある不動産の賃借料等一定の国内源泉所得の支払を行う者は，原則としてその支払の際，所得税及び復興特別所得税を源泉徴収し，その徴収の日の属する月の翌月10日までに国に納付しなければなりません（所法212①，213，所令328二，復興財確法28①)。

〔３〕 あなたは，2017年（平成29年）４月の出国の時から2019年（平成31年）４月の再入国の時までは，非居住者に該当します。

したがって，この間あなたは自宅の貸付けによる不動産所得のみが国内源泉所得として課税の対象とされ，総合課税の方法によって課税されることとなりますので，確定申告を行う必要があります。また，2017年（平成29年）４月の出国の日から2019年（平成31年）４月の再入国時までの家賃収入については，その支払を受ける都度，その支払額に20.42％の率を乗じた所得税及び復興特別所得税が源泉徴収されることとなります（所法161①七，212①，213，復興財確法28①，②)。

韓国支店での勤務以外の期間は居住者に該当しますので，日本支店への勤務による給与は国内源泉所得として課税の対象となります。

したがって，2017年（平成29年）分及び2019年（令和元年）分については，給与所得と総合課税の対象となる不動産所得をあわせて確定申告する必要があります。

〔4〕 以上に基づき，2017年（平成29年）分から2019年（令和元年）分の各年分の所得税額及び復興特別所得税の額の計算を表に示しますと，次ページのようになります。

<table>
<tr><th colspan="2">年　月
区　分</th><th colspan="2">2017年（平成29年）
4月</th><th>2018年（平成30年）</th><th colspan="2">2019年（令和元年）
4月</th></tr>
<tr><td colspan="2">勤　務　地</td><td>日　本</td><td colspan="3">韓　　国</td><td>日　本</td></tr>
<tr><td colspan="2">居住形態</td><td>居住者</td><td colspan="3">非　居　住　者</td><td>居住者</td></tr>
<tr><td rowspan="2">課税</td><td>給与所得</td><td></td><td></td><td></td><td></td><td></td></tr>
<tr><td>不動産所得</td><td></td><td></td><td></td><td></td><td></td></tr>
</table>

（注）　は，日本での課税を受ける部分であることを示します。

（単位：円）

所得＼年分		2017年（平成29年）	2018年（平成30年）	2019年（令和元年）
不動産所得		1,000,000	1,500,000	250,000
給与所得		1,920,000		7,800,000
総所得金額		2,920,000	1,500,000	8,050,000
社会保険料控除		200,000		400,000
生命保険料控除		50,000		50,000
配偶者控除		380,000		380,000
基礎控除		380,000	380,000	380,000
所得控除計		1,010,000	380,000	1,210,000
課税総所得金額		1,910,000	1,120,000	6,840,000
算出税額		95,500	56,000	940,500
所得税及び復興特別所得税の額		97,505	57,176	960,250
源泉徴収税額	不動産分	367,560	490,080	122,520
	給与分	46,400		909,200
申告納税額		△316,455	△432,904	△71,470

（注）2019年（令和元年）分は，1か所からのみの給与収入で，かつ，年末調整を受けており，給与所得以外の所得金額の合計が20万円以下ですので，確定申告を行う義務はありませんが，所得税及び復興特別所得税の還付を受けるための確定申告を行うことができます（所法121①一，122①）。

関係法令等

〈所法7①一～三，121①一，122①，161①七，164①，165，212①，213，所令328二，復興財確法28①，②〉

19—13　誤った所得税等の源泉徴収と確定申告

私（カナダ人）は，来日して２年になります。私は，英会話の講師をし，３か所の勤務先からそれぞれ給与収入を得ていますが，そのうちの１社からの給与は20.42％の税率で所得税等が源泉徴収されています。

私は，このまま，確定申告で所得税及び復興特別所得税の精算をして差し支えないでしょうか。

所得税等の源泉徴収が誤ったままでは確定申告で所得税及び復興特別所得税の精算を行うことはできません。

解　説

〔１〕日本に住所を有するか，あるいは現在まで引き続いて１年以上，国内に居所を有する場合には居住者としての課税を受けることとなります（所法２①三）。

〔２〕居住者に対し国内で給与等の支払が行われる場合には，給与等の種別・支払方法・支払金額等に従って所得税等の源泉徴収が行われることとなっています（所法183～198）。

〔３〕あなたの場合には，来日して２年目ということですので居住者に該当することとなりますが，20.42％の税率で所得税及び復興特別所得税が源泉徴収されているということは，誤って非居住者としての取扱いを受けていると思われます。

〔４〕所得税の確定申告書には「各種所得につき源泉徴収をされた又はされるべき所得税の額」（所法120①五）を記載して，これを算出税額から控除して申告納税額を計算しますが，ここにいう「『源泉徴収をされた又はされるべき所得税の額』とは所得税法の源泉徴収の規定（第４編）に基づき正当に徴収をされた又はされるべき所得税の額を意味するものであり」（最高裁平成４年２月18日第三小法廷判決・民集46巻２号77頁），誤って徴収した金額を記載して所得税額の精算をすることはできないとされています。

したがって，あなたの勤務先に，正しく計算し直してもらった上で，正しい給与所得の源泉徴収票を発行してもらい，確定申告を行うことが必要です。

関係法令等

〈所法２①三，183～198，復興財確法28①，②，最高裁平成４年２月18日第三小法廷判決・民集46巻２号77頁〉

19―14　誤った所得税等の源泉徴収税額に基づく還付申告

Q

私（フランス人）は，日本に入国して２年目になるファッションモデルですが，報酬の支払者から「10.21％の源泉徴収をすべきところを誤って20.42％の源泉徴収をしたので，確定申告で精算してほしい」と言われました。

これらの報酬を含めて所得金額を計算すると，確定申告書の申告納税額は還付になりますが，私はこの内容の申告書を提出することができるのでしょうか。

所得税等の源泉徴収が誤ったままでは上記の内容の申告書を提出することはできません。

正当な税額（10.21％の源泉徴収による）に基づいて計算した申告書を提出する必要があります。

解　説

〔１〕 居住者であるファッションモデルが，報酬額の10.21％（ただし，１回に支払われる金額が100万円を超える場合は，その超える部分の金額については20.42％の税率となります。）の源泉徴収をされるべきところを，誤って非居住者に対する20.42％の税率による源泉徴収をされた場合には，この10.21％相当額の差額の過誤納金は，支払者である源泉徴収義務者が所轄税務署長に対して過誤納金の還付請求を行って還付を受け，その後，源泉徴収義務者が相当額をそのファッションモデルへ返還することになります（通法56，所法204①四，205一，所基通181～223共−６）。

〔２〕 また，所得税の確定申告書には「各種所得につき源泉徴収をされた又はされるべき所得税の額」（所法120①五）を記載して，これを算出税額から控除して申告納税額を計算しますが，ここにいう「『源泉徴収をされた又はされるべき所得税の額』とは所得税法の源泉徴収の規定（第４編）に基づき正当に徴収をされた又はされるべき所得税の額を意味するものであり」（最高裁平成４年２月18日第三小法廷判決・民集46巻２号77頁），誤って徴収した金額を

記載して所得税額の精算をすることはできないとされています。

したがって，あなたの場合，その報酬については，10.21％の源泉徴収による正当な税額に基づいて確定申告することになります。

関係法令等

〈通法56，所法204①四，205一，所基通181～223共-6，復興財確法28①，②，最高裁平成４年２月18日第三小法廷判決・民集46巻２号77頁〉

19—15　確定申告に誤りがあったとき

私（シンガポール人）は，大学で英語学を教えて給与を得ていますが，そのほかに原稿料の収入があるため，毎年，確定申告をしています。

必要があって，昨年の申告内容を確認していましたら，計算誤りがあることに気づきました。私は，どのような手続により申告内容を正しくすれば良いのでしょうか。

正しく計算することにより，追加で税金を払うこととなる場合には，修正申告，税金が少なくなる場合には更正の請求により昨年の申告書を訂正することになります。

解　説

〔1〕 確定申告をした後で，その申告内容に誤りがある場合には，それを訂正するための手続として，修正申告又は更正の請求という方法があります。

⑴ 納付税額に不足がある場合又は還付税額が過大であった場合には，修正申告書（通法19）を所轄する税務署長に提出し，差額の税額を納付することになります。この場合，本税以外に加算税や延滞税の納付が必要になる場合があります。

⑵ 納付税額が過大であった場合又は還付税額に不足がある場合には，更正の請求書（通法23）を所轄する税務署長に提出し，減額更正を求めることができます。更正の請求は法定申告期限から５年以内に行う必要があります。

〔2〕 したがって，あなたが昨年の申告の計算誤りにより，差額の所得税を納める必要があるときは速やかに修正申告書を所轄の税務署長に提出する必要があります。

また，逆に納付した税額が過大又は還付税額が不足していた場合には，期限までに「更正の請求書」を，所轄する税務署長あてに提出することができます。

関係法令等　〈通法19，23〉

第20章

資料情報制度等

20―1　国外財産調書制度の概要

Q

私（米国市民）は，日本の居住者に該当する者ですが，米国に預金や不動産を保有しています。日本では，国外に財産を保有している人は「国外財産調書」を提出しなければならないと聞きましたが，その概要を教えてください。

A

居住者（非永住者を除きます。）で，その年の12月31日において，その価額の合計額が5,000万円を超える国外財産を有する者は，その財産の種類，数量及び価額等を記載した国外財産調書を，その年の翌年の3月15日までに提出しなければなりません。

解　説

〔1〕 2012年度（平成24年度）の税制改正において，居住者（非永住者を除きます。）で，その年の12月31日において，その価額の合計額が5,000万円を超える国外財産を有する者は，その財産の種類，数量及び価額その他必要な事項を記載した国外財産調書を，その年の翌年の3月15日までに提出しなければならないこととされました（国外送金等調書法5）。

〔2〕「国外財産」とは，「国外にある財産をいう」こととされています（国外送金等調書法2十四）。ここでいう「国外にある」かどうかの判定については，相続税法第10条第1項及び第2項の規定の定めるところによります（国外送金等調書令10①）。ただし，社債，株式等の有価証券等が，金融商品取引業者等の営業所等に開設された口座に係る振替口座簿に記載等がされているものである場合におけるその有価証券等の所在については，その口座が開設された金融商品取引業者等の営業所等の所在によります（国外送金等調書令10②）。

〔3〕 国外財産の「価額」は，その年の12月31日における「時価」又は時価に準ずるものとして，「見積価額」によることとされています（国外送金等調書令10④，国外送金等調書規12⑤）。また，「邦貨換算」は，同日における「外国為替の売買相場」によることとされています（国外送金等調書令10⑤）。

〔4〕 国外財産調書には，提出者の氏名，住所（又は居所），個人番号に加え，

財産の種類，数量，価額，所在等を記載することとされています（国外送金等調書規12①）。また，国外財産に関する事項については，「種類別」，「用途別」（一般用及び事業用），「所在別」に記載する必要があります（国外送金等調書規別表１，別表２）。

〔５〕 なお，国外財産調書制度においては，適正な提出を促すための措置として，①国外財産調書の提出がある場合の過少申告加算税等の優遇措置（過少申告加算税等の５％減額），②国外財産調書の提出がない場合等の過少申告加算税の加重措置（過少申告加算税等の５％加重）及び③故意の国外財産調書の不提出等に対する罰則（１年以下の懲役又は50万円以下の罰金等）が設けられています（国外送金等調書法６，９，10）。

（注） 上記①及び②については，平成26年１月１日以後に提出すべき国外財産調書について適用され（平24法16附則１七，59，60），③については，平成27年１月１日以後に提出すべき国外財産調書に係る反則行為について適用されます（平24法16附則１九，79）。

関係法令等

〈国外送金等調書法５，６，９，10，国外送金等調書令４，５，10，国外送金等調書規12①，⑤，別表1,別表2,平24法16附則１七，九，59，60，79〉

20—2 財産債務調書制度の概要

Q

私（米国市民）は，米国親会社から日本の子会社に派遣されて4年になる外国人ですが，子会社から受け取る給与のほか，米国に保有している金融商品から生じる利子や配当があるため，毎年，確定申告を行っています。所得金額が一定の金額を超えると，確定申告書以外に，財産債務調書を提出する必要があると聞きましたが，制度の概要について教えてください。

A

あなたの総所得金額等が2,000万円を超え，かつ，その年の12月31日現在保有する国内及び国外の財産価額の合計額が３億円以上あるいは，財産のうち，有価証券等の国外転出特例対象財産の価額の合計額が１億円以上ある場合は，財産債務調書の提出が必要になります。

解　説

［１］ 所得税の確定申告書を提出しなければならない者で，その年分の総所得金額及び山林所得金額の合計額が2,000万円を超え，かつ，その年の12月31日において，合計３億円以上の財産又は合計１億円以上の国外転出特例対象財産を保有する場合は，財産債務調書を翌年の３月15日までに提出する必要があります（国外送金等調書法６の２①）。財産の額は，国内財産及び国外財産の合計額で判断します。

ここで，国外転出特例対象財産とは，所得税法第60条の２第１項に規定する有価証券等並びに同上第２項に規定する未決済信用取引等及び同条第３項に規定する未決済デリバティブ取引に係る権利をいいます。

なお，申告分離課税となる所得がある場合における上記の「総所得金額及び山林所得金額の合計額」は，この合計額に「上場株式等に係る配当所得等の金額」（措法８の４①）など，一定の所得を加算します（国外送金等調書令12の２⑤）。

また，非居住者であっても，提出要件に該当する場合は，財産債務調書を提出する義務があります。

更に，国外財産調書（国外送金等調書法５）を提出する場合であっても，上記の提出要件に該当する場合は，財産債務調書の提出が必要です。

〔２〕 財産債務調書に記載する内容は，提出者の氏名，住所（又は居所），個人番号を有する場合は個人番号，12月31日現在保有する財産の種類，数量，価額及び所在並びに債務の金額等で，それぞれ「種類別」，「用途別」（一般用及び事業用の別），「所在別」に記載する必要があります（国外送金等調書法６の２①，国外送金等調書令12の２⑥，国外送金等調書規15①，別表３，別表４）。

〔３〕 財産の価額は，その年12月31日における時価又は時価に準ずるものとして定められた見積価額によることとされています（国外送金等調書法６の２③，国外送金等調書令12の２②，国外送金等調書規12⑤，15④）。

国外の財産及び債務の邦貨換算は，その年の12月31日の外国為替の売買相場により行います（国外送金等調書令10⑤，12の２③）。具体的には，財産については，財産債務調書を提出する者の取引金融機関が公表するその年12月31日における最終の対顧客直物電信買相場（TTB）又はこれに準ずる相場により行います。また，債務については，対顧客直物電信売相場（TTS）又はこれに準ずる相場により行います。いずれも，その年12月31日に相場がない場合は，同日前の相場のうち，同日に最も近い日の相場により行います（国外送金等調書通６の２－15）。

〔４〕 財産債務調書を提出期限内に提出した場合，財産債務調書に記載がある財産債務に関して生ずる所得に，所得税又は相続税の申告漏れが生じたときでも，その財産債務に関する申告漏れに係る部分の過少申告加算税等について，５％軽減されます（国外送金等調書法６①，６の３①）。

また，財産債務調書の提出が提出期限内にない場合又は提出期限内に提出された財産債務調書に記載すべき財産債務の記載がない場合（重要なものの記載が不十分と認められる場合を含みます。）に，その財産債務に係る所得税等の申告漏れが生じたときは，過少申告加算税等について，５％加重されますが，この過少申告加算税等の加重措置は，相続税及び死亡した者の所得税については適用がありません（国外送金等調書法６②,６の３②）。

関係法令等

〈国外送金等調書法５，６①，②，６の２①，③，６の３①，②，国外送金等調書令10⑤，12の２②，③，⑥，国外送金等調書規12⑤，15①，④，別表３，別表４，国外送金等調書法通達６の２-15，措法８の４①〉

20—3　国外送金等調書制度の概要

Q

私（米国市民）は，来日して３年目になりますが，この度，税務署から「国外送金等に関するお尋ね」が届きました。私は，米国の投資ファンドに投資しており，このために資金を米国に送金しました。このお尋ねはどのようなもので，どのように対応すればよいですか。

また，金融機関から国外への送金を行った場合には，その金融機関からその内容が税務署に報告されると聞きましたが，これについても教えてください。

個人や法人等が，金融機関から国外への送金又は国外からの送金等の受領を行った場合には，その１回当たりの金額が100万円を超えるものについて，その金融機関は，一定の事項を記載した「国外送金等調書」を税務署に提出することになっています。あなたが税務署から受領した「国外送金等に関するお尋ね」は，この調書に基づいて送られたものと思われます。国外送金等調書制度を理解して適正に回答することをお勧めします。

解　説

〔１〕 国境を超える資金移動が大幅に自由化されている中で，適正な課税の確保を図るとの観点からの資料情報制度の整備として，1998年度（平成10年度）の税制改正において，「内国税の適正な課税の確保を図るための国外送金等に関する調書の提出等に関する法律」（以下「国外送金等調書法」といいます。）が制定され，個人や法人等が金融機関の営業所等において，１回について200万円を超える国外送金又は国外からの送金等の受領（以下「国外送金等」といいます。）を行った場合には，その金融機関は，1998年（平成10年）４月１日以後にされる国外送金等についてその営業所等の所在地の所轄税務署長に一定の事項を記載した国外送金等調書を提出しなければならないこととされました（国外送金等調書法４①，附則２）。その後，2008年（平成

20年）の税制改正により，対象となる１回の金額が200万円から100万円に引き下げられ，2009年（平成21年）４月１日以後にされる国外送金等について適用されています（国外送金等調書令８①，平20政令143附則２）。

〔２〕 この調書の対象となる「国外送金」とは，金融機関が行う為替取引によってされる国内から国外へ向けた支払をいいます（国外送金等調書法２四）。具体的には，電信送金，小切手送金，小切手や手形の取立てに対する支払，国際郵便為替，国際郵便振替等がこれに当たります。なお，国際クレジットカードを海外で利用した場合の代金の支払やトラベラーズ・チェック（旅行小切手）の購入に係る支払は該当しません。

他方，輸入貨物に係る荷為替手形に基づく取立てによる支払は除かれています。

また，「国外からの送金等の受領」とは，金融機関が行う為替取引によってされる国外から国内へ向けた支払の受領をいいます（国外送金等調書法２五）。具体的には，上記の「国外送金」と同様に，電信送金，小切手送金，小切手や手形の取立てに対する支払の受領，国際郵便為替，国際郵便振替等がこれに当たります。更に，金融機関が行う小切手，為替手形，その他これらに準ずるもの（国外で支払がされるものに限ります。）の買取りに係る対価の受領も含まれます（国外送金等調書法２五）。具体的には，外国の企業等を支払者とする小切手，為替手形等を国内にある銀行などの支店に持ち込んで買い取ってもらう場合がこれに当たります。

他方，輸出貨物に係る荷為替手形に基づく取立てによる支払の受領及び荷為替手形の買取りに係る対価の受領は除かれます。

〔３〕 国外送金等に係る為替取引を行った金融機関は，１回の国外送金等ごとに，その顧客の氏名又は名称，住所（国内に住所を有しない場合には居所等の一定の場所），送金金額等の一定の事項を「国外送金等調書」に記載し，その為替取引を行った日の属する月の翌月末日までに所轄税務署長に提出します（国外送金等調書法４①）。

国税庁によると，「国外送金等調書」の提出枚数は，当初の1998事務年度（平成10事務年度）が2,437千枚であったのに対し，2017事務年度（平成29事務年度）には7,222千枚に増加しています（「2016年公表『国際戦略トータルプラン』に基づく取組状況（2019年１月版）」）。

〔４〕 あなたに税務署から「国外送金等に関するお尋ね」が届いたとのことですが，税務署では，金融機関から提出された「国外送金等調書」に基づいて，「お尋ね」を送付したものと思われます。この「国外送金等に関するお尋ね」は，通常，税務署長による行政指導の位置付けで行われているようですが，国外送金等調書制度など資料情報制度（第20章）全体を理解して適正に回答することをお勧めします。

関係法令等

〈国外送金等調書法２四，五，４①，附則２，国外送金等調書令８①，平20政令143附則２〉

20—4 国外証券移管等調書制度

Q 私（英国人）は，日本に居住して８年になりますが，英国と日本の証券会社に口座を保有していて，両証券口座間で有価証券の移動をさせています。国内外の証券口座間で有価証券の移管を行うと税務署に調書が提出されると聞きましたが，制度の概要について教えてください。

A **2014年度（平成26年度）税制改正で，国境を越えて有価証券の証券口座間の移管を行った場合，国外証券移管等調書が，金融商品取引業者等から税務署に提出されることになりました。2015年（平成27年）１月１日以後に依頼する移管等から適用されています。**

解　説

〔１〕 金融商品取引業者等の営業所等の長に，有価証券の国外証券移管等の依頼をする者は，氏名又は名称及び住所等を記載した告知書を，国外証券移管等をする際に，その金融商品取引業者等の長に提出する必要があります（国外送金等調書法４の２①)。

① 金融商品取引業者等

金融商品取引業者等とは，金融商品取引法第２条第９項に規定する金融商品取引業者（同法28条第１項に規定する第一種金融商品取引業を行う者に限ります。)，同法第２条第11項に規定する登録金融機関又は投資信託及び投資法人に関する法律第２条第11項に規定する投資信託委託会社などをいい，国外においてこれらの者と同種類の業務を行う者を含みます（国外送金等調書法２①七)。

② 告知書の提出義務者

国外証券移管の依頼をする者及び国外証券受入れの依頼をする者は，原則として，個人・法人，居住者・非居住者，内国法人・外国法人の別を問わず，告知書の提出義務者となります。

③ 告知書の記載事項

国外証券移管等の依頼をする者は，告知書に氏名又は名称・住所又は居所等，国外証券移管等の原因となる取引等一定の事項を記載する必要があります（国外送金等調書法４の２①，国外送金等調書規11の３）。

〔２〕　金融商品取引業者等は，顧客からの依頼により国外証券移管等をしたときは，国外証券移管等ごとに，顧客の氏名又は名称，住所及び個人番号又は法人番号，国外証券移管等をした有価証券の種類及び銘柄等を記載した国外証券移管等調書を，国外証券移管等をした日の属する月の翌月末日までに，国外証券移管等を行った金融商品取引業者等の所在地の所轄税務署長に提出する必要があります（国外送金等調書法４の３①）。

この制度は国外送金等調書等調書と異なり，提出の金額基準は設けられていませんので，全ての国外証券移管等について報告する必要があります。

国外証券移管等調書の対象となる国外証券移管等とは，次の国外証券移管又は国外証券受入れをいいます。

①　国外証券移管の範囲

金融商品取引業者等が，顧客の依頼に基づいて行う国内証券口座から国外証券口座への有価証券の移管（国外送金等調書法２①十一）

②　国外証券受入れの範囲

金融商品取引業者等が，顧客の依頼に基づいて行う国外証券口座から国内証券口座への有価証券の受入れ（国外送金等調書法２①十二）

〔３〕　罰則

次の違反があった場合は，違反行為をした者は，１年以下の懲役又は50万円以下の罰金に処せられます（国外送金等調書法９）。

①　告知書の不提出又は虚偽記載による提出

②　国外証券移管等調書の不提出又は虚偽記載による提出

③　国税庁，国税局又は税務署の当該職員の質問検査権に対する不答弁若しくは虚偽答弁又は検査の拒否，妨害若しくは忌避

④　国税庁，国税局又は税務署の当該職員の物件の提示又は提出の要求に対する不提示若しくは不提出又は虚偽記載の帳簿書類その他の物件の提示若しくは提出

関係法令等

〈国外送金等調書法２①七，十一，十二，４の２①，４の３①，９，国外送金等調書規11の３〉

20—5　共通報告基準（CRS）に基づく自動的情報交換に関する情報

Q　私（カナダ人）は，日本に居住して6年になりますが，日本とカナダの両国に預金口座を保有しています。各国間で非居住者の金融口座の情報が交換される制度ができたと聞きましたが，制度の概要について教えてください。

A　**OECDにおいて，非居住者に係る金融口座情報を税務当局間で自動的に交換するための国際基準が定められ，日本では2015年（平成27年）税制改正によりこれについての規定が創設され，2018年（平成30年）以後，毎年4月30日までに金融機関から所轄税務署長に報告がされ，各国税務当局と自動的に交換がされています。**

解　説

〔1〕 外国の金融機関等を利用した国際的な脱税及び租税回避に対処するため，2014年（平成26年）にOECDにおいて，非居住者に係る金融口座情報を税務当局間で自動的に交換するための国際基準である「共通報告基準（CRS：Common Reporting Standard）」が公表され，日本を含む100を超える国・地域が参加することになりました。

この基準に基づき，各国の税務当局は，自国に所在する金融機関等から非居住者が保有する金融口座情報の報告を受け，租税条約等の情報交換規定に基づき，その非居住者の居住地国の税務当局に対しその情報を提供することとされました。

日本では，この自動的情報交換を行うため，2015年（平成27年）税制改正において，租税条約等の実施に伴う所得税法，法人税法及び地方税法の特例等に関する法律（以下「実施特例法」といいます。）が改正され，国内に所在する金融機関等が，非居住者の保有する口座につき，口座保有者の氏名，住所，利子・配当等の年間受取総額等の情報を所轄税務署長に報告する制度が導入されました（実施特例法10の5，10の6），これにより報告されたCRS情報の初回交換は，2018年（平成30年）9月までに行われました。初回情報交換の状況は，受領件数は64か国・地域550,705件，提供件数は58か国・地域89,672件でした（国税庁「CRS 情報の自動的情報交換の開始について（平成30年10月）」)。

なお，各国税務当局間での情報の授受は，OECD が開発した共通送受信システム（CTS：Common Transmission System）を通じて行われています。

〔2〕 金融口座情報を報告する義務を負う金融機関（以下「報告金融機関等」といいます。）は，銀行等の預金機関，生命保険会社等の特定保険会社，証券会社等の保管機関及び信託等の投資事業体です（実施特例法10の5⑦，実施特例令6の6①)。報告の対象となる情報は，口座保有者の氏名・住所（名称・所在地)，居住地国，外国の納税者番号，口座残高，利子・配当等の年間受取総額等です。

〔3〕 個人や法人等が，報告金融機関等と行う口座開設等の取引（以下「特定取引」といいます。）のうち，2017年（平成29年）1月1日以後に行う特定取引（以下「新規特定取引」といいます。）については，次の義務があります。すなわち，報告金融機関等との間で，その営業所等を通じて新規特定取引を行う者は，特定取引を行う者（以下「特定対象者」といいます。）の氏名又は名称，住所又は本店若しくは主たる事務所の所在地，居住地国，外国において納税者番号を有する場合にはその納税者番号（日本のマイナンバーは報告対象外です。）等を記載した届出書を，その特定取引を行う際，当該報告金融機関等の営業所等の長に提出する必要があります（実施特例法10の5①，実施特例規16の2①)。

〔4〕 報告金融機関等は，当該報告金融機関等との間で，その営業所等を通じて平成28年12月31日以前に行う特定取引を行った者が，2016年（平成28年）12月31日において当該特定取引に係る契約を締結している場合，保有している情報に基づき，2018年（平成30年）12月31日までに，特定取引者の住所等所在地国と認められる国又は地域を特定する必要があります（実施特例法10の5②)。

〔5〕 報告金融機関等は，その年の12月31日において，当該報告金融機関等との間で，その営業所等を通じて特定取引を行った者が報告対象となる契約を締

結している場合には，その契約ごとに特定対象者の氏名又は名称，住所又は本店若しくは主たる事務所の所在地，居住地国，外国において納税者番号を有する場合にはその納税者番号及び当該取引に係る資産の価額，当該資産の運用，保有又は譲渡による収入金額等を，その年の翌年４月30日までに，当該報告金融機関等の本店等の所在地の所轄税務署長に提供する必要があります（実施特例法10の６①，実施特例省令16の12①）。

関係法令等

〈実施特例法10の５，10の６，実施特例令６の６①，実施特例省令16の２①，16の12①〉

20―6　税務行政執行共助条約の概要

Q

日本の税金を滞納している人が国外に資産を保有している場合に，日本国からその国にその滞納者の日本における税金の徴収を依頼したり，情報交換を行うことができる多国間条約が日本との関係でも発効し，日本でも動き出したとのことですが，その概要について教えてください。

A

「租税に関する相互行政支援に関する条約」及びその「改正議定書」の発効とそれに関連する国内法の整備により，日本の税務当局は，①情報交換（締約国間において租税に関する情報を相互に交換する。），②徴収共助（租税の滞納者の資産が他の締約国にある場合，他の締約国にその租税の徴収を依頼することができる。），③送達共助（租税に関する文書の名宛人が他の締約国にいる場合，他の締約国にその文書の送達を依頼することができる。）ができます。

解　説

〔1〕 日本は，2011年（平成23年）11月３日，「租税に関する相互行政支援に関する条約」（以下「税務行政執行共助条約」といいます。）及び「租税に関する相互行政支援に関する条約を改正する議定書」（以下「改訂議定書」といいます。）に署名しました。その後，2013年（平成25年）に国会の承認を経て，これらは日本との関係では，同年10月１日から発効しました。

また，この間に，平成24年度税制改正により，「租税条約等の実施に伴う所得税法，法人税法及び地方税法の特例等に関する法律」及び関連法律を改正し，徴収共助や文書送達などに関する国内法上の規定を整えました。

本条約が発効に至った経緯は，以下のとおりです（外務省 HP)。

1988年（昭和63年）１月25日　ストラスブールで採択(税務行政執行共助条約)

2010年（平成22年）５月27日　パリで採択（改正議定書）

2011年（平成23年）11月３日　カンヌで署名

2013年（平成25年）６月17日　国会承認

2013年（平成25年）６月28日　受諾書寄託

2013年（平成25年）７月３日　公布及び告示

（条約第４号，第５号及び外務省告示第232号）

2013年（平成25年）10月１日　効力発生

〔２〕 税務行政執行共助条約は，この条約の締約国間で租税に関する以下の行政支援を相互に行うための多数国間条約であり，この条約を締結することにより，国際的な脱税及び租税回避行為に対処していくことが可能になります(財務省 HP)。

① 情報交換：締約国間において，租税に関する情報を相互に交換することができます（税務行政執行共助条約４，５，６，７）。

② 徴収共助：租税の滞納者の資産が他の締約国にある場合，他の締約国にその租税の徴収を依頼することができます（税務行政執行共助条約11，12，13，14，15，16)。

③ 送達共助：租税に関する文書の名宛人が他の締約国にいる場合，他の締約国にその文書の送達を依頼することができます（税務行政執行共助条約17)。

〔３〕 改正議定書は本条約を一部改正するもので，主な改正内容は以下のとおりです（財務省 HP)。

① 税務行政執行共助条約の情報交換規定を国際標準に沿ったものに改める(銀行機密に関する情報の交換について規定する等)。

② 欧州評議会及び経済協力開発機構（OECD）以外の国も税務行政執行共助条約を締結できるようにする。

〔４〕 2019年11月３日現在判明している税務行政執行共助条約への署名国は，次の32か国です（財務省 HP)。

日本，アメリカ，イギリス，フランス，ドイツ，イタリア，カナダ，韓国，メキシコ，スペイン，ポルトガル，オランダ，ベルギー，デンマーク，ノルウェー，スウェーデン，フィンランド，アイスランド，アイルランド，ポーランド，スロベニア，アゼルバイジャン，ウクライナ，グルジア，モルドバ，トルコ，オーストラリア，アルゼンチン，ブラジル，南アフリカ，ロシア，

インドネシア

〔5〕 なお，税務行政執行共助条約とは別に，二国間の租税条約の中にも情報交換や徴収共助についての規定が置かれていますので，情報交換や徴収共助に当たっては，いずれかの条項を適用して対処することとなります。

関係法令等

〈税務行政執行共助条約4，5，6，7，11，12，13，14，15，16，17〉

第21章

そ　の　他

21—1　国外転出時課税の概要

私（米国市民）は，米国から来日して4年目になる会社員です。日本の口座と米国の口座に株式を所有しています。日本での今後の滞在期間は未定ですが，やがては米国に帰国するつもりです。一定の株式等を保有している人が国外に転出して非居住者になる場合には，その株式等の譲渡があったものとみなして所得税が課税されるとのことですが，この制度について教えてください。

A

①国外転出をする日前10年間以内において国内に5年を超えて住所又は居所を有しており，かつ，②有価証券などの対象資産の合計額が1億円以上である居住者が国外転出する場合には，その有価証券などを譲渡したものとみなして含み益に対して所得税が課税されます。ここで，国内に5年を超えて住所又は居所を有しているかのどうかの判定に当たっては，外交，教授，芸術，経営・管理，法律・会計業務，医療，研究，教育，企業内転勤，短期滞在，留学等の在留資格で在留していた期間は含まれません。

また，この制度には，納税猶予や減免措置なども設けられています。

解　説

〔1〕 株式等の譲渡所得については，その株式等を売却等により実現した時点で納税者の居住地国において課税され，非居住者とされる国では課税されないのが一般的です。これを利用して，巨額の含み益を有したまま国外転出し，その株式等の譲渡所得を課税しない国において売却することにより，株式等の譲渡所得に対する課税を免れる事例も発生していました。

そこで，2015年度（平成27年度）の税制改正により，一定の国外転出者に対して，国外転出直前に対象資産を譲渡等してこれを同時に買い戻したものとみなして，その未実現の譲渡所得に対して課税する「国外転出時課税」の特例が創設されました（所法60の2）。

〔2〕 この国外転出課税の対象となるのは，次の①及び②の二つのいずれにも該

当する場合です（所法60の２①，②，③，⑤）。

①　国外転出（国内に住所又は居所を有しなくなることをいいます。）をする居住者が，国外転出をする日前10年間以内において国内に５年を超えて住所又は居所を有していること(注)

(注)　国内に５年を超えて住所又は居所を有しているかのどうかの判定に当たっては，出入国管理及び難民認定法別表第一の上欄の在留資格（外交，教授，芸術，経営・管理，法律・会計業務，医療，研究，教育，企業内転勤，短期滞在，留学等の25種類）で在留していた期間は含まれません（所令170③一）。

　また2019年（平成27年）６月30日までに同法別表第二の在留資格（永住者，日本人の配偶者等，永住者の配偶者等，定住者）で在留している期間がある場合は，国内に住所又は居所を有していた期間には含まれません（平成27改正所令附則８②）。

　なお，国内に住所及び居所を有していない期間があっても，国外転出時課税制度の納税の猶予の特例を受けていた期間は，国内に住所又は居所を有していた期間に含まれます（所令170③二）。

②　所有している対象資産の価額の合計が１億円以上であること

　ここで，対象資産とは，i）有価証券（株券，国債・地方債証券，社債券，投資信託等の受益証券等），ii）匿名組合契約の出資の持分（以下，i）及びii）を併せて「有価証券等」といいます。），iii）未決済の信用取引・発行日取引・デリバティブ取引（以下「未決済の信用取引等」といいます。）をいいます。

　なお，国外転出をしなくても，一定の要件に該当する居住者が，贈与，相続又は遺贈により非居住者に対象資産を移転させた場合にも，その時に対象資産を譲渡したものとみなして対象資産の含み益に対して所得税が課税されますが（所法60の３），これについての説明はここでは省略します。

〔３〕　国外転出時課税の対象となる者の申告・納税の期限は，国外転出までに納税管理人の届出（通法117）を行ったかどうかにより異なります。国外転出までに納税管理人の届出を行った場合には，通常の確定申告に係る申告・納税の期限（翌年の３月15日）となります（所法120①，128）。一方，国外転出までに納税管理人の届出を行わないで国外転出を行う場合には，その他の所得も含めて，国外転出時までが申告・納税の期限となります（所法127

①，130)。

〔4〕 国外転出時課税において，対象となる有価証券等をいつ譲渡したとみなしてその価額を算定するかについては，それぞれ以下のとおりとなります。

① i）国外転出に係る確定申告書の提出の時までに納税管理人の届出をした場合，ii）納税管理人の届出をしないで国外転出をし，国外転出をした日以後に国外転出に係る確定申告書を提出するか，又は所得税の決定がされる場合は，国外転出の時におけるその有価証券の価額（所法60の2①一）

② 上記①以外の場合，つまり，国外転出の日以前に確定申告書を提出する場合は，国外転出の予定日から起算して3か月前の日（同日後に取得をした有価証券はその取得時）の価額（所法60の2①二）

また，国外転出時課税において，未決済の信用取引等について，いつ利益又は損失の額が生じたものとみなすかについても，上記の有価証券等と同様の判定時期によります（所法60の2②，③)。

〔5〕 有価証券等が国外転出時課税の適用を受けた場合には，国外転出の時に課税された有価証券等の時価に相当する価格により取得したものとして，取得価額の洗替えを行います。したがって，国外転出後にその有価証券等を譲渡した場合には，その洗替え後の取得価額で譲渡所得等の金額の計算を行います（所法60の2④一)。

また，国外転出時課税の適用を受けた未決済の信用取引等が，国外転出後に決済があった場合に，i）国外転出時に利益の額が生じていたときは，その決済によって生じた利益の額又は損失の額からその未決済の信用取引等に係る国外転出時に生じたとみなされた利益の額に相当する金額を減算し，ii） 国外転出時に損失の額が生じていたときは，その決済によって生じた利益の額又は損失の額からその未決済の信用取引等に係る国外転出時に生じたとみなされた損失の額に相当する金額を加算します（所法60の2④二)。

しかし，2016年度（平成28年度）の税制改正により，2016年（平成28年）1月1日以後に譲渡又は決済を行う有価証券等又は未決済の信用取引等については，国外転出課税に係る確定申告書の提出や所得税の決定がない場合には，上記の洗替えによる有価証券等の取得価額の調整や未決済の信用取引等に係る利益又は損失の金額についての調整は行わないこととされています（所法60の２④）。

〔６〕　国外転出課税の申告を行う者が，国外転出の時までに納税管理人の届出を行うなど一定の手続を行った場合は，国外転出課税の適用により納付することとなった所得税について，国外転出の日から５年間（延長の届出により最長10年間），納税を猶予することができ，納税猶予の満了の翌月以降４か月を経過する日が納期限となります（所法137の２①，②）。

この納税猶予の特例を受けるためには次の要件の全てを満たすことが必要です（所法137の２①，②，③）。

①　国外転出の時までに，所轄税務署に納税管理人の届出を行うこと

②　確定申告書に納税猶予の特例を受けようとする旨を記載すること

③　確定申告書に「国外転出等の時に譲渡又は決済があったものとみなされる対象資産の明細書（兼納税猶予の特例の適用を受ける場合の対象資産の明細書《確定申告書付表》）」，「国外転出をする場合の譲渡所得等の特例等に係る納税猶予分の所得税及び復興特別所得税の額の計算」など一定の書類を添付すること

④　確定申告書の提出期限までに，納税を給与される所得税額及び利子税額に相当する担保を提供すること

ただし，確定申告書の提出がなかった場合又は上記の記載若しくは添付のない確定申告書の提出があった場合にも，その提出又は記載若しくは添付がなかったことについてやむを得ない事情があると税務署長が認めるときは，その記載をした書類及び上記の書類の提出があった場合に限り，納税の猶予を適用することができる宥恕規定が設けられています（所法137の２④）。

なお，納税猶予期間中は，各年の12月31日において所有等している適用資産（国外転出時課税に係る納税猶予の特例を受けている対象資産をいいます。）について，引き続き納税猶予の特例を受けたい旨を記載した届出書（国外転出をする場合の譲渡所得等の特例等に係る納税猶予の継続適用届出書）を翌年３月15日までに所轄税務署へ提出する必要があります（所

法137の２⑥)。

〔７〕 上記〔６〕の納税猶予を受ける場合は次の減免措置等の適用を受けることができます。

① 国外転出後に，譲渡等の際の対象資産の価額が国外転出時よりも下落している場合は，譲渡等した対象資産について，国外転出課税により課された税額を減額できます（所法60の２⑧，⑨)。このためには，譲渡等の日から４か月を経過する日までに更正の請求をする必要があります（所法153の２②)。

② 国外転出後，国外転出先の国の外国所得税と二重課税が生じる場合（国外転出先の国において国外転出時課税分の税額が調整されない場合に限ります。）には，納税猶予期間中に対象資産を譲渡等した際，国外転出先の国で納付した外国所得税について，外国税額控除の適用を受けることができます（所法95の２①)。このためには，外国所得税を納付することとなる日から４か月を経過する日までに更正の請求をする必要があります（所法153の６)。

③ 国外転出後，納税猶予期間（５年又は10年）の満了日までに帰国した場合（納税猶予の適用を受けず，国外転出から５年以内に帰国した場合も含みます。）は，国外転出時から帰国時まで引き続き有している対象資産について，国外転出時課税により課された税額を取り消すことができます（所法60の２⑥，⑦)。このためには，帰国した日から４か月を経過する日までに更正の請求をする必要があります（所法153の２①)。

④ 国外転出後，納税猶予期間が満了した場合は，国外転出時から帰国時まで引き続き有している対象資産について，国外転出時から引き続き有している対象資産について，納税猶予期間が満了した時点で，対象資産の価額が国外転出時よりも下落しているときは，国外転出時課税により課された税額を減額できます（所法60の２⑩)。このためには，納税猶予期間の満了日から起算して４か月を経過する日までに更正の請求をする必要があります（所法153の２③)。

関係法令等

〈通法117，所法60の２①，②，③，④，⑤，⑥，⑦，⑧，⑨，⑩，60の３，95の２①，120①，127①，128，130，137の２①，②，③，④，⑥，153の２①，②，③，所令170③一，二，平成27改正所令附則８②〉

21—2 外国人に対する外国子会社合算税制の適用

私（米国市民）は日本に居住しており，内国法人甲社の社長をしています。

甲社は精密機器の製造業者です。甲社は香港法人Ｓ社が保有する工業所有権を使用して製品を製造しています。Ｓ社の収入の全ては甲社から受領する工業所有権の使用料です。

Ｓ社は使用料収入について，日本で所得税等が源泉徴収されますが，日本で課税された税額は香港における申告において外国税額控除が適用されます。その結果，Ｓ社が日本と香港の両国で納税する税額の合計額は，Ｓ社の所得に対して香港における法人税率に相当する税率で課税される税額相当額になります。

Ｓ社の株式は，私が90％，それから米国に居住している私の父（米国市民）が10％保有しています。

聞くところによりますと，香港など税金の低い国の会社に出資していると，その会社に生じた所得がその株主の所得に合算して申告しなければならない制度が日本にあるとのことですが，外国人である私や父についてもそのような申告が必要になるのでしょうか。

居住者等や内国法人により株式等の50％超を保有されているなどの外国法人は「外国関係会社」と定義されます。

また，外国関係会社の主たる事業が工業所有権の使用の対価である場合，その外国関係会社は「経済活動基準」を満たさないとして「対象外国関係会社」と定義されます。

そして，対象外国関係会社について，所得に対して課される租税の額の当該所得の金額に対する割合として一定の規定に基づき算定される割合（「租税負担割合」）が20％に満たない場合，その対象外国関係会社の株式を10％以上保有している居住者や内国法人は，対象外国関係会社の所得金額に基づいて一定の規定に従い計算される金額（「適用対象金額」）に対する持分割合等の部分に相当する金額（「課税対象金額」）について，「外国子会社合算税制」における納税義務者となり，課税対象金額を雑所得の総収入金額として他の所得と合算して日本で申告する必要があります。

ご質問の場合，S社は対象外国関係会社であること，S社の租税負担割合が20%未満であること，かつ，居住者であるあなたがS社の株式を10%以上保有していることから，あなたは外国子会社合算税制における納税義務者になります。

一方，あなたのお父さんは非居住者ですのでこの税制における納税義務者にはなりません。

解　説

〔1〕 ご質問の税制は，「居住者の外国関係会社に係る所得の課税の特例」という租税特別措置法第40条の4の規定です。この税制は，居住者が軽課税国や税のない国に存する外国法人の株式を保有するなど，一定の要件を満たした場合，当該外国子会社の所得金額に基づいて一定の規定に従い計算した金額（適用対象金額）に対する持分割合等の部分に相当する金額（「課税対象金額」）を，株主等である居住者の雑所得の金額の計算上，総所得の金額に算入する制度であり，一般に「外国子会社合算税制」と呼ばれています。

（注） 内国法人にも同様の税制がありますが（措法66の6），ここでは居住者に対する税制を記載します。

〔2〕 居住者等や内国法人によって発行済株式の50%超を保有されるなど特定の条件に基づき居住者等又は内国法人に支配されている外国法人を外国関係会社といいます（措法40の4②一）。

S社は，居住者であるあなたに発行済株式の90%（50%超）を保有されていますので，外国関係会社に該当します。

〔3〕 外国子会社合算税制には，①外国関係会社の所得総額に基づき算定される所得金額相当額を居住者の所得に合算する「会社単位の合算課税」（措法40の4①）と②外国関係会社の所得のうち，利子や配当など特掲された所得だけを課税する「受動的所得の合算課税」があります（措法40の4⑥）。今回のご

質問は，会社単位の合算課税に関するものです。

〔4〕 会社単位の合算課税については，①「経済活動基準」と呼ばれる四つの基準のいずれかを満たさない場合において，租税負担割合が20%未満のときに課税されるもの（措法40の4②三，⑤二）と②ペーパーカンパニーやブラックリスト国所在のもの(注)などで租税負担割合が30%未満のときに課税されるものがあります（措法40の4②二，⑤一）。今回のご質問は前者の①に関するものです。

(注) 「ブラックリスト国所在のもの」とは，租税に関する情報の交換に関する国際的な取組への協力が著しく不十分な国又は地域として財務大臣が指定する国又は地域の本店又は主たる事務所を有する外国関係会社のことをいい（措法40の4②二ハ），財務大臣がこの国又は地域を指定したときは，これを告示することとされています（措法40の4⑭）。

〔5〕 上記の経済活動基準とは次の四つの基準です（措法40の4②三）。

① 事業基準

主たる事業が株式の保有とか工業所有権の提供等でないこと

② 実体基準

本店所在地国に主たる事業に必要な事務所等を有すること

③ 管理支配基準

本店所在地国において事業の管理，支配及び運営を自ら行っていること

④ 所在地国基準又は非関連者基準

i 所在地国基準（不動産業など，下記ii以外の事業）

主として本店所在地国で事業を行っていること

ii 非関連者基準（卸売業など8業種）

主として非関連者以外の者と取引を行っていること

S社の場合，主たる事業が工業所有権の提供であることから，事業基準を満たしません。したがって，経済活動基準を満たしません。

〔6〕 経済活動基準を満たさない外国関係会社は対象外国関係会社に該当します（措法40の4②三）。そして，S社は経済活動基準を満たさない外国関係会社であることから，対象外国関係会社に該当します。

〔７〕 内国法人が香港法人に工業所有権の提供の対価（使用料）を支払う場合の源泉徴収に係る所得税等の限度税率は５％です（日本香港租税条約12②）。

また，香港法人が内国法人から支払を受ける使用料については香港でも課税することができますが（同条約12①），日本で課税された税額は外国税額控除の対象となります（同条約22①）。したがって，香港での税額の負担は基本的には香港法人に対する基本税率に基づく税額相当額になるのが一般的です。なお，香港における法人税の基本税率は16.5%です。

このようなことから，「Ｓ社の所得に対して香港における法人税率に相当する税率で課税される税額相当額になります」との説明のとおり，Ｓ社の租税負担割合は20%に満たないことになります。

〔８〕 居住者であるあなたは，租税負担割合が20%に満たない対象外国関係会社であるＳ社の株式を90%（10%以上）有していますので，あなたは外国子会社合算税制における納税義務者となります（措法40の４①一イ）。

〔９〕 一方，あなたのお父さんは非居住者ですので，外国子会社合算税制における納税義務者にはなりません（措法40の４①）。

関係法令等

〈措法40の４①，②二，三，⑤，⑥，⑭，措法66の6，日本香港租税条約12①，②，22①〉

21―3 納税管理人の届出書の提出先

Q　私（米国市民）は，米国法人F社の日本支店長として9年間勤務してきましたが，本年4月から2年間の米国本店勤務となり，妻子とともに米国に居住することになりました。

私の日本における現在の住所は板橋区（転勤後は空家となる）であり，中野区内にアパート1棟を所有し，賃貸収入があることから，毎年，板橋税務署に確定申告をしてきました。

今回の転勤に当たって，葛飾区に住んでいる妻の父を納税管理人にしたいと思っていますが，納税管理人の届出書はどこに提出すればよいでしょうか。

A　**納税管理人の届出書は，出国後の納税地を所轄する中野税務署長に提出することになります。**

解　説

〔1〕 海外勤務などで国内に住所又は居所を有しないこととなる場合において，所得税等の確定申告書の提出，納税及びその他国税に関する事項を処理する必要があるときは，国内に住所又は居所を有する者の中から申告書の提出等の事項を処理する納税管理人を定め，納税者自身の納税地を所轄する税務署長にその旨を届け出なければならないとされています（通法117，通法令39）。

また，納税管理人が定められますと，所得税等に関する書類は納税者本人ではなく納税管理人の住所又は居所に送達され（通法12①），納税管理人は，納税者本人に代わって各種の申告書の提出，更正の通知書あるいは督促状等の書類の受領，更には，国税の納付又は還付金の受領等，納税者本人がなすべき国税に関する事項を処理することになります（通基通（徴）117－2）。

〔2〕 納税管理人を定めたときは，「当該納税管理人に係る国税の納税地を所轄する税務署長」に届け出ることになっていますが（通法117②），ここでいう納税地とは，納税管理人を選任することとなった国税についての納税義務者本人の納税地であり，納税管理人の納税地ではありません。

〔3〕 国内に住所又は居所を有しなくなった者の納税地は，原則として次のとおりとなります（所法15四～六，所令53，54）。

なお，このほか納税地についての取扱いは№18―2「非居住者の納税地」を参照してください。

⑴　国内に住所又は居所を有しないこととなったときに事業所等を有せず，かつ，その納税地とされていた場所にその者の親族等が引き続き又はその者に代わって居住している場合………その納税地とされていた場所（所法15四，所令53）

⑵　⑴に該当しない場合で，国内にある不動産，不動産の上に存する権利の貸付け等の対価を受ける場合………その不動産の所在地（所法15五）

⑶　⑴及び⑵に該当しない場合………国内に住所又は居所を有しないこととなった時の直前において納税地であった場所（所令54一）

⑷　⑴から⑶までのいずれにも該当しない場合………所得税に関する法律の規定に基づく申告，請求などの行為をする場合に，その納税者が納税地として選択した場所（所令54二）

⑸　⑴から⑷までのいずれにも該当しない場合………麹町税務署の管轄区域内の場所（所令54三）

〔4〕 あなたの場合，家族同伴で出国し米国本店に勤務すること及び従来納税地としていた場所（板橋区）には出国後は親族等が誰も住んでいないことから，上記〔3〕の⑴には該当しませんが，不動産の貸付けの対価を受けているので上記〔3〕の⑵に該当し，出国後の納税地はアパートの所在地である中野区内の不動産の所在地となります。

したがって，所得税に係る納税管理人の届出書の提出先は，あなたの出国後の納税地を所轄する中野税務署長となります。

なお，仮に，あなたが国内にアパートを有していない場合の納税地は，上記〔3〕の⑶に該当し，出国直前において納税地であった場所（板橋区）を所轄する板橋税務署長となります。

関係法令等

〈通法12①，117，所法15四～六，所令53，54，通基通（徴）117-2〉

 外貨建取引の邦貨換算（1）

Q 私（永住者）は，海外にある不動産を賃貸しており，毎月賃料をドル建てで受け取っています。私の不動産所得の計算において，どのように円換算をするのでしょうか。

A **外貨建取引の金額の円換算は，原則として，取引日における対顧客直物電信売相場（TTS）と対顧客直物電信買相場（TTB）の仲値（TTM）により換算します。**

ただし，不動産所得については継続適用を条件として，収入等については取引日のTTB，経費等についてはTTSにより換算することもできます。

解　説

〔1〕 外貨建取引（外国通貨で支払が行われる資産の販売及び購入，役務の提供，金銭の貸付け及び借入その他の取引）を行った場合において，外国通貨で表示された金額を本邦通貨表示の金額に換算する円換算額は，その外貨建取引を行った時における外国為替の売買相場により換算した金額として，各種所得の金額の計算を行います（所法57の3①）。

〔2〕 具体的には，その取引を計上すべき日（以下「取引日」といいます。）における対顧客直物電信売相場（TTS）と対顧客直物電信買相場（TTB）の仲値（TTM）により，円換算することとなります（所基通57の3－2）。

〔3〕 ただし，不動産所得，事業所得，山林所得又は雑所得を生ずべき業務を行う者の場合は，継続適用を条件として，売上その他の収入又は資産については取引日のTTB，仕入れその他の経費（原価及び損失を含みます。）又は負債については取引日のTTSによることとされています（所基通57の3－2ただし書き）。

〔4〕 また，継続適用を条件として，外貨建取引の内容に応じて合理的と認められる以下のような為替相場を用いることもできます（所基通57の3－2（注）2）。

① 取引日の属する月の前月の末日若しくは前週の末日又は当月の初日若し

くは当週の初日のTTB，TTS，TTM

② 取引日の属する月の前月又は前週の平均相場のように1月以内の一定の期間におけるTTM，TTB又はTTSの平均値

〔5〕 あなたの場合，原則として取引日におけるTTMを用いて不動産所得の計算を行うこととなりますが，継続適用を条件として，上記〔3〕及び〔4〕の方法によることもできます。

関係法令等

〈所法57の3①，所基通57の3－2〉

21—5　外貨建取引の邦貨換算(2)

私（カナダ人）は，日本の永住者に該当します。カナダにある不動産を15万ドルで売却しました。不動産の取得価額は11万ドルで，譲渡費用は1万ドルかかっています。

この場合，譲渡所得の金額を計算する際の円換算はどのようにするのですか。

A　**原則として，不動産の取得，譲渡，譲渡費用それぞれの取引日における対顧客直物電信売相場と対顧客直物電信買相場の仲値（TTM）により，円換算することになります。**

解　説

〔1〕 個人が，外貨建取引を行った場合の外国通貨で表示された金額を本邦通貨表示の金額に換算する方法は，その外貨建取引を行った時における外国為替の売買相場により換算した金額として，各種所得を計算することとされています（所法57の3①）。

〔2〕 具体的には，その取引を計上すべき日（以下「取引日」といいます。）における対顧客直物電信売相場（TTS）と対顧客直物電信買相場（TTB）の仲値（TTM）により，円換算することになります（所基通57の3-2）。

〔3〕 したがって，あなたが売却した不動産に係る譲渡所得を算出する際には，譲渡価額，取得価額，譲渡費用について，それぞれの取引の日（譲渡日，取得日，譲渡費用を計上すべき日）のTTMにより円換算することになります。

〔4〕 なお，譲渡代金として受領した外国通貨をその受領をした都度直ちに売却して本邦通貨を受け入れている場合には，TTBにより円換算した金額を譲渡価額とし，また，本邦通貨により外国通貨を購入し直ちに資産の取得費用や譲渡費用の支払に充てている場合には，TTSにより円換算した金額を取得価額や譲渡費用として所得金額を計算することもできます（所基通57の3-2(注)4，国税庁HP／法令等／質疑応答事例／譲渡所得／収入金額／10　外国通貨で支払が行われる不動産を譲渡した場合における譲渡所得の金額の計算の際の

円換算)。

【参考】租税特別措置法（所得税関係）通達37の10・37の11共－6（外貨で表示されている株式等に係る譲渡の対価の額等の邦貨換算）

一般株式等に係る譲渡所得等の金額又は上場株式等に係る譲渡所得等の金額の計算に当たり，株式等の譲渡の対価の額が外貨で表示され当該対価の額を邦貨又は外貨で支払うこととされている場合の当該譲渡の価額は，原則として，外貨で表示されている当該対価の額につき金融商品取引業者と株式等を譲渡する者との間の外国証券の取引に関する外国証券取引口座約款において定められている約定日におけるその支払をする者の主要取引金融機関（その支払をする者がその外貨に係る対顧客直物電信買相場を公表している場合には，当該支払をする者）の当該外貨に係る対顧客直物電信買相場により邦貨に換算した金額による。

また，国外において発行された公社債の元本の償還（買入れの方法による償還を除く。）により交付を受ける金銭等の邦貨換算については，記名のものは償還期日における対顧客直物電信買相場により邦貨に換算した金額により，無記名のものは，現地保管機関等が受領した日（現地保管機関等からの受領の通知が著しく遅延して行われる場合を除き，金融商品取引業者が当該通知を受けた日としても差し支えない。）における対顧客直物電信買相場により邦貨に換算した金額による。

なお，取得の対価の額の邦貨換算については，対顧客直物電信売相場により，上記に準じて行う。

関係法令等

〈所法57の３①，所基通57の３－２，措通37の10・37の11共-6，国税庁 HP／法令等／質疑応答事例／譲渡所得／収入金額／10　外国通貨で支払が行われる不動産を譲渡した場合における譲渡所得の金額の計算の際の円換算〉

21―6 外貨建取引の邦貨換算（3）

私（米国市民）は，日本国内にある事務所で金融コンサルタント業を営んでいます。

本年4月1日，米国法人A社と総額12万ドルでコンサルティング契約を締結し，5月3日に役務の提供が完了しました。同日，A銀行（米国）にある私の銀行口座に，契約金額の全額が入金されました。

ところで，5月3日は日本では祝日であり，金融機関が休日であるため，為替相場がありません。事業所得の金額を算出するに当たり，どのように円換算を行えばよろしいでしょうか。

A　**5月3日前の最も近い日（5月2日）の為替相場により円換算を行います。**

解　説

〔1〕 個人が，外貨建取引を行った場合の外国通貨で表示された金額を本邦通貨表示の金額に換算する方法は，その外貨建取引を行った時における外国為替の売買相場により換算した金額として，各種所得を計算することとされています（所法57の3①）。

〔2〕 具体的には，その取引を計上すべき日（以下「取引日」といいます。）における対顧客直物電信売相場（TTS）と対顧客直物電信買相場（TTB）の仲値（TTM）により，円換算することになります（所基通57の3－2）。

〔3〕 ところで，本問のように，円換算に係る当該日（為替相場の算出の基礎とする日をいいます。）の為替相場がないなど，特殊なケースにおいては，それぞれ次に掲げる相場により換算することとされています（所基通57の3－2（注）3）。

① 当該日に為替相場がない場合

同日前の最も近い日の為替相場によります。

② 当該日に為替相場が2以上ある場合

その当該日の最終の相場（当該日が取引日である場合には，取引発生時の相場）によります。ただし，取引日の相場については，取引日の最終の相場によっているときは，これを認めています。

〔４〕 あなたの場合には，５月３日に役務の提供が完了し契約金額の入金があったということですから，同日の為替相場により円換算を行う必要があるのですが，この日は祝日であり，為替相場がないということなので，５月３日前の最も近い日の為替相場，つまり，５月２日の為替相場を使用して円換算することになります。

関係法令等

〈所法57の３①，所基通57の３－２〉

21—7 非居住者の青色申告

Q 私（ドイツ人）は，本年８月，ドイツに帰国する予定ですが，現在，住んでいるマンションを当分の間，賃貸したいと考えています。

私は，この賃貸に係る不動産所得について青色申告による申告をすることができるでしょうか。

A **所轄税務署長の承認を受けることにより，青色申告による申告をすることができます。**

解　説

〔１〕 非居住者が国内にある不動産を賃貸する場合に，その所得は国内源泉所得に該当（所法161①七）し，これに係る不動産所得は総合課税（所法164①，165）の方法によって課税を受けることとなるため，確定申告を行う必要があります。

〔２〕 非居住者の総合課税に係る所得税及び復興特別所得税の申告，納付及び還付については，居住者の申告，納付及び還付に係る各規定を準用することとされていますので，青色申告についても同様に適用することができます（所法143，166，復興財確法17①）。

〔３〕 したがって，不動産所得，事業所得又は山林所得を生ずべき業務を行う非居住者は，納税地の所轄税務署長に対して青色申告を行おうとする，その年の３月15日（その年の１月16日以後新たに不動産所得等を生ずべき業務を開始した場合には，その業務を開始した日から２か月以内）までにあらかじめ青色申告の承認申請書を提出し，承認を受けることによって青色申告ができます（所法144）。

〔４〕 なお，国内の不動産の賃貸を行う非居住者が国内に住所も居所も有しない場合には，その不動産の所在地が納税地とされています（所法15五）。

〔５〕 あなたの場合，８月のドイツ帰国後，マンションの賃貸を開始することから，賃貸業務の開始後２か月以内に賃貸しようとするマンションの所在地を所轄する税務署長に対して青色申告の承認申請書を提出し，同署長の承認を

受けた場合には本年分から青色申告をすることができます。

関係法令等

〈所法15五，143，144，161①七，164①，165，166，復興財確法17①〉

21―8　外国人の相続税・贈与税の概要

Q

私（イギリス人）は来日して3年目になります。外国人でも相続税や贈与税がかかるとのことですが，課税になる場合とならない場合について，教えてください。

A

相続税・贈与税の納税義務者は，相続や贈与により財産を取得した人ですが，取得した全ての財産について納税義務を負う「無制限納税義務者」と国内にある財産を取得した場合に納税義務を負う「制限納税義務者」に分かれます。「無制限納税義務者」か「制限納税義務者」かは，取得者だけでなく，被相続人や贈与者も含めた住所の有無や期間のほか，日本国籍の有無などとの組合せを基に判定されます。

解　説

〔1〕 相続税・贈与税の納税義務者は，相続や贈与により財産を取得した人ですが，取得した全ての財産について納税義務を負う「無制限納税義務者」（相法2①，2の2①）と国内にある財産を取得した場合に納税義務を負う「制限納税義務者」（相法2②，2の2②）に分かれます。制限納税義務者は，従来は，取得者の住所地の有無のみで判定されていましたが，人や財産を国外に移動させることによる租税回避に対処するため，2000年（平成12年），2013年（平成25年），2017年（平成29年），2018年（平成30年）に税制改正がなされ，取得者だけでなく，被相続人や贈与者も含めた住所の有無や期間のほか，日本国籍の有無などとの組合せを基に判定されるようになりました。

〔2〕 無制限納税義務者は，更に「居住無制限納税義務者」（相法1の3①一，③，1の4①一，③）と「非居住無制限納税義務者」（相法1の3①二，1の4①二）に分かれ，制限納税義務者も「居住制限納税義務者」（相法1の3①三，1の4①三）と「非居制限納税義務者」（相法1の3①四，1の4①四）に分かれますが，相続税の場合には，更に，被相続人が特定贈与者(注)であるときのその被相続人からの贈与により取得した財産で相続時精算課税（相法21の9③）の適用を受ける者である「特定納税義務者」（相法1の3①五）が

あります（相基通1の3・1の4共－3）。

（注）　特定贈与者とは，その贈与について相続時精算課税の選択（相法21の9①）が行われている場合の贈与者をいいます（相法21の9⑤）。

〔3〕　納税義務者別の納税義務の範囲について図にまとめると以下のようになります。

なお，財産の所在地が国内か国外にあるかの判定については，相続税法第10条の規定に従って行います（相基通2・2の2共－1）。

①　相続税

納　税　義　務　者		納税義務者の範囲		
		国内所在財産	国外所在財産	相続税精算課税適用財産
無制限納税義務者	居住無制限納税義務者	○	○	○
	非居住無制限納税義務者	○	○	○
制限納税義務者	居住無制限納税義務者	○	×	○
	非居住無制限納税義務者	○	×	○
特定納税義務者		—	—	○

②　贈与税

納　税　義　務　者		納税義務者の範囲	
		国内所在財産	国外所在財産
無制限納税義務者	居住無制限納税義務者	○	○
	非居住無制限納税義務者	○	○
制限納税義務者	居住無制限納税義務者	○	×
	非居住無制限納税義務者	○	×

〔4〕　平成30年度改正後の相続税・贈与税における納税義務者の区分及び課税資産の範囲にいてのイメージは以下の図のようになります（財務省『平成30年度税制改正の解説』581頁を参考に作成）。なお，平成30年度改正については，平成30年4月1日以後に相続若しくは遺贈又は贈与により取得する財産に係る相続税又は贈与税について適用されます（平成30改正法附則43①，②，③）。

<table>
<tr><td colspan="3" rowspan="3">相続人
受贈者
被相続人
受贈者</td><td colspan="2">国内に住所あり</td><td colspan="3">国内に住所なし</td></tr>
<tr><td rowspan="2"></td><td rowspan="2">一時居住者（※１）</td><td colspan="2">日本国籍あり</td><td rowspan="2">日本国籍なし</td></tr>
<tr><td>10年以内に住所あり</td><td>10年以内に住所なし</td></tr>
<tr><td colspan="3">国内に住所あり</td><td></td><td></td><td></td><td></td><td></td></tr>
<tr><td></td><td colspan="2">一時居住被相続人（※１）
一時居住贈与者（※１）</td><td></td><td></td><td></td><td></td><td></td></tr>
<tr><td rowspan="3">国内に住所なし</td><td rowspan="2">10年以内に住所あり</td><td rowspan="2"><u>相続人</u>
外国人
<u>贈与税</u>
短期滞在外国人（※２）
長期滞在外国人（※３）</td><td></td><td colspan="3">国内・国外財産ともに課税（注１）</td><td></td></tr>
<tr><td></td><td></td><td></td><td>国内財産のみに課税（注２）</td><td></td></tr>
<tr><td colspan="2">10年以内に住所なし</td><td></td><td></td><td></td><td></td><td></td></tr>
</table>

※１　出入国管理法別表１の在留資格（注３）で滞在している者で，相続・贈与前15年以内において国内に住所を有していた期間の合計が10年以下の者

※２　出国前15年以内において国内に住所を有していた期間の合計が10年以下の外国人

※３　出国前15年以内において国内に住所を有していた期間の合計が10年超の外国人で出国後２年を経過した者

（注１）　グレイの部分は，国内・国外財産ともに課税

（注２）　白地の部分は，国内財産のみに課税

（注３）　出入国管理法別表第一の在留資格とは，外交，教授，芸術，経営・管理，法律・会計業務，医療，研究，教育，企業内転勤，短期滞在，留学等の25種類の在留資格をいい，つまり，同法別表第二の在留資格（永住者，日本人の配偶者等，永住者の配偶者等，定住者）以外の在留資格を指します。

関係法令等

〈相法１の３①一，二，三，四，五，③，１の４①一，二，三，四，③，２①，②，２の２①，②，21の９①，③，⑤，28⑤，⑥，⑦，平成30改正法附則43①，②，③，相基通１の３・１の４共－３，２・２の２共－1，出入国管理法別表第一〉

21－9　外国人の住民税

Q

私（米国人）は，3年間の予定で，米国法人C社から日本の支店に派遣されて勤務を開始しました。外国人でも日本に住んでいると住民税がかかるとききました。外国人の住民税について教えてください。

A

一般的には，外交又は公用の在留資格以外で，3か月超の在留資格により滞在する外国人がその年の1月1日現在に都道府県（市区町村）に住所を有する場合には，所得割及び均等割の住民税の課税対象者となります。

解　説

〔1〕　個人都道府県民税と市区町村民税を合わせて，一般に「個人住民税」と呼ばれています。

個人住民税には，次のものがあります（地税23①，292①）。

① 所得割：前年の所得金額に応じて課税
② 均等割：定額で課税
③ 利子割：預貯金の利子等に課税
④ 配当割：上場株式等の配当等及び割引債の償還差益に課税
⑤ 株式等譲渡所得割：特定口座（源泉徴収選択口座）内の株式等の譲渡益に課税

個人住民税については，1月1日現在，その都道府県（市区町村）に住所がある個人が課税の対象です（地税24①一，39，294①一，318）。

なお，都道府県（市区町村）に事務所や家屋敷を所有する個人で，その市区町村に住所がない場合には，均等割だけが課税されます（地法24①二，294①二）。

また，③利子割，④配当割，⑤株式等譲渡所得割は，都道府県民税のみです（地税23①，292①）。

〔2〕　地方税法上，都道府県（市区町村）に住所を有する個人とは，住民基本台

帳法の適用を受ける者については，その市区町村の住民基本台帳に記録されている者（住民票が作成される者）をいうとされています（地法24②，294②）。

しかし，その市区町村の住民基本台帳に記録されていない個人がその市区町村内に住所を有する者である場合には，その者を当該住民基本台帳に記録されている者とみなして，その者に都道府県税（市区町村民税）を課することができるとされおり（地法24②括弧書，294③），また，その場合には。その者が住民基本台帳に登録されている市区町村においては課税できないとされています（地法24②括弧書，294③，④）。

したがって，個人が元の住居の所在地に住民票を残していても，そこに生活の本拠としての住所を有しない場合には，その所在地の都道府県（市町村）は，均等割及び所得割を課税することができないこととなります。

〔3〕 外国人については，住民基本台帳の適用対象者で住民登録を行うこととなるのは，①中長期在留者，②特別永住者，③一時庇護許可者又は仮滞在許可者及び④出生による経過滞在者又は国籍喪失による経過滞在者のうち，その市区町村に住所を有する者です（住民基本台帳法30の45）。

ここで，中長期在留者とは，次に掲げる者以外の者とされています（出入国管理法19の３）。

① ３月以下の在留期間が決定された者

② 短期滞在の在留資格が決定された者

③ 外交又は公用の在留資格が決定された

④ 上記①から③に準ずる者として法務省令で定めるもの

つまり，外交又は公用の在留資格以外で，３か月超の在留資格により滞在する外国人は中長期在留者となり，その年の１月１日現在でその市区町村に住所を有する場合には，所得割及び均等割の住民税の課税対象者となります。

関係法令等

〈地法23①，24①一，二，②，39，292①，294①一，二，②，③，318，住民基本台帳法30の45，出入国管理法19の３〉

第22章

外国人の消費税

22―1 消費税の課税対象となる取引

私（米国市民）は，美術品の輸入・販売を営んでおりますが，消費税はどのような取引に対して課税されるのですか。

あなたの場合，保税地域からの美術品の引取り（輸入取引）と，国内における美術品の販売（国内取引）について，消費税が課税されます。

解　説

〔1〕 消費税は，消費一般に広く公平に負担を求めるという観点から，金融取引や資本取引，医療，福祉，教育等の一部を除き，国内における商品・製品の販売，物品の貸付け，サービスの提供といったほとんど全ての取引や輸入される外国貨物を課税対象として，取引の各段階ごとに課税される間接税です。

〔2〕 消費税の課税対象となる取引は，「国内取引」と「輸入取引」の二つに分けられます。

イ　国内取引については，国内において事業者が行った資産の譲渡等（特定資産の譲渡等を除きます。）及び特定仕入れが課税の対象となります。

この場合の資産の譲渡等については，次の全ての要件を満たす取引が課税の対象になります（消法2①八，八の二，九，②,4①）。

① 国内において行うもの（国内取引）であること

② 事業者が事業として行うものであること

③ 対価を得て行うものであること

④ 資産の譲渡等（資産の譲渡，資産の貸付け及び役務の提供）であること

⑤ 特定資産の譲渡等を除くこと

この場合の「特定資産の譲渡等」とは，「事業者向け電気通信利用役務の提供」及び「特定役務の提供」をいいます。そして，「事業者向け電気通信利用役務の提供」とは，国外事業者が行う電気通信利用役務の提供のうち，当該電気通信利用役務の提供に係る役務の性質又は当該役務の提供に係る取引条件等から当該役務の提供を受ける者が通常事業者

に限られるものをいい,「特定役務の提供」とは,資産の譲渡等のうち,国外事業者が行う演劇等の役務の提供をいいます（消法2①八の二,八の三,八の四,八の五)。

また,「特定仕入れ」とは,事業として他の者から受けた特定資産の譲渡等をいいます（消法4①)。

すなわち,特定仕入れについては,次の全ての要件を満たす取引が課税の対象になります（消法2①八の二,八の三,八の四,八の五,4①)。

① 国内において行うもの（国内取引）であること

② 事業者が事業として行うものであること

③ 対価を得て行うものであること

④ 特定仕入れ（国外事業者が行う事業者向け電気通信利用役務の提供,演劇などの特定役務の提供）であること

ロ 輸入取引については,保税地域から引き取られる外国貨物が課税の対象となります（消法4②)。

この場合,国内取引のように「事業として対価を得て行われる」ものに限られず,保税地域から引き取られる外国貨物に係る対価が無償であっても,また,保税地域からの外国貨物の引取りが事業として行われていない場合であっても,消費税の課税の対象として取り扱われることになっています（消基通5－6－2)。

なお,「外国貨物」とは,外国から国内に到着した貨物で輸入が許可される前のもの,及び輸出の許可を受けた貨物をいいます（消2①十,関税法2①三)。

〔3〕 あなたの事業の場合,①美術品を輸入する際における,保税地域からの美術品の引取り及び②国内における美術品の販売は消費税の課税対象に該当します。

関係法令等

〈消法2①八,八の二,八の三,八の四,八の五,九,十,②,4①,②,消基通5－6－2,関税法2①三〉

22—2 納税義務者と納税義務の成立

Q 個人事業者は，どのような場合に消費税の確定申告をする必要があるのでしょうか。

A **個人事業者は，国内において課税資産の譲渡等又は特定仕入れを行った事業者のうち，その課税期間の基準期間又は特定期間における課税売上高が1,000万円を超え，又は，課税事業者になることを選択する旨の届出書を所轄税務署長に提出した場合に，その課税期間における課税資産の譲渡等について納税義務があり，消費税の確定申告をする必要があります。**

解　説

〔1〕 消費税は，次の区分に応じての納税義務者を定めており（消法5），所得税法のように居住者と非居住者で課税範囲や申告方法について区分して規定していません。

国内取引	国内において課税資産の譲渡等又は特定仕入れを行った事業者 この場合の「事業者」とは，「個人事業者」及び「法人」等をいい，国内に住所又は居所を有しているかを問わず，いかなる事業者であっても，国内において課税取引を行う限り納税義務者となる（消法2①四，3，5）。
輸入取引	課税貨物を保税地域から引き取る者 この場合の「引き取る者」とは，事業者のほか輸入者となる「消費者個人」を含む（消法5②）。

〔2〕 消費税は，小規模事業者の納税事務の負担に配慮して納税義務の免除について定めており，その判定方法は次のとおりです（消法9①，②一，9の2①，②，③，④一）。

期間／項目	2017(H29)1.1～2017.12.31	2018(H30)1.1～2018.6.30	2019(H31)1.1～2019(R1).12.31
	※1　基準期間	※2　特定期間	※3　課税期間
課税売上高	1,000万円超		課税事業者
	1,000万円以下	1,000万円超	課税事業者
		1,000万円以下	免税事業者

イ　個人事業者のその年又は法人の事業年度については，その課税期間の基準期間における課税売上高が1,000万円以下であっても，「特定期間」における課税売上高が1,000万円を超えた場合には，その課税期間から課税事業者となります。

なお，特定期間における1,000万円の判定は，課税売上高に代えて給与等支払額の合計により判定することもできます。

※1　「基準期間」とは，納税義務の有無を判定する基準となる期間をいい，個人事業者については「その年の前々年」とされています（消法2①十四）。

※2　「特定期間」とは，個人事業者の場合は，その年の前年の1月1日から6月30日までの期間をいいます（消法9の2④一）。

※3　「課税期間」とは，事業者が納付すべき又は還付を受けるべき消費税額を計算する場合の計算期間をいい，個人事業者については「暦年」（その年の1月1日から12月31日までの期間）とされています（消法19①一）。

ロ　「免税事業者」とは，事業者のうち，その課税期間の基準期間及び特定期間における課税売上高がいずれも1,000万円以下の事業者をいい，その課税期間における課税資産の譲渡等について納税義務が免除されます。

〔3〕「免税事業者」は，課税資産の譲渡等を行っても，その課税期間は消費税が課税されないことになりますので課税仕入れ及び課税貨物に係る消費税額の控除もできないこととなります。

ただし，免税事業者は，特例として課税事業者になることを選択する旨の届出書を所轄税務署長に提出した場合には，原則として，提出した日の属する課税期間の翌課税期間以降は課税事業者となり，その後，特例をやめようとする旨の届出書を提出したとしても，最低2年間は課税事業者として申告・納税義務を負うことになります（消法9④，⑤，⑥）。

〔4〕国内取引の納税義務の成立の時期は，課税資産の譲渡等又は特定仕入れをした時です。

この場合の「譲渡をした時」とは，原則として，引渡しがあった日により，また，「特定仕入れをした時」とは，原則として，特定資産の引渡しがあった日により，そして，輸入取引の納税義務の成立の時期は，課税貨物の保税地域からの引取りの時となります（通法15②七，消基通9－1－1，9－1－5）。

関係法令等

〈通法15②七，消法2①四，十四，3，5①，②，9①，②一，④，⑤，⑥，9の2①，②，③，④一，19①一，消基通9－1－1，9－1－5〉

22―3　消費税の申告期限と納税地

Q　私（米国人）は，毎年日本で数回の講演活動を行っており，課税事業者に該当しますが，日本に滞在する期間はホテルに宿泊しており，日本に事務所等もありません。消費税の確定申告をどのようにすればよろしいでしょうか。

その課税期間における課税資産の譲渡等について納付する消費税がある場合には，国内に住所を有する納税管理人を定めた上で，翌年の３月31日までに消費税の確定申告書を提出することになります。

解　説

〔１〕 消費税法は，国内取引については，事業者が課税期間ごとに申告と納付を行い，輸入取引については，課税貨物を引き取る者がその引取りの時までに申告と納付を行うこととしています。

〔２〕 消費税法は「課税期間」を，原則として１年と定めるとともに中間申告制度を設けています。なお，個人事業者の課税期間は，１月１日から12月31日までの期間とされています（消法19①一）。また，年の途中で新たに事業を開始した場合又は事業を廃止した場合においても，課税期間の開始の日は１月１日，終了の日は12月31日となります（消基通３－１－１，３－１－２）。

〔３〕 課税事業者は，課税期間ごとに課税期間の末日の翌日から２か月以内に，所轄税務署長に確定申告書を提出するとともに，その申告に係る消費税額を納付しなければならないとされていますが，個人事業者の場合には，申告及び納付の期限は３月31日とされています（消法45，49，措法86の４①）。

また，課税資産の譲渡等（輸出免税など消費税が免除されるものを除く。）がなく，かつ，納付する消費税がない課税期間については確定申告書の提出を要しないこととされています（消法45①ただし書）。

なお，控除する消費税額が課税標準額に対する消費税額を上回り，控除不足額が生じた場合又は中間納付税額が確定申告書により納付する消費税額を上回る場合には，還付を受けるための申告書を提出することができるとされています（消法45①，46①，52①，53①）。

〔4〕 課税事業者は，直前の課税期間の確定消費税額の年税額に応じて中間申告を行い，その申告に係る消費税を納付することとされており（消法42，43，48），また，特例として仮決算に基づく中間申告を行うこともできるとされています（消法43）。

〔5〕 仮決算による中間申告書，確定申告書，還付請求申告書の提出にあたっては，課税期間中の資産の譲渡等の対価の額及び課税仕入れ等の税額の明細その他の事項を記載した書類を添付しなければならないとされています（消法43③，45⑤，46③）。

〔6〕 個人事業者の国内取引についての消費税及び地方消費税の納税地は，次のとおりとなります（消法20，21，23，消令42，44）。

	条　　　　件	納　税　地
原則	①　国内に住所を有する場合	住所地
	②　国内に住所を有せず，居所を有する場合	居所地
	③　国内に住所及び居所を有せず，事務所等を有する場合	事務所等の所在地（2以上ある場合は主たる所在地）
	④　上記①又は②により納税地を定められていた個人事業者が国内に住所及び居所を有しないこととなった場合において，当該個人事業者がその有しないこととなった時に国内に上記③の事務所等を有せず，かつ，その納税地とされていた場所に当該個人事業者の親族その他当該個人事業者の特殊関係者が引き続き，又は当該個人事業者に代わって居住しているとき	その納税地とされていた場所
	⑤　上記④の場合を除き，国内にある不動産等の貸付けによる対価（所法161①七（国内源泉所得）に掲げる対価（船舶又は航空機の貸付けによるものを除く。））を受ける場合	当該対価に係る資産の所在地（その資産が2以上ある場合には，主たる資産の所在地）
	⑥　上記①から⑤により納税地を定めら	その該当しないこととなった

原則	れていた個人事業者がこれらのいずれにも該当しないこととなった場合	時の直前において納税地であった場所
	⑦　上記④から⑥の場合を除き，個人事業者が国に対し資産の譲渡等及び特定仕入れ（消法4①）に係る消費税に関する法律の規定に基づく申告，届出その他の行為をする場合	当該個人事業者が選択した場所（これらの行為が2以上ある場合には，最初にその行為をした際選択した場所）
	⑧　上記④から⑦の場合以外の場合	麹町税務署の管轄区域内の場所
例外	所得税法の規定（納税地の特例）により，住所地に代えて居所地又は事務所等の所在地を納税地として選択した場合	その選択した居所地又は事務所等の所在地
	納税地として認められる場合	その納税地の所轄国税局長が指定した納税地

〔7〕 個人事業者のうち，国内に住所及び居所（事務所及び事業所を除く。）を有せず，若しくは有しないこととなる場合には，国内に住所又は居所を有する者を納税管理人に定めた上で納税管理人の納税地を所轄する税務署長にその旨を届け出なければならず，納税管理人に納税申告書の提出その他国税に関する事項を処理させることとなります（通法117）。

〔8〕 あなたの場合は，国内に住所，居所を有していないものと認められることから，納税管理人を定めた上であなたの納税地を所轄する税務署長に対して「納税管理人の届出」を行い，その課税期間における課税資産の譲渡等について納付する消費税がある場合には，翌年の3月31日までに消費税の確定申告をする必要があります。

関係法令等

〈通法117，消法19①一，20，21，23，42，43，45①，①ただし書，⑤，46①，③，48，49，52①，53①，消令42，44，措法86の4①，消基通3－1－1，3－1－2〉

22―4　輸出免税

Q

私（ロシア人）は，日本国内で中古機器を買い付け，ロシアに輸出していますが，消費税の課税関係及び手続はどのようになりますか。

A

中古機器の買付けと輸出のいずれも課税取引となりますが，輸出となった課税仕入れに係る消費税額の控除不足額の還付を受ける場合には，課税事業者として確定申告を行い，その取引が輸出取引等である証明書類並びに課税仕入れ及び免税取引に係る帳簿書類を７年間保存する必要があります。

解　説

〔１〕 消費税は，国内において消費される財貨やサービスに対して税負担を求めることとしていることから，輸出して国外で消費されるものや国際通信，国際輸送など輸出に類似する取引については，消費税を免除することとしており「免税取引」といいます（消法７，８）。

〔２〕 輸出免税の対象となる主な取引は次のとおりです（消法７，消令17）。

① 国内からの輸出として行われる資産の譲渡又は貸付けであり典型的な輸出取引

② 外国貨物の譲渡又は貸付け

③ 国際輸送又は国際通信

④ 国際郵便

⑤ 非居住者に対する無形固定資産（鉱業権，特許権，著作権，営業権等）の譲渡又は貸付け

⑥ 非居住者に対する役務の提供で次に掲げるもの以外のもの

イ　国内に所在する資産に係る運送又は保管

ロ　国内における飲食又は宿泊

ハ　イ又はハに準ずるもので国内において直接便益を享受するもの

〔３〕 輸出免税の適用を受けるためには，その取引が輸出取引等である証明が必

要となります。また，輸出取引等の区分に応じて輸出許可書，税関長の証明書又は輸出の事実を記載した帳簿や書類を整理し，納税地等に７年間保存する必要があります（消法７②）。

<table>
<tr><th colspan="3">主な輸出取引等の区分</th><th>保存を要する書類等</th></tr>
<tr><td rowspan="3">典型的な輸出取引</td><td colspan="2">輸出の許可を受ける貨物の場合</td><td rowspan="2">輸出許可書等（税関長が証明した書類）</td></tr>
<tr><td rowspan="2">郵便物として輸出する場合</td><td>資産の価額が20万円超</td></tr>
<tr><td>資産の価額が20万円以下</td><td rowspan="2">帳簿又は書類</td></tr>
<tr><td colspan="3">国際郵便又は国際通信</td></tr>
<tr><td colspan="3">その他の取引の場合</td><td>契約書その他の書類</td></tr>
</table>

〔４〕　事業者（免税事業者を除く。）は，課税仕入れ等に係る消費税額を控除するためには，原則として，課税仕入れ等の事実を記載した帳簿及び請求書等の書類を７年間保存することとなっています（消法30⑦，⑧，⑨，⑩，令50①）。

区　分	保存期間
帳　簿	閉鎖の日の属する課税期間の末日の翌日から２月を経過した日から７年間
請求書等	受領した日の属する課税期間の末日の翌日から２月を経過した日から７年間

〔５〕　あなたの場合は，日本国内で中古機器の買い付けは「課税仕入れ」に当たり，ロシアへの輸出は「免税取引」に当たることから，課税仕入れに係る消費税額が課税標準額に対する消費税額を上回り控除不足額が生じる場合には，確定申告を行うことで消費税の還付を受けることができます。

また，その取引が輸出取引等である証明書類並びに課税仕入及び免税取引に係る帳簿書類を７年間保存する必要があります。

関係法令等

〈消去７，８，30⑦，⑧，⑨，⑩，消令17，50①〉

22—5 国内に住所等を有しない者が行う事業に係る消費税

Q 私（イタリア人）は，イタリアに居住していますが，2017年（H29）から日本でレストランを経営しており，2017年（H29）分の課税売上高は1,000万円，2018年（H30）分の課税売上高は6,000万円（うち１月から６月までの課税売上高は2,500万円）でした。2019年（R元）分の消費税の申告をする必要がありますか。

A **2019年（R元）分における特定期間（2018年（H30）の１月から６月まで）の課税売上高が1,000万円を超えていることから，2019年（R元）分の課税期間における課税資産の譲渡等について消費税の確定申告をする必要があります。**

解　説

〔１〕 消費税法では，事業者は，国内において行った課税資産の譲渡等及び特定課税仕入れにつき，消費税を納める義務がある（消法５①）とされ，「事業者」とは個人事業者及び法人をいう（消法２①四）とされており，所得税法のように，居住者と非居住者で課税範囲や申告方法について区別して規定していません。

〔２〕 上記〔１〕に記載した「課税資産の譲渡等」とは，資産の譲渡等のうち，消費税を課さないこととされるもの以外のものをいう（消法２①九）とされ，「資産の譲渡等」とは，事業として対価を得て行われる資産の譲渡及び貸付け並びに役務の提供をいう（消法２①八）とされています。

したがって，国内において事業として対価を得て行われる資産の譲渡等で消費税を課さないこととされるもの以外は，国内における課税資産の譲渡等として消費税の課税の対象となります。

〔３〕 上記〔１〕に記載した「特定課税仕入れ」とは，課税仕入れのうち特定仕入れに該当するものをいいます（消法５①）。また，「特定仕入れ」とは，事業として他の者から受けた特定資産の譲渡等をいいます（消法４①）。この場合の「特定資産の譲渡等」とは，事業者向け電気通信利用役務の提供及び

特定役務の提供をいいます（消法2①八の二）。そして，「事業者向け電気通信利用役務の提供」とは，国外事業者が行う電気通信利用役務の提供のうち，当該電気通信利用役務の提供に係る役務の性質又は当該役務の提供に係る取引条件等から当該役務の提供を受ける者が通常事業者に限られるものをいい（消法2①八の四），「特定役務の提供」とは，資産の譲渡等のうち，国外事業者が行う演劇等の役務の提供をいいます（消法2①八の五）。

したがって，国内において事業として対価を得て行われる特定仕入れ（事業者向け電気通信利用役務の提供，演劇などの特定役務の提供）は消費税の課税対象となります（消法2①八の二，八の三，八の四，八の五，4①）。

〔4〕 消費税法は，小規模事業者の納税事務の負担に配慮して納税義務の免除について定めており，その判定方法は次のとおりです（消法9①，②一，9の2①，②，③，④一）。

期間 ＼ 項目	H29.1.1～H29.12.31	H30.1.1～H30.6.30	H31.1.1～R元.12.31
	基準期間	特定期間	課税期間
課税売上高	1,000万円超		課税事業者
	1,000万円以下	1,000万円超	課税事業者
		1,000万円以下	免税事業者

〔4〕 あなたの場合は，2019年（R元）分の課税期間の基準期間（2017年（H29）1月1日から12月31日までの期間）における課税売上高が1,000万円以下ですが，特定期間（2018年（H30）1月1日から6月30日までの期間）における課税売上高が1,000万円を超えていることから，2019年（R元）分の課税期間における課税資産の譲渡等について納税義務があり，消費税の確定申告及び納税をする必要があります。

また，あなたは国内にレストランを有しており事業所を有していると認められることから事業所が納税地となり，納税地を所轄している税務署長に対して確定申告書の提出及び納付を行うこととなります。

ところで，あなたはイタリアに居住しているとのことですので，国内に住所及び居所を有していないと思われ，その場合には，納税管理人を定め，あなたの納税地を所轄している税務署長に「納税管理人の届出」を行い，納税管理人を通じて申告と納税を行うこととなります（通法117）。

関係法令等

〈通法117，消法２①四，八，八の二，八の三，八の四，八の五，九，４①，５①，９①，②一，９の２①，②，③，④一〉

22―6　外国人プロゴルファーによる役務提供

Q

私（韓国人）は，一昨年（2017年）から日本女子プロゴルフ協会（LPGA）のトーナメントに挑戦を始め，年間獲得賞金が一昨年（2017年）は1,100万円，昨年（2018年）は3,000万円となり，今年（2019年）はシード選手になりました。

私はシーズンオフや試合に出場しない時などは韓国の実家に帰っており，日本においては所得税法上の非居住者になることから，大会主催者側から受け取る賞金に対しては，20.42％の税率による源泉分離課税で所得税及び復興特別所得税を徴収されています。

一方，消費税については，2年前の年収が1,000万円を超えたことから，今年（2019年）の収入から申告納税が必要になるのでしょうか。

A

所得税法上の非居住者のプロゴルファーであるあなたが，LPGA のトーナメントに参加することによりスポンサーから受け取る賞金については国外事業者が行う「特定役務の提供」に当たり，課税対象から除かれる「特定資産の譲渡等」に該当しますので，あなたに消費税の申告・納税義務はありません。

解　説

〔1〕　課税の対象

消費税の課税の対象となる取引は，「国内取引」と「輸入取引」の二つに分けられます。

国内取引については，国内において事業者が行った資産の譲渡等（特定資産の譲渡等を除きます。）及び特定仕入れが課税の対象になります（消法4①）。

また，輸入取引については，保税地域から引き取られる外国貨物が課税の対象になります（消法4②）。

〔2〕　課税対象から除かれる特定資産の譲渡等

課税対象から除かれる「特定資産の譲渡等」とは,「事業者向け電気通信利用役務の提供」及び「特定役務の提供」をいい,それぞれ次のとおりです(消法2①八の二)。

①「事業者向け電気通信利用役務の提供」

国外事業者が行う電気通信利用役務の提供のうち,その役務の性質又は取引条件等から,その役務の提供を受ける者が通常事業者に限られるものをいいます(消法2①八の四)。

②「特定役務の提供」

資産の譲渡等のうち,国外事業者が行う映画若しくは演劇の俳優,音楽家その他の芸能人又は職業運動家の役務の提供を主たる内容とする事業として行う役務の提供のうち,国外事業者が他の事業者に対して行う役務の提供(不特定かつ多数の者に対して行う役務の提供を除きます。)をいいます(消法2①八の五,消令2の2)。

〔3〕国外事業者

特定役務の提供は「国外事業者が行う‥役務の提供」のうちの特定の役務の提供ですが,この場合の国外事業者とは,所得税法第2条第1項第5号に規定する非居住者である個人事業者及び法人税法第2条第4号に規定する外国法人をいいます(消法2①四の二)。

〔4〕課税対象とされる特定仕入れ

「特定仕入れ」とは,事業として他の者から受けた特定資産の譲渡等をいいます(消法4①)。ここでいう特定資産の譲渡等とは,「事業者向け電気通信利用役務の提供」と「特定役務の提供」であり,特定資産の譲渡等を仕入れた場合,その仕入れが「特定仕入れ」となります(消法4①)。

〔5〕国内取引における納税義務者

事業者は,国内において行った課税資産の譲渡等(特定資産の譲渡等に該当するものを除きます。)及び特定課税仕入れ(課税仕入れのうち特定仕入れに該当するものをいいます。)につき消費税を納める義務があります(消法5①)。

〔6〕 特定課税仕入れ

「特定課税仕入れ」とは，課税仕入れのうち特定仕入れに該当するものをいいます（消法5①）。

そして「特定課税仕入れ」を行った事業者に消費税の申告義務が課されることとなります（消法28②，45①一）。

〔7〕 あなたの場合は，所得税法上の非居住者に該当するプロゴルファー（事業者）ですので，国外事業者になります（消法2①四の二）。

そして，あなたが日本のLPGAツアーに参戦して賞金を獲得する行為は，職業運動家の役務の提供を主たる内容とする事業として行う役務の提供のうち，国外事業者が他の事業者に対して行う役務の提供となり，不特定かつ多数の者に対して行う役務の提供には当たりませんので，上記〔2〕②の「特定役務の提供」に該当します。

したがって，あなたが日本のLPGAツアーで賞金を獲得した役務の提供は課税対象から除かれる特定資産の譲渡等に該当することとなり（消法2①八の二），その賞金については消費税の課税の対象にはなりません（消法4①）。

〔8〕 一方，日本のLPGAのツアーにおいてあなたに賞金を支払うスポンサーは，事業者が事業として他の者（あなた）から課税資産の譲渡となる役務の提供を受けていることから，課税仕入れをしています（消法2①九，十二）。

また，あなたがスポンサーに提供した役務は特定資産の譲渡等であり，これをスポンサー側から見ると，特定仕入れであり（消法4①），かつ，特定課税仕入れをしたことになります（消法2①十二）。

したがって，特定課税仕入れを行った事業者（スポンサー）に消費税の納税義務が課されます（消法5①）〔リバースチャージ方式〕。

関係法令等

〈消法2①八の二，八の四，八の五，九，4①②，5①，28②，45①一，消令2の2〉

22—7 国外の法務専門家からインターネット等を介して国内の事業者が受ける役務の提供

Q 私は日本に10年ほど居住している英国人です。

私は，日本で営んでいる事業に関連して，現在英国において訴訟をしております。英国の法務専門家から受ける訴訟の状況報告，それに伴う指示等について，インターネットや電子メール（以下「インターネット等」といいます。）を介して受けており，事業者である私が受ける役務については，事業者向け電気通信利用役務の提供に当たり，消費税の課税対象となる特定仕入れに該当しますか。

A **ご質問の役務提供は，国外の法務専門家が行う国外での訴訟遂行という他の資産の譲渡等に付随してインターネット等が利用されているものですので，事業者向け電気通信利用役務の提供には当たらず，消費税の課税対象となる特定仕入れには該当しません。**

解　説

〔1〕 国内において事業者が行った資産の譲渡等（特定資産の譲渡等を除きます。）及び特定仕入れには消費税が課税されます（消法4①）。

そして，事業として他の者から受けた「事業者向け電気通信利用役務の提供」はこの特定仕入れに該当します（消法2①八の二，4①）。

※「特定資産の譲渡等」及び「特定仕入れ」については，問22—6をご参照ください。

〔2〕 電気通信利用役務の提供とは，資産の譲渡等のうち，電気通信回線を介して行われる著作物の提供その他の電気通信回線を介して行われる役務の提供（電話，電信その他の通信施設を用いて他人の通信を媒介する役務の提供を除きます。）であって，他の資産の譲渡等の結果の通知その他の他の資産の譲渡等に付随して行われる役務の提供以外のものをいいます（消法2①八の三）。

具体的には次のようなものが電気通信利用役務の提供に該当します（消基

通５－８－３)。

① インターネットを介した電子書籍の配信

② インターネットを介して音楽・映像を視聴させる役務の提供

③ インターネットを介してソフトウエアを利用させる役務の提供

④ インターネットのウエブサイト上に他の事業者等の商品販売の場所を提供する役務の提供

⑤ インターネットのウエブサイト上に広告を掲載する役務の提供

⑥ 電話，電子メールによる継続的なコンサルティング

一方，次のようなものは，電気通信利用役務の提供に該当しません（消基通５－８－３（注)）。

① 国外に所在する資産の管理・運用等について依頼を受けた事業者が，その管理等の状況をインターネットや電子メールを利用して依頼者に報告するもの

② ソフトウエア開発の依頼を受けた事業者が，国外においてソフトウエアの開発を行い，完成したソフトウエアについてインターネット等を利用して依頼者に送信するもの

〔３〕 事業者向け電気通信利用役務の提供とは，国外事業者が行う電気通信利用役務の提供のうち，当該電気通信利用役務の提供に係る役務の性質又は当該役務の提供に係る取引条件等から当該役務の提供を受ける者が通常事業者に限られるものをいいます（消法２①八の四)。

具体的には次のようなものが事業者向け電気通信利用役務の提供に該当します（消基通５－８－４)。

① インターネットのウエブサイト上への広告の掲載のようにその役務の性質から通常事業者向けであることが客観的に明らかなもの

② 役務の提供を受ける事業者に応じて，各事業者との間で個別に取引内容を取り決めて締結した契約に基づき行われる電気通信利用役務の提供で，契約において役務の提供を受ける事業者が事業として利用することが明らかなもの

〔４〕 ご質問の場合は，訴訟の遂行という役務の提供（他の資産の譲渡等）に付

随してインターネット等が利用されているに過ぎないことから，あなたが受ける役務の提供は，電気通信利用役務の提供には当たらず，消費税の課税対象となる特定仕入れにも該当しません。

関係法令等

〈消法２①八の二，八の三，八の四，消基通５－８－３，５－８－３（注），５－８－４〉

22－8　国内及び国外にわたって行われる役務の提供の内外判定

Q

私（シンガポール人）はシンガポールに事務所を置き，アセアン各地の市場調査を行っています。

今回は，香港における市場調査を請け負い，日本の顧客の本社において業務の打合せを行い，現地（香港）において市場調査を行って，シンガポール事務所において調査結果の分析及び報告書の作成をし，日本の顧客の本社において調査結果の説明を行うこととなりました。

この仕事のメインは市場調査及び報告書の作成であり，日本での打合せや結果報告等の対価については，契約書等に何ら明記しておりません。

このように私が行う市場調査に係る役務の提供は国内と国外にわたっており，その結果，消費税法上，国内取引と国外取引が混在してしまうようにも思えますが，どのように取り扱うのでしょうか。

A

役務の提供が国内及び国内以外の地域にわたって行われており，その国内外における対価の額が合理的に区分されていないことから，役務の提供に係る事務所の所在地，すなわち国外（シンガポール）が役務提供地となり，市場調査に係る役務の提供は全て国外取引に該当することになります。

解　説

（1）　国内取引については，国内において事業者が行った資産の譲渡等（特定資産の譲渡等を除きます。）及び特定仕入れが消費税の課税対象となります（消法4①）。

そして，資産の譲渡等が国内において行われたかどうかの判定は，次の場合の区分に応じそれぞれ次の場所が国内にあるかどうかで行います（消法4③）。

資産の譲渡等の種類	場所（原則）
資産の譲渡又は貸付け	譲渡又は貸付けが行われる時において当該資産が所在していた場所 （資産の種類等に応じ別途規定）
役務の提供 （電気通信利用役務の提供を除く。）	役務の提供が行われた場所 （役務提供の種類等に応じ別途規定）
電気通信利用役務の提供	役務の提供を受ける者の住所や本店等

（2） ご質問は，電気通信利用役務の提供以外の役務の提供に係るものですので，役務の提供が行われた場所が国内かどうかで判断することとなり，また，役務の提供の種類に応じて次のように規定されています（消令6②，消規2）。

役務の提供の種類 （電気通信利用役務の提供を除く。）	場所
国内及び国内以外の地域にわたって行われる旅客又は貨物の輸送	当該旅客又は貨物の出発地若しくは発送地又は到着地
国内及び国内以外の地域にわたって行われる通信	発信地又は受信地
国内及び国内以外の地域にわたって行われる郵便又は信書便（民間事業者による信書の送達に関する法律（平成14年法律第99号）第2条第2項（定義）に規定する信書便をいう。）	差出地又は配達地
保険	保険に係る事業を営む者（保険の契約の締結の代理をする者を除く。）の保険の契約の締結に係る事務所等の所在地
専門的な科学技術に関する知識を必要とする調査，企画，立案，助言，監督又は検査に係る役務の提供で次に掲げるもの（以下この号において「生産設備等」という。）の建設又は製造に関するもの イ　建物（その附属設備を含む。）又	当該生産設備等の建設又は製造に必要な資材の大部分が調達される場所

は構築物（ロに掲げるものを除く。） ロ　鉱工業生産施設，発電及び送電施設，鉄道，道路，港湾設備その他の運輸施設又は漁業生産施設 ハ　イ又はロに掲げるものに準ずるもの（変電及び配電設備等が財務省令で規定）	
前各号に掲げる役務の提供以外のもので国内及び国内以外の地域にわたって行われる役務の提供その他の役務の提供が行われた場所が明らかでないもの	役務の提供を行う者の役務の提供に係る事務所等の所在地

（３）　役務の提供の場所が明らかにされていないもののほか，役務の提供が国内と国外の間において連続して行われるもの及び同一の者に対して行われる役務の提供で役務の提供場所が国内と国外の双方で行われるもののうち，その対価の額が合理的に区分されていないものについて，消費税法施行令第６条第２項第６号の規定，すなわち役務の提供を行う者の役務の提供に係る事務所等の所在地により判定することとされています（消基通５－７－15）。

（４）　したがって，あなたが行う役務の提供は，海外の市場調査であり，消費税法施行令第６条第２項の規定（上表）の区分における「各号に掲げる役務の提供以外のもので国内及び国内以外の地域にわたって行われる役務の提供その他の役務の提供が行われた場所が明らかでないもの」に該当しますので，「役務の提供を行う者の役務の提供に係る事務所等の所在地」であるシンガポールが役務の提供が行われた場所になります。

そのため，あなたが行った役務の提供は全て国外取引に該当します。

関係法令等

〈消法４①，③，消令６②，消規２，消基通５－７－15〉

22―9　外国法人に対する役務の提供で輸出免税が適用されない場合

Q　私（米国人・課税事業者）は経営コンサルタントですが，この度外国法人Ａ社とその日本事務所を通じて業務契約を締結しました。コンサルタント業務は日本で行うことになりますが，外国法人に対する役務の提供であることから，消費税については輸出免税の規定が適用されると考えてよろしいですか。

A　**消費税法上の非居住者に対する役務の提供については輸出免税の規定が適用されますが，あなたの行う役務の提供は外国法人Ａ社の日本事務所に対して行われておりますので，非居住者に対する役務の提供に該当せず，輸出免税の適用はありません。**

解　説

〔1〕 非居住者に対して行われる役務の提供で，

　イ　国内に所在する資産に係る運送又は保管，

　ロ　国内における飲食又は宿泊，

　ハ　イ及びロに掲げるものに準ずるもので，国内において直接便益を享受するもの

以外のものは消費税を免除する旨規定されています（消令17②七）。

〔2〕 ここで，消費税法上の「非居住者」とは，外国為替及び外国貿易法（外為法）第6条第1項第6号《定義》に規定する非居住者をいい（消令1②二），「居住者」以外の自然人及び法人を指します。「居住者」とは，本邦内に住所又は居所を有する自然人及び本邦内に主たる事務所を有する法人をいいます（外為法6①五）。

〔3〕 そして，非居住者が本邦内に支店，出張所その他の事務所を有する場合は，法律上代理権があるかどうかにかかわらず，その主たる事務所が外国にある場合においても居住者とみなす（外為法6①五，消基通7－2－15）と定められ，さらに，非居住者が支店又は出張所等を国内に有するときは，当該役務の提供は当該支店又は出張所等を経由して役務の提供を行ったものとして，上記

〔1〕の規定の適用はないものとして取り扱う旨定められています（消基通7－2－17）。

〔4〕　一方，国内に支店又は出張所等を有する非居住者に対する役務の提供であっても，次の要件の全てを満たす場合には，輸出免税に該当するものとして扱って差し支えないとされています（消基通7－2－17）。

①　役務の提供が非居住者の国外の本店等との直接取引であり，当該非居住者の国内の支店又は出張所等はこの役務の提供に直接的にも間接的にもかかわっていないこと。

②　役務の提供を受ける非居住者の国内の支店又は出張所等の業務は，当該役務の提供に係る業務と同種，あるいは関連する業務でないこと。

〔5〕　あなたの場合，A社の日本事務所を通じて業務契約を締結しており，上記〔4〕の2要件を充足しているとは認められませんので，当該役務の提供は，日本事務所を経由して行われたものとして，輸出免税は適用されません。

関係法令等

〈消令1②二，17②七　外為法6①五，六，消基通7－2－15，7－2－17〉

22—10　年の途中で出国する場合の消費税等の確定申告時期について

Q　年の途中で出国する場合には，消費税等の確定申告はいつまでに行う必要がありますか。

A　**消費税等の確定申告を行うべき事業者は，居住者であるか非居住者であるかを問いません。また，年の途中で出国し非居住者となったとしても，申告はその年の翌年3月31日となります。なお，出国する場合は納税管理人を選任し，所轄税務署長に届け出る必要があります。**

解　説

〔1〕 消費税法上の納税義務者は，国内において課税資産の譲渡等（特定資産の譲渡等を除きます。以下同じです。）及び特定課税仕入れをした事業者であり，この事業者とは，個人事業者及び法人を指します（消法2三，四，5）。

〔2〕 事業者は，課税期間ごとに，各末日の翌日から2か月以内に申告する必要がありますが（消法45），個人事業者の場合，その年の12月31日の属する課税期間に係る申告書の提出期限は，その年の翌年の3月31日となります（措法86の4）。

〔3〕 消費税等の納税義務者は，国内において課税資産の譲渡等及び特定課税仕入れをした事業者であり，居住者であるか非居住者であるかを問わないことから，その者が個人事業者の場合には，課税期間に係る確定申告書の提出期限はその年の翌年の3月31日となります。消費税の場合には，所得税法のように，居住者が納税管理人の届出をしないで出国する場合には，出国の時までに確定申告をしなければならない旨の規定（所法126，127）はありません。

〔4〕 なお，納税者が国内に住所等を有しなくなった後，申告等を行う必要がある場合は，納税管理人を選任しなければなりません（通法117①）。納税管理人を選任したときは，あなたの納税地を所轄する税務署長に納税管理人届出書を提出する必要があります（通法117②）。

関係法令等

〈通法117，消法2三，四，4，5，45①，措法86の4，所法126，127〉

参　考

■人的役務所得の租税条約上の特例一覧表

（令和元年11月１日現在）

この一覧表は単に人的役務所得の概要を説明しただけですので，詳細については各租税条約を確認してください。

（注）　§印は各租税条約中の条文を示します。

我が国の租税条約ネットワーク

欧州（42）

アイスランド
アイルランド
イギリス
イタリア
エストニア
オーストリア
オランダ
スイス
スウェーデン
スペイン
スロバキア
スロベニア
チェコ
デンマーク
ドイツ
ノルウェー
ハンガリー
フィンランド
フランス
ブルガリア
ベルギー
ポルトガル
ポーランド
ラトビア
リトアニア
ルクセンブルク
ルーマニア
ガーンジー（※）
ジャージー（※）
マン島（※）
リヒテンシュタイン（※）
クロアチア

（執行共助条約のみ）

アルバニア
アンドラ
キプロス
ギリシャ
グリーンランド
サンマリノ
ジブラルタル
フェロー諸島
マルタ
モナコ

ロシア・ＮＩＳ諸国（12）

アゼルバイジャン
アルメニア
ウクライナ
ウズベキスタン
カザフスタン
キルギス

アフリカ（12）

エジプト
ザンビア
南アフリカ

（執行共助条約のみ）

ウガンダ
ガーナ
カメルーン
セーシェル
セネガル
チュニジア
ナイジェリア
モーリシャス
モロッコ

中東（9）

アラブ首長国連邦
イスラエル
オマーン
カタール
クウェート
サウジアラビア
トルコ

（執行共助条約のみ）

バーレーン
レバノン

（注１）税務行政執行共助条約が多数国間条約であること及び旧ソ連・旧チェコスロバキアとの条

（注２）条約等の数及び国・地域数の内訳は以下のとおり。
・租税条約（二重課税の除去並びに脱税及び租税回避の防止を主たる内容とする条約）：
・情報交換協定（租税に関する情報交換を主たる内容とする条約）：11本、11か国・地
・税務行政執行共助条約：締約国は我が国を除いて99か国（図中、国名に下線）。適用拡
を締結していない国・地域は48か国・地域。
・日台民間租税取決め：1本、1地域

（注３）台湾については、公益財団法人交流協会（日本側）と亜東関係協会（台湾側）との間の民
当する枠組みを構築（現在、両協会は、公益財団法人日本台湾交流協会（日本側）及び台

《75条約等、132か国・地域適用/2019年11月1日現在》（注1）（注2）

約が複数国へ承継されていることから、条約等の数と国・地域数が一致しない。

62本、72か国・地域
域（図中、（※）で表示）
張により116か国・地域に適用（図中、適用拡張地域名に点線）。このうち我が国と二国間条約

間租税取決め及びその内容を日本国内で実施するための法令によって、全体として租税条約に相
湾日本関係協会（台湾側）にそれぞれ改称されている。）。

（出典：財務省ホームページ）

特例を適用される者／国名	短期滞在者	自由職業者	教授等
アイスランド	以下の全てに該当する場合は免税 (1) 滞在開始後12か月又は滞在終了前12か月の期間に183日以内の滞在 (2) 報酬は滞在地国の居住者でない雇用者が支払う (3) 報酬が滞在地国内に雇用者が有するPEにより負担されない §14(2)		
アイルランド	以下の全てに該当する場合は免税 (1) 課税年度を通じて183日以内の滞在 (2) 報酬は滞在地国の居住者でない雇用者が支払う (3) 報酬が滞在地国内に雇用者が有するPE又はFBにより負担されない § 16(2)	免税（ただし，FBを有する場合はそれに帰属する所得のみ課税） § 15	教授又は教員で以下に該当する場合，教育により取得する報酬は免税 (1) 目的：教育機関での教育 (2) 滞在期間：2年以内 § 22(1)
アゼルバイジャン (日ソ租税条約を適用)	以下の全てに該当する場合は免税 (1) 課税年度を通じて183日以内の滞在 (2) 報酬は滞在地国の居住者でない雇用者が支払う (3) 報酬が滞在地国内に雇用者が有するPEにより負担されない。 § 12(1)		以下に該当する場合，教育又は研究により取得する報酬は免税 (1) 目的：公認された教育機関での教育又は研究 (2) 免税期間：滞在地国への最初の到着の日から2年以内 § 17(1)
アメリカ	以下の全てに該当する場合は免税 (1) 滞在開始後12か月又は滞在終了前12か月の期間に183日以内の滞在 (2) 雇用者は滞在地国の居住者でない (3) 報酬が滞在地国内に雇用者が有するPEにより負担されない § 14(2)		

※ 本表において恒久的施設をPE（Permanent Establishment），固定的施設をFB（Fixed Base）という（以下のペー

学生・事業修習者			事業習得者	芸能人
学生	奨励金受領者	事業修習者		
生計，教育又は訓練のため受け取る給付で，滞在地国外から受け取るものは免税 §19		生計，教育又は訓練のため受け取る給付で，滞在地国外から支払を受けるものは，最初に訓練を開始した日から1年を超えない期間のみ免税 §19		「短期滞在者免税」及び「自由職業者の免税」の適用なし §16(1)
生計，教育又は訓練のため受け取る次のものは免税 (1) 滞在地国外から支払を受ける給付 (2) 滞在地国内で提供する人的役務について受け取る所得で，年間60万円以下のもの §21	以下に該当する場合，政府，学術，教育等の団体からの交付金，手当，奨励金は免税 (1) 目的：研究 (2) 滞在期間：2年以内 §22(2)	生計，教育又は訓練のため受け取る次のものは免税 (1) 滞在地国外から支払を受ける給付 (2) 滞在地国内で提供する人的役務について受け取る所得で，年間60万円以下のもの §21		「短期滞在者免税」及び「自由職業者の免税」の適用なし §18
生計，教育又は訓練のため受け取る給付で，滞在地国外から支払を受けるものは免税 §18		生計，教育又は訓練のため受け取る給付で，滞在地国外から支払を受けるものは免税 §18		「短期滞在者免税」及び「自由職業者の免税」適用なし 政府間の文化交流に基づくものは免税 §14(1)
生計，教育又は訓練のため受け取る給付で，滞在地国外から支払を受けるものは免税 §19		生計，教育又は訓練のため受け取る給付で，滞在地国外から支払を受けるものは，最初に訓練を開始した日から1年を超えない期間のみ免税 §19		「短期滞在者免税」の適用なし 総収入金額が10,000米ドル以内である場合は免税 §16(1)

び同じ。)。

特例を適用される者 / 国名	短期滞在者	自由職業者	教授等
アラブ首長国連邦	以下の全てに該当する場合は免税 (1) 滞在開始後12か月又は滞在終了前12か月の期間に183日以内の滞在 (2) 報酬は滞在地国の居住者でない雇用者が支払う (3) 報酬が滞在地国内に雇用者が有するPEにより負担されない §14(2)		
アルメニア (日ソ租税条約を適用)	以下の全てに該当する場合は免税 (1) 暦年を通じて183日以内の滞在 (2) 報酬は滞在地国の居住者でない者が支払う (3) 報酬が滞在地国内に滞在地国の居住者でない者が有するPEにより負担されない § 12(1)		以下に該当する場合，教育又は研究により取得する報酬は免税 (1) 目的：公認された教育機関での教育又は研究 (2) 免税期間：滞在地国への最初の到着の日から2年以内 § 17(1)
イギリス (グレートブリテン及び北部アイルランド連合王国)	以下の全てに該当する場合は免税 (1) 滞在開始後12か月又は滞在終了前12か月の期間に183日以内の滞在 (2) 報酬は滞在地国の居住者でない雇用者が支払う (3) 報酬が滞在地国内に雇用者が有するPEにより負担されない § 14(2)		
イスラエル	以下の全てに該当する場合は免税 (1) 暦年を通じて183日以内の滞在 (2) 報酬は滞在地国の居住者でない雇用者が支払う (3) 報酬が滞在地国内に雇用者が有するPEにより負担されない § 15(2)	免税（ただし，FBを有する場合はそれに帰属する所得のみ課税） § 14	以下に該当する場合，教育又は研究により取得する報酬（本国で課税されるものに限る）は免税 (1) 目的：公認された教育機関での教育又は研究 (2) 滞在期間：2年以内 § 21

学生・事業修習者			事業習得者	芸能人
学生	奨励金受領者	事業修習者		
生計，教育又は訓練のため受け取る給付で，滞在地国外から受け取るものは免税 §19		滞在地国外の政府が主催する計画に参加する者であって，生計，教育又は訓練のため受け取る給付で，滞在地国外から支払を受けるものは，最初に訓練を開始した日から2年を超えない期間のみ免税 §19		「短期滞在者免税」及び「自由職業者の免税」の適用なし §16(1)
生計，教育又は訓練のため受け取る給付で，滞在地国外から支払を受けるものは免税 § 18		生計，教育又は訓練のため受け取る給付で，滞在地国外から支払を受けるものは免税 § 18		「短期滞在者免税」の適用なし 政府間の文化交流計画に基づくものは免税 § 14(1)
生計，教育又は訓練のため受け取る給付で，滞在地国外から支払を受けるものは免税 § 19		生計，教育又は訓練のため受け取る給付で，滞在地国外から支払を受けるものは，最初に訓練を開始した日から1年を超えない期間のみ免税 § 19		「短期滞在者免税」の適用なし § 16
生計，教育又は訓練のため受け取る給付で，滞在地国外から支払を受けるものは免税 § 20		生計，教育又は訓練のため受け取る給付で，滞在地国外から支払を受けるものは免税 § 20		「短期滞在者免税」及び「自由職業者の免税」の適用なし 政府間の文化交流計画に基づくものは免税 § 17(1)

特例を適用される者 ＼ 国名	短期滞在者	自由職業者	教授等
イタリア	以下の全てに該当する場合は免税 (1) 暦年を通じて183日以内の滞在 (2) 報酬は滞在地国の居住者でない雇用者が支払う (3) 報酬が滞在地国内に雇用者が有するPE，FBにより負担されない § 15(2)	免税（ただし，FBを有する場合はそれに帰属する所得のみ課税） § 14(1)	教授又は教員で以下に該当する場合，教育又は研究により取得する報酬は免税 (1) 目的：教育機関での教育又は研究 (2) 滞在期間：2年以内 § 20
インド	以下の全てに該当する場合は免税 (1) 当該課税年度又はその前年度において合計183日以内の滞在 (2) 報酬は滞在地国の居住者でない雇用者が支払う (3) 報酬が滞在地国内に雇用者が有するPE，FBにより負担されない § 15(2)	以下の場合を除き免税 (1) FBを有する …帰属する所得のみ課税 (2) 当該課税年度又はその前年度において合計183日を超えて滞在 …その間に滞在地国で取得した所得のみ課税 § 14(1)	教授又は教員で以下に該当する場合，教育又は研究により取得する報酬は免税 (1) 目的：公認された教育機関での教育又は研究 (2) 滞在期間：2年以内 § 21
インドネシア	以下の全てに該当する場合は免税 (1) 暦年を通じて183日以内の滞在 (2) 報酬は滞在地国の居住者でない雇用者が支払う (3) 報酬が滞在地国内に雇用者が有するPE，FBにより負担されない § 15(2)	以下の場合を除き免税 (1) FBを有する …帰属する所得のみ課税 (2) 暦年で183日を超えて滞在 …その間に滞在地国で取得した所得のみ課税 § 14(1)	教授又は教員で以下に該当する場合，教育又は研究により取得する報酬は免税 (1) 目的：公認された教育機関での教育又は研究 (2) 滞在期間：2年以内 § 20

<table>
<tr><th colspan="3">学生・事業修習者</th><th rowspan="2">事業習得者</th><th rowspan="2">芸能人</th></tr>
<tr><th>学生</th><th>奨励金受領者</th><th>事業修習者</th></tr>
<tr><td>生計，教育又は訓練のため受け取る給付で，滞在地国外から支払を受けるものは免税
§ 21</td><td></td><td>生計，教育又は訓練のため受け取る給付で，滞在地国外から支払を受けるものは免税
§ 21</td><td></td><td>「短期滞在者免税」及び「自由職業者の免税」の適用なし
ワンマンカンパニーは課税
PE なし免税
§ 17(1)</td></tr>
<tr><td>生計，教育又は訓練のため受け取る給付で，滞在地国外から支払を受けるものは免税
§ 20</td><td></td><td>生計，教育又は訓練のため受け取る給付で，滞在地国外から支払を受けるものは免税
§ 20</td><td></td><td>「短期滞在者免税」及び「自由職業者の免税」の適用なし
政府間の文化交流計画に基づくものは免税
§ 17(1)</td></tr>
<tr><td colspan="3">公認された教育機関の学生として，あるいは政府・学術等の団体から交付金・手当・奨励金を受ける者として，又は事業修習者として滞在地国に滞在し，受ける以下の給付は滞在地国への最初の到着の日から５課税年度を超えない期間免税
(1) 生計，教育，勉学，研究又は訓練のための滞在地国外からの送金
(2) 交付金，手当，奨励金
(3) 本国の居住者である雇用者から受け取る滞在地国内での人的役務の提供による報酬
(4) (3)を除き，滞在地国内での人的役務の提供による報酬で年間60万円以下のもの
§ 21(1)</td><td>(1) 本国企業若しくは奨励金等交付団体の使用人として又はこれらの企業・団体との契約に基づき，技術上・職業上等の経験を習得するため，１年を超えない期間で滞在する場合で経験習得に直接関係のある役務の提供に係る報酬が国内外からのものを含めて180万円以下の場合は免税
§ 21(2)
(2) 政府間の取決めにより勉学等のため１年を超えない期間で滞在する場合，その勉学等と直接関係のある役務の提供に係る報酬については免税
§ 21(3)</td><td>「短期滞在者免税」及び「自由職業者の免税」の適用なし
政府間の文化交流計画に基づくものは免税
§ 17(1)</td></tr>
</table>

特例を適用される者 / 国名	短期滞在者	自由職業者	教授等
ウクライナ (日ソ租税条約を適用)	以下の全てに該当する場合は免税 (1) 暦年を通じて183日以内の滞在 (2) 報酬は滞在地国の居住者でない者が支払う (3) 報酬が滞在地国の居住者でない者が滞在地国内に有するPEにより負担されない § 12(1)		以下に該当する場合，教育又は研究により取得する報酬は免税 (1) 目的：公認された教育機関での教育又は研究 (2) 免税期間：滞在地国への最初の到着の日から2年以内 § 17(1)
ウズベキスタン (日ソ租税条約を適用)	以下の全てに該当する場合は免税 (1) 暦年を通じて183日以内の滞在 (2) 報酬は滞在地国の居住者でない者が支払う (3) 報酬が滞在地国の居住者でない者が滞在地国内に有するPEにより負担されない § 12(1)		以下に該当する場合，教育又は研究により取得する報酬は免税 (1) 目的：公認された教育機関での教育又は研究 (2) 免税期間：滞在地国への最初の到着の日から2年以内 § 17(1)
エジプト (アラブ連合共和国)	以下の全てに該当する場合は免税 (1) 課税年度を通じて183日以内の滞在 (2) 報酬は滞在地国の居住者でない雇用者が支払う (3) 報酬が滞在地国内に雇用者が有するPE, FBにより負担されない § 13(2)	以下の場合を除き免税 (1) FBを有する …帰属する所得のみ課税 (2) 課税年度を通じて183日を超えて滞在 …その間に滞在地国で取得した所得のみ課税 § 12(1)	以下に該当する場合，教育又は研究により取得する報酬は免税 (1) 根拠：大学等の高等教育機関又は学術研究施設の招請 (2) 目的：上記の教育機関での教育又は学術研究 (3) 滞在期間：2年以内 § 19
エストニア	以下の全てに該当する場合は免税 (1) 滞在開始後12か月又は滞在終了前12か月の期間に183日以内の滞在 (2) 報酬は滞在地国の居住者でない雇用者が支払う (3) 報酬が滞在地国内に雇用者が有するPEにより負担されない § 14(2)		
オーストラリア	以下の全てに該当する場合は免税 (1) 滞在開始後12か月又は滞在終了前12か月の期間に183日以内の滞在 (2) 報酬は滞在地国の居住者でない雇用者が支払う (3) 報酬が滞在地国内に雇用者が有するPEにより負担されない § 14(2)		

学生・事業修習者			事業習得者	芸能人
学生	奨励金受領者	事業修習者		
生計，教育又は訓練のため受け取る給付で，滞在地国外から支払を受けるものは免税 § 18		生計，教育又は訓練のため受け取る給付で，滞在地国外から支払を受けるものは免税 § 18		「短期滞在者免税」の適用なし 政府間の文化交流計画に基づくものは免税 § 14(1)
生計，教育又は訓練のため受け取る給付で，滞在地国外から支払を受けるものは免税 § 18		生計，教育又は訓練のため受け取る給付で，滞在地国外から支払を受けるものは免税 § 18		「短期滞在者免税」の適用なし 政府間の文化交流計画に基づくものは免税 § 14(1)
学生として，あるいは政府・学術等の団体から交付金・手当・奨励金を受ける者として，又は事業修習者として滞在地国に滞在し，受ける以下の給付は免税 (1) 生計，教育又は訓練のための滞在地国外からの送金又は奨学金 (2) 滞在地国での役務提供に対する報酬のうち，教育若しくは訓練に関連するもの，又は生計のために必要なもの § 18				「短期滞在者免税」の適用なし § 15
生計，教育又は訓練のため受け取る給付で，滞在地国外から受け取るものは免税 § 19		生計，教育又は訓練のため受け取る給付で，滞在地国外から支払を受けるものは，最初に訓練を開始した日から1年を超えない期間のみ免税 § 19		「短期滞在者免税」及び「自由職業者の免税」の適用なし § 16(1)
生計，教育又は訓練のため受け取る給付で，滞在地国外から支払を受けるものは免税 § 19		生計，教育又は訓練のため受け取る給付で，滞在地国外から支払を受けるものは，最初に訓練を開始した日から1年を超えない期間のみ免税 § 19		「短期滞在者免税」の適用なし § 16(1)

特例を適用される者／国名	短期滞在者	自由職業者	教授等
オーストリア	以下の全てに該当する場合は免税 (1) 滞在開始後12か月又は滞在終了前12か月の期間に183日以内の滞在 (2) 報酬は滞在地国の居住者ではない雇用者が支払う (3) 報酬が滞在地国内に雇用者が有するPEにより負担されない § 14(2)		
オマーン	以下の全てに該当する場合は免税 (1) 滞在開始後12か月又は滞在終了前12か月の期間に183日以内の滞在 (2) 報酬は滞在地国の居住者でない雇用者が支払う (3) 報酬が滞在地国内に雇用者が有するPE又はFBにより負担されない § 15(2)	免税（ただし，FBを有する場合はそれに帰属する所得のみ課税） § 14(1)	
オランダ	以下の全てに該当する場合は免税 (1) 滞在開始後12か月又は滞在終了前12か月の期間に183日以内の滞在 (2) 報酬は滞在地国の居住者でない雇用者が支払う (3) 報酬が滞在地国内に雇用者が有するPEにより負担されない § 14(2)		
ガーンジー			

学生・事業修習者			事業習得者	芸能人
学生	奨励金受領者	事業修習者		
生計，教育又は訓練のため受け取る給付で，滞在地国外から支払を受けるものは免税 § 19		生計，教育又は訓練のため受け取る給付で，滞在地国外から支払を受けるものは，最初に訓練を開始した日から1年を超えない期間のみ免税 § 19		「短期滞在者免税」の適用なし § 13(4)
生計，教育又は訓練のため受け取る給付で，滞在地国外から受け取るものは免税 § 20		生計，教育又は訓練のため受け取る給付で，滞在地国外から支払を受けるものは免税 § 20		「短期滞在者免税」及び「自由職業者の免税」の適用なし § 17(1)
生計，教育又は訓練のため受け取る給付で，滞在地国外から支払を受けるものは免税 § 19		生計，教育又は訓練のため受け取る給付で，滞在地国外から支払を受けるものは，最初に訓練を開始した日から1年を超えない期間のみ免税 § 19		「短期滞在者免税」の適用なし § 16(1)
生計，教育又は訓練のために受け取る給付で滞在者外から支払を受けるものは免税 § 14		生計，教育又は訓練のために受け取る給付で，滞在者外から支払を受けるものは，最初に訓練を開始した日から1年を超えない期間のみ免税 § 14		

特例を適用される者 / 国名	短期滞在者	自由職業者	教授等
カザフスタン	以下の全てに該当する場合は免税 (1) 滞在開始後12か月又は滞在終了前12か月の期間に183日以内の滞在 (2) 報酬は滞在地国の居住者でない雇用者が支払う (3) 報酬が滞在地国内に雇用者が有するPEにより負担されない § 14(2)		
カタール	以下の全てに該当する場合は免税 (1) 滞在開始後12か月又は滞在終了前12か月の期間に183日以内の滞在 (2) 報酬は滞在地国の居住者でない雇用者が支払う (3) 報酬が滞在地国内に雇用者が有するPE又はFBにより負担されない § 15(2)	以下の場合を除き免税 (1) FBを有する…帰属する所得のみ (2) 滞在開始後12か月又は滞在終了前12か月の期間に183日以上滞在…その間に滞在地国で取得した所得のみ課税 § 14(1)	
カナダ	以下の全てに該当する場合は免税 (1) 暦年を通じて183日以内の滞在 (2) 報酬は滞在地国の居住者でない雇用者が支払う (3) 報酬が滞在地国内に雇用者が有するPEにより負担されない § 15(2)	免税（ただし，FBを有する場合はそれに帰属する所得のみ課税） § 14	教授又は教員で以下に該当する場合，教育により取得する報酬は免税 (1) 目的：教育機関での教育 (2) 滞在期間：２年以内 議定書 6

学生・事業修習者			事業習得者	芸能人
学生	奨励金受領者	事業修習者		
生計，教育又は訓練のため受け取る給付で，滞在地国外から支払を受けるものは免税 § 19		生計，教育又は訓練のため受け取る給付で，滞在地国外から支払を受けるものは免税 § 19		「短期滞在者免税」の適用なし § 16(1)
生計，教育又は訓練のため受け取る給付で，滞在地国外から受け取るものは免税 § 20		生計，教育又は訓練のため受け取る給付で，滞在地国外から支払を受けるものは，最初に訓練を開始した日から3年を超えない期間のみ免税 § 20		「短期滞在者免税」及び「自由職業者の免税」の適用なし § 17(1)
生計，教育又は訓練のため受け取る給付で，滞在地国外から支払を受けるものは免税 § 19		生計，教育又は訓練のため受け取る給付で，滞在地国外から支払を受けるものは免税 § 19		「短期滞在者免税」及び「自由職業者の免税」の適用なし 政府間の文化交流計画に基づくものは免税 § 17(1)

国名＼特例を適用される者	短期滞在者	自由職業者	教授等
韓国	以下の全てに該当する場合は免税 (1) 暦年で183日以内の滞在 (2) 報酬は滞在地国の居住者でない雇用者が支払う (3) 報酬が滞在地国内に雇用者が有するPEにより負担されない § 15(2)	以下の場合を除き免税 (1) FBを有する …帰属する所得のみ課税 (2) 暦年で183日以上の滞在 …その間に滞在地国で取得した所得のみ課税 § 14	以下に該当する場合，教育又は研究により取得する報酬（本国で課税されるものに限る）は免税 (1) 目的：公認された教育機関での教育又は研究 (2) 滞在期間：２年以内 § 21
キルギス（キルギスタン） （日ソ租税条約を適用）	以下の全てに該当する場合は免税 (1) 暦年を通じて183日以内の滞在 (2) 報酬は滞在地国の居住者でない者が支払う (3) 報酬が滞在地国内に滞在地国の居住者でない者が有するPEにより負担されない § 12(1)		以下に該当する場合，教育又は研究により取得する報酬は免税 (1) 目的：公認された教育機関での教育又は研究 (2) 免税期間：滞在地国への最初の到着の日から２年以内 § 17(1)
クウェート	以下の全てに該当する場合は免税 (1) 滞在開始後12か月又は滞在終了前12か月の期間に183日以内の滞在 (2) 報酬は滞在地国の居住者でない雇用者が支払う (3) 報酬が滞在地国内に雇用者が有するPEにより負担されない § 14(2)		

学生・事業修習者			事業習得者	芸能人
学生	奨励金受領者	事業修習者		
(1)　生計，教育又は訓練のため受け取る給付で，滞在地国外から支払を受けるものは免税　§ 20(1) (2)　交付金，奨学金及び滞在地国に源泉のある報酬の額の合計が年間２万米ドル以内である場合には，継続する５年を限度として免税　§ 20(2)		(1)　生計，教育又は訓練のため受け取る給付で，滞在地国外から支払を受けるものは免税　§ 20(1) (2)　滞在地国において１年を超えない期間，訓練に関する実務上の経験習得のために行う勤務に基づき取得する報酬が年間１万米ドル以内の場合は免税　§ 20(3)		「短期滞在者免税」及び「自由職業者の免税」の適用なし 政府間の文化交流計画に基づくものは免税　§ 17(1)
生計，教育又は訓練のため受け取る給付で，滞在地国外から支払を受けるものは免税　§ 18		生計，教育又は訓練のため受け取る給付で，滞在地国外から支払を受けるものは免税　§ 18		「短期滞在者免税」の適用なし 政府間の文化交流計画に基づくものは免税　§ 14(1)
生計，教育又は訓練のために受け取る給付で，滞在国外から支払を受けるものは免税　§ 19		生計，教育又は訓練のために受け取る給付で，滞在国外から支払を受けるものは，最初に訓練を開始した日から１年を超えない期間のみ免税　§ 19		「短期滞在者免税」の適用なし　§ 16(1)

特例を適用される者 国名	短期滞在者	自由職業者	教授等
クロアチア	以下の全てに該当する場合は免税 (1) 滞在開始後12か月又は滞在終了前12か月の期間に183日以内の滞在 (2) 報酬は滞在地国の居住者でない雇用者が支払う (3) 報酬が滞在地国内に雇用者が有するPEにより負担されない § 14(2)		
ケイマン			
サウジアラビア	以下の全てに該当する場合は免税 (1) 滞在開始後12か月又は滞在終了前12か月の期間に183日以内の滞在 (2) 報酬は滞在地国の居住者でない雇用者が支払う (3) 報酬が滞在地国内に雇用者が有するPE又はFBにより負担されない § 15(2)	以下の場合を除き免税 (1) FBを有する …帰属する所得のみ課税 (2) 滞在開始後12か月又は滞在終了前12か月の期間において183日を越えて滞在 …その間に滞在地国で取得した所得のみ課税 § 14(1)	

学生・事業修習者			事業習得者	芸能人
学生	奨励金受領者	事業修習者		
生計，教育又は訓練のため受け取る給付で，滞在地国外から受け取るものは免税 § 19		生計，教育又は訓練のため受け取る給付で，滞在地国外から支払を受けるものは，最初に訓練を開始した日から1年を超えない期間のみ免税 § 19		「短期滞在者免税」及び「自由職業者の免税」の適用なし § 16(1)
生計，教育又は訓練のために受け取る給付で滞在者外から支払を受けるものは免税 § 15		生計，教育又は訓練のために受け取る給付で，滞在地国外から支払を受けるものは，最初に訓練を開始した日から1年を超えない期間のみ免税 § 15		
生計，教育又は訓練のために受け取る給付で滞在地国外源泉から生じたものは免税 § 21(1)		生計，教育又は訓練のために受け取る給付で，滞在地国外の源泉から生じたものは免税 § 21(1)		「短期滞在者免税」及び「自由職業者」の免税の適用なし § 17(1)

特例を適用される者／国名	短期滞在者	自由職業者	教授等
ザンビア	以下の全てに該当する場合は免税 (1) 暦年を通じて183日以内の滞在 (2) 報酬は滞在地国の居住者でない雇用者が支払う (3) 報酬が滞在地国内に雇用者が有するPE又はFBにより負担されない § 14(2)	免税（ただし，FBを有する場合はそれに帰属する所得のみ課税） § 13(1)	教授又は教員で以下に該当する場合，教育又は研究により取得する報酬は免税 (1) 目的：教育機関での教育又は研究 (2) 滞在期間：2年以内 § 19
ジャージー			
ジョージア (日ソ租税条約を適用)	以下の全てに該当する場合は免税 (1) 暦年を通じて183日以内の滞在 (2) 報酬は滞在地国の居住者でない者が支払う (3) 報酬が滞在地国内に滞在地国の居住者でない者が有するPEにより負担されない § 12(1)		以下に該当する場合，教育又は研究により取得する報酬は免税 (1) 目的：公認された教育機関での教育又は研究 (2) 免税期間：滞在地国への最初の到着の日から2年以内 § 17(1)
シンガポール	以下の全てに該当する場合は免税 (1) 継続する12か月の期間で183日以内の滞在 (2) 報酬は滞在地国の居住者でない雇用者が支払う (3) 報酬が滞在地国内に雇用者が有するPE又はFBにより負担されない § 15(2)	以下の場合を除き免税 (1) FBを有する …帰属する所得のみ課税 (2) 継続する12か月の期間で183日を超えて滞在 …その間に滞在地国で取得した所得のみ課税 § 14(1)	

学生・事業修習者			事業習得者	芸能人
学生	奨励金受領者	事業修習者		
(1) 生計，教育又は訓練のため受け取る給付で，滞在地国外から支払を受けるものは免税 (2) 滞在地国内での人的役務の提供に基づき受け取る所得で，年間1,000米ドル以内の場合は継続する3年を限度として免税 § 20		(1) 生計，教育又は訓練のため受け取る給付で，滞在地国外から支払を受けるものは免税 (2) 滞在地国内での人的役務の提供に基づき受け取る所得で，年間1,000米ドル以内の場合は継続する3年を限度として免税 § 20		「短期滞在者免税」及び「自由職業者の免税」の適用なし § 16
生計，教育又は訓練のために受け取る給付で，滞在地国外から支払を受けるものは免税 § 15		生計，教育又は訓練のために受け取る給付で，滞在地国外から支払を受けるものは，最初に訓練を開始した日から1年を超えない期間のみ免税 § 15		
生計，教育又は訓練のため受け取る給付で，滞在地国外から支払を受けるものは免税 § 18		生計，教育又は訓練のため受け取る給付で，滞在地国外から支払を受けるものは免税 § 18		「短期滞在者免税」の適用なし 政府間の文化交流計画に基づくものは免税 § 14(1)
生計，教育又は訓練のため受け取る給付で，滞在地国外から支払を受けるものは免税 § 20		生計，教育又は訓練のため受け取る給付で，滞在地国外から支払を受けるものは免税 § 20		「短期滞在者免税」及び「自由職業者の免税」の適用なし 政府間の文化交流計画に基づくものは免税 § 17(1)

特例を適用される者 / 国名	短期滞在者	自由職業者	教授等
スイス	以下の全てに該当する場合は免税 (1) 暦年を通じて183日以内の滞在 (2) 報酬は滞在地国の居住者でない雇用者が支払う (3) 報酬が滞在地国内に雇用者が有するPE又はFBにより負担されない § 15(2)	免税（ただし，FBを有する場合はそれに帰属する所得のみ課税） § 14(1)	
スウェーデン	以下の全てに該当する場合は免税 (1) 滞在開始後12か月又は滞在終了前12か月の期間に183日以内の滞在 (2) 報酬は滞在地国の居住者でない雇用者が支払う (3) 報酬が滞在地国内に雇用者が有するPEにより負担されない § 15(2)	§ 14(1)	
スペイン	以下の全てに該当する場合は免税 (1) 暦年を通じて183日以内の滞在 (2) 報酬は滞在地国の居住者でない雇用者が支払う (3) 報酬が滞在地国内に雇用者が有するPE又はFBにより負担されない § 15(2)	免税（ただし，FBを有する場合はそれに帰属する所得のみ課税） § 14(1)	教授又は教員で以下に該当する場合，教育又は研究により取得する報酬は免税 (1) 目的：教育機関での教育又は研究 (2) 滞在期間：２年以内 § 20

学生・事業修習者			事業習得者	芸能人
学生	奨励金受領者	事業修習者		
生計，教育又は訓練のため受け取る給付で，滞在地国外から支払を受けるものは免税 § 21		生計，教育又は訓練のため受け取る給付で，滞在地国外から支払を受けるものは免税 § 21		「短期滞在者免税」及び「自由職業者の免税」の適用なし § 17(1)
生計，教育又は訓練のため受け取る給付で，滞在地国外から支払を受けるものは免税 § 19		生計，教育又は訓練のため受け取る給付で，滞在地国外から支払を受けるものは免税 § 19		「短期滞在者免税」及び「自由職業者の免税」の適用なし 政府間の文化交流計画に基づくものは免税 § 17(1)
生計，教育又は訓練のため受け取る給付で，滞在地国外から支払を受けるものは免税 § 21		生計，教育又は訓練のため受け取る給付で，滞在地国外から支払を受けるものは免税 § 21		「短期滞在者免税」及び「自由職業者の免税」の適用なし § 17(1)

特例を適用される者／国名	短期滞在者	自由職業者	教授等
スリランカ（セイロン）	以下の全てに該当する場合は免税 (1) 課税年度を通じて183日以内の滞在 (2) 本国の居住者のための役務提供 (3) 利得又は報酬に対し，本国の租税が課される § 11(3)		教授又は教員で以下に該当する場合，教育又は研究により取得する報酬は免税 (1) 根拠：公認された教育機関の招請 (2) 目的：公認された教育機関での教育又は研究 (3) 滞在期間：2年以内 § 13
スロバキア （日チェ租税条約を適用）	以下の全てに該当する場合は免税 (1) 暦年で183日以内の滞在 (2) 報酬は滞在地国の居住者でない雇用者が支払う (3) 報酬が滞在地国内に雇用者が有するPE又はFBにより負担されない § 15(2)	免税（ただし，FBを有する場合はそれに帰属する所得のみ課税） § 14(1)	教授又は教員で以下に該当する場合，教育又は研究により取得する報酬は免税 (1) 目的：公認された教育機関での教育又は研究 (2) 滞在期間：2年以内 § 20
スロベニア	以下の全てに該当する場合は免税 (1) 滞在開始後12か月又は滞在終了前12か月の期間に183日以内の滞在 (2) 報酬は滞在地国の居住者でない雇用者が支払う (3) 報酬が滞在地国内に雇用者が有するPEにより負担されない § 14(2)		

<table>
<tr><th colspan="3">学生・事業修習者</th><th rowspan="2">事業習得者</th><th rowspan="2">芸能人</th></tr>
<tr><th>学生</th><th>奨励金受領者</th><th>事業修習者</th></tr>
<tr><td colspan="3">公認された教育機関の学生として，又は事業修習者として，あるいは宗教又は学術等の団体から交付金・手当・奨励金を受ける者として滞在地国に滞在し，受ける以下の給付は免税
(1)　生計，教育，勉学，研究又は訓練のための滞在地国外からの送金
(2)　交付金，手当，奨励金
(3)　滞在地国で提供する人的役務について受ける報酬で，年間36万円以下のもの
§ 14(1)</td><td>本国の企業若しくは奨励金等交付団体の使用人として，又はこれらの企業・団体との契約に基づきこれら以外の者から技術上・職業上の経験習得のため，1年を超えない期間で滞在する場合で，経験習得に直接関係ある役務の提供に係る報酬が100万円以下の場合は免税
§ 14(2)</td><td>「短期滞在者免税」の適用なし
§ 11(5)</td></tr>
<tr><td>生計，教育又は訓練のため受け取る次のものは免税
(1)　滞在地国外から支払を受ける給付
(2)　滞在地国で提供する人的役務について受け取る所得で，年間60万円以下のもの
§ 21</td><td></td><td>生計，教育又は訓練のため受け取る次のものは免税
(1)　滞在地国外から支払を受ける給付
(2)　滞在地国で提供する人的役務について受け取る所得で，年間60万円以下のもの
§ 21</td><td></td><td>「短期滞在者免税」及び「自由職業者の免税」の適用なし

政府間の文化交流計画に基づくものは免税
§ 17(1)</td></tr>
<tr><td>生計，教育又は訓練のため受け取る給付で，滞在地国外から受け取るものは免税
§ 19</td><td></td><td>生計，教育又は訓練のため受け取る給付で，滞在地国外から支払を受けるものは，最初に訓練を開始した日から1年を超えない期間のみ免税
§ 19</td><td></td><td>「短期滞在者免税」及び「自由職業者の免税」の適用なし
§ 16(1)</td></tr>
</table>

<table>
<tr><th>特例を適用される者
国名</th><th>短期滞在者</th><th>自由職業者</th><th>教授等</th></tr>
<tr><td>タイ</td><td colspan="2">以下の全てに該当する場合は免税
(1) 暦年を通じて180日以内の滞在
(2) 報酬又は所得が本国の居住者から支払われる
(3) 報酬又は所得が滞在地国で租税を課される企業によって負担されない
§ 14(1)</td><td>以下に該当する場合，教育又は研究により取得する報酬は免税
(1) 根拠：政府又は公認された教育機関の招請
(2) 目的：教育機関での教育又は研究
(3) 滞在期間：２年以内
§ 18</td></tr>
<tr><td>タジキスタン
(日ソ租税条約を適用)</td><td colspan="2">以下の全てに該当する場合は免税
(1) 暦年を通じて183日以内の滞在
(2) 報酬は滞在地国の居住者でない者が支払う
(3) 報酬が滞在地国内に滞在地国の居住者でない者が有するPEにより負担されない
§ 12(1)</td><td>以下に該当する場合，教育又は研究により取得する報酬は免税
(1) 目的：公認された教育機関での教育又は研究
(2) 免税期間：滞在地国への最初の到着の日から２年以内 § 17(1)</td></tr>
<tr><td>台湾</td><td>以下の全てに該当する場合は免税
(1) 滞在開始後12か月又は滞在終了前12か月の期間に183日以内の滞在
(2) 報酬は滞在地国の居住者でない雇用者が支払う
(3) 報酬が滞在地国内に雇用者が有するPE又はFBにより負担されない
§ 15(2)</td><td>以下の場合を除き免税
(1) FBを有する…帰属する所得のみ
(2) 滞在開始後12か月又は滞在終了前12か月の期間に183日以上滞在…その間に滞在地国で取得した所得のみ課税
§ 14(1)</td><td></td></tr>
<tr><td>チェコ
(日チェ租税条約を適用)</td><td>以下の全てに該当する場合は免税
(1) 暦年を通じて183日以内の滞在
(2) 報酬は滞在地国の居住者でない雇用者が支払う
(3) 報酬が滞在地国内に雇用者が有するPE又はFBにより負担されない
§ 15(2)</td><td>免税（ただし，FBを有する場合はそれに帰属する所得のみ課税）
§ 14(1)</td><td>教授又は教員で以下に該当する場合，教育又は研究により取得する報酬は免税
(1) 目的：公認された教育機関での教育又は研究
(2) 滞在期間：２年以内
§ 20</td></tr>
</table>

<table>
<tr><th colspan="3">学生・事業修習者</th><th rowspan="2">事業習得者</th><th rowspan="2">芸能人</th></tr>
<tr><th>学生</th><th>奨励金受領者</th><th>事業修習者</th></tr>
<tr><td colspan="3">公認された教育機関での勉学又は資格取得に必要な訓練を受けること，あるいは政府又は学術等の団体から交付金・手当・奨励金を受ける者として行う勉学・研究を目的として滞在地国に滞在し，受ける以下の給付は免税
(1)　生計，教育，勉学，研究又は訓練のための滞在地国外からの送金
(2)　交付金，手当，奨励金
(3)　５年を超えない期間において，滞在地国で提供する人的役務に基づく所得で生計及び教育に必要なもの
§ 19</td><td></td><td>「短期滞在者免税」の適用なし
政府間の文化交流計画に基づくものは免税
§ 16(1)</td></tr>
<tr><td>生計，教育又は訓練のため受け取る給付で，滞在地国外から支払を受けるものは免税
§ 18</td><td></td><td>生計，教育又は訓練のため受け取る給付で，滞在地国外から支払を受けるものは免税
§ 18</td><td></td><td>「短期滞在者免税」の適用なし
政府間の文化交流計画に基づくものは免税
§ 14(1)</td></tr>
<tr><td>生計，教育又は訓練のため受け取る給付で，滞在地国外から受け取るものは免税
§ 20</td><td></td><td>生計，教育又は訓練のため受け取る給付で，滞在地国外から支払を受けるものは，最初に訓練を開始した日から２年を超えない期間のみ免税
§ 20</td><td></td><td>「短期滞在者免税」及び「自由職業者の免税」の適用なし
§ 17(1)</td></tr>
<tr><td>生計，教育又は訓練のため受け取る次のものは免税
(1)　滞在地国外から支払を受ける給付
(2)　滞在地国で提供する人的役務について受け取る所得で，年間60万円以下のもの
§ 21</td><td></td><td>生計，教育又は訓練のため受け取る次のものは免税
(1)　滞在地国外から支払を受ける給付
(2)　滞在地国で提供する人的役務について受け取る所得で，年間60万円以下のもの
§ 21</td><td></td><td>「短期滞在者免税」及び「自由職業者の免税」の適用なし
政府間の文化交流計画に基づくものは免税
§ 17(1)</td></tr>
</table>

特例を適用される者 / 国名	短期滞在者	自由職業者	教授等
中国	以下の全てに該当する場合は免税 (1) 暦年を通じて183日以内の滞在 (2) 報酬は滞在地国の居住者でない雇用者が支払う (3) 報酬が滞在地国内に雇用者が有するPE又はFBにより負担されない § 15(2)	以下の場合を除き免税 (1) FBを有する …帰属する所得のみ課税 (2) 暦年を通じて183日を超えて滞在 …その間に滞在地国で取得した所得のみ課税 § 14(1)	以下に該当する場合，教育又は研究により取得する報酬は免税 (1) 目的：公認された教育機関での教育又は研究 (2) 免税期間：滞在地国への最初の到着の日から3年以内 § 20
チリ	以下の全てに該当する場合は免税 (1) 滞在開始後12か月又は滞在終了前12か月の期間に183日以内の滞在 (2) 報酬は滞在地国の居住者でない雇用者が支払う (3) 報酬が滞在地国内に雇用者が有するPE又はFBにより負担されない § 15(2)	以下の場合を除き免税 (1) FBを有する…帰属する所得のみ (2) 滞在開始後12か月又は滞在終了前12か月の期間に183日以上滞在…その間に滞在地国で取得した所得のみ課税 § 14(1)	
デンマーク	以下の全てに該当する場合は免税 (1) 滞在開始後12か月又は滞在終了前12か月の期間に183日以内の滞在 (2) 報酬は滞在地国の居住者でない雇用者が支払う (3) 報酬が滞在地国内に雇用者が有するPEにより負担されない § 14(2)		

学生・事業修習者			事業習得者	芸能人
学生	奨励金受領者	事業修習者		
生計，教育又は訓練のため受け取る給付又は所得は免税 § 21		生計，教育又は訓練のため受け取る給付又は所得は免税 § 21		「短期滞在者免税」及び「自由職業者の免税」の適用なし 政府間の文化交流計画に基づくものは免税 § 17(1)
生計，教育又は訓練のため受け取る給付で，滞在地国外から受け取るものは免税 § 20		生計，教育又は訓練のため受け取る給付で，滞在地国外から支払を受けるものは，最初に訓練を開始した日から１年を超えない期間のみ免税 § 20		「短期滞在者免税」及び「自由職業者の免税」の適用なし § 17(1)
生計，教育又は訓練のため受け取る給付で，滞在地国外から支払を受けるものは免税 § 19		生計，教育又は訓練のため受け取る給付で，滞在地国外から支払を受けるものは，最初に訓練を開始した日から１年を超えない期間のみ免税 § 19		「短期滞在者免税」及び「自由職業者の免税」の適用なし § 16

特例を適用される者 / 国名	短期滞在者	自由職業者	教授等
ドイツ	以下の全てに該当する場合は免税 (1) 滞在開始後12か月又は滞在終了前12か月の期間に183日以内の滞在 (2) 報酬は滞在地国の居住者でない雇用者が支払う (3) 報酬が滞在地国内に雇用者が有するPEにより負担されない § 14(2)		
トルクメニスタン (日ソ租税条約を適用)	以下の全てに該当する場合は免税 (1) 暦年を通じて183日以内の滞在 (2) 報酬は滞在地国の居住者でない者が支払う (3) 報酬が滞在地国内に滞在地国の居住者でない者が有するPEにより負担されない § 12(1)		以下に該当する場合，教育又は研究により取得する報酬は免税 (1) 目的：公認された教育機関での教育又は研究 (2) 免税期間：滞在地国への最初の到着の日から2年以内 § 17(1)
トルコ	以下の全てに該当する場合は免税 (1) 暦年を通じて183日以内の滞在 (2) 報酬は滞在地国の居住者でない雇用者が支払う (3) 報酬が滞在地国内に雇用者が有するPEにより負担されない § 15(2)	以下の場合を除き免税 (1) FBを有する …帰属する所得のみ課税 (2) 継続する12か月の期間において183日を超えて滞在 …その間に滞在地国で取得した所得のみ課税 § 14(1)	
ニュージーランド	以下の全てに該当する場合は免税 (1) 滞在開始後12か月又は滞在終了前12か月の期間に183日以内の滞在 (2) 報酬は滞在地国の居住者でない雇用者が支払う (3) 報酬が滞在地国内に雇用者が有するPEにより負担されない § 14(2)		

学生・事業修習者			事業習得者	芸能人
学生	奨励金受領者	事業修習者		
生計，教育又は訓練のため受け取る給付で，滞在地国外から支払を受けるものは免税 § 19		生計，教育又は訓練のため受け取る給付で，滞在地国外から支払を受けるものは，最初に訓練を開始した日から1年を超えない期間のみ免税 § 19		「短期滞在者免税」及び「自由職業者の免税」の適用なし § 16(1)
生計，教育又は訓練のため受け取る給付で，滞在地国外から支払を受けるものは免税 § 18		生計，教育又は訓練のため受け取る給付で，滞在地国外から支払を受けるものは免税 § 18		「短期滞在者免税」の適用なし 政府間の文化交流計画に基づくものは免税 § 14(1)
(1) 生計，教育又は訓練のため受け取る給付で，滞在地国外から支払を受けるものは免税 (2) 教育等に関する実務上の経験習得のため，暦年で183日を超えない期間で行う滞在地国での勤務に係る報酬は免税 § 20		(1) 生計，教育又は訓練のため受け取る給付で，滞在地国外から支払を受けるものは免税 (2) 教育等に関する実務上の経験習得のため，暦年で183日を超えない期間で行う滞在地国での勤務に係る報酬は免税 § 20		「短期滞在者免税」及び「自由職業者の免税」の適用なし 政府間の文化交流計画に基づくものは免税 § 17(1)
生計，教育又は訓練のために受け取る給付で，滞在地国外から支払を受けるものは免税 § 19		生計，教育又は訓練のために受け取る給付で，滞在地国外から支払を受けるものは，最初に訓練を開始した日から1年を超えない期間のみ免税 § 19		「短期滞在者免税」の適用なし § 16(1)

特例を適用される者 / 国名	短期滞在者	自由職業者	教授等
ノルウェー	以下の全てに該当する場合は免税 (1) 継続する12か月の期間で，183日以内の滞在 (2) 報酬は滞在地国の居住者でない雇用者が支払う (3) 報酬が滞在地国内に雇用者が有するPE又はFBにより負担されない § 15(2)	以下の場合を除き免税 (1) FBを有する …帰属する所得のみ課税 (2) 継続する12か月の期間で183日を超えて滞在 …その間に滞在地国で取得した所得のみ課税 § 14(1)	
パキスタン	以下の全てに該当する場合は免税 (1) 滞在開始後12か月又は滞在終了前12か月の期間に183日以内の滞在 (2) 報酬は滞在地国の居住者でない雇用者が支払う (3) 報酬が滞在地国内に雇用者が有するPE又はFBにより負担されない § 16(2)	以下の場合を除き免税 (1) FBを有する…帰属する所得のみ課税 (2) 滞在開始後12か月又は滞在終了前12か月の期間において183日を超えて滞在…その間に滞在地国で取得した所得のみ課税 § 15(1)	
バハマ			

学生・事業修習者			事業習得者	芸能人
学生	奨励金受領者	事業修習者		
生計，教育又は訓練のため受け取る給付で，滞在地国外から支払を受けるものは免税 § 20		生計，教育又は訓練のため受け取る給付で，滞在地国外から支払を受けるものは免税 § 20		「短期滞在者免税」及び「自由職業者の免税」の適用なし 政府間の文化交流計画に基づき，かつ公的資金により賄われるものは免税 § 17(1)
(1) 生計，教育，勉学又は研究のために滞在地国外から支払を受けるものは免税 (2) 政府又は公の目的のために運営され，かつ，その所得の全部又は一部に対する租税が免除される団体からの交付金，奨学金，手当及び奨励金は免税 (3) 滞在地国で提供する人的役務について受ける報酬で年間150万円以下のものは，教育を受け始めた日から3年を超えない期間免税 § 21(1)		(1) 生計又は訓練のため受け取る給付で，滞在地国外から支払を受けるものは，訓練を開始した日から1年を超えない期間のみ免税 (2) 滞在地国で提供する人的役務について受ける報酬で年間150万円以下のものは，訓練を開始した日から1年を超えない期間のみ免税 § 21(2)		「短期滞在者免税」及び「自由職業者の免税」の適用なし § 18(1)
生計，教育又は訓練のために受け取る給付で，滞在地国から支払を受けるものは免税 § 15		生計，教育又は訓練のために受け取る給付で，滞在地国から支払を受けるものは，最初に訓練を開始した日から1年を超えない期間のみ免税 § 15		

特例を適用される者 / 国名	短期滞在者	自由職業者	教授等
バミューダ			
ハンガリー	以下の全てに該当する場合は免税 (1) 暦年を通じて183日以内の滞在 (2) 報酬は滞在地国の居住者でない雇用者が支払う (3) 報酬が滞在地国内に雇用者が有するPE又はFBにより負担されない § 15(2)	免税（ただし，FBを有する場合はそれに帰属する所得のみ課税） § 14(1)	教授又は教員で以下に該当する場合，教育又は研究により取得する報酬は免税 (1) 目的：公認された教育機関での教育又は研究 (2) 滞在期間：２年以内 § 20(1)
バングラデシュ	以下の全てに該当する場合は免税 (1) 課税年度を通じて183日以内の滞在 (2) 報酬は滞在地国の居住者でない雇用者が支払う (3) 報酬が滞在地国内に雇用者が有するPE又はFBにより負担されない § 15(2)	以下の場合を除き免税 (1) FBを有する …帰属する所得のみ課税 (2) 課税年度を通じて183日を超えて滞在 …その間に滞在地国で取得した所得のみ課税 § 14(1)	以下に該当する場合，教育又は研究により取得する報酬は免税 (1) 根拠：公認された教育機関の招請 (2) 目的：公認された教育機関での教育又は研究 (3) 滞在期間：２年以内 § 21(1)
フィジー（昭和38年発効の旧日英条約を適用）	以下の全てに該当する場合は免税 (1) 課税年度を通じて183日以内の滞在 (2) 本国の居住者又は法人に雇用され，かつ，その雇用者又はそれに代わる者から支払を受ける。 (3) 報酬が滞在地国内に雇用者が有するPEの利得は控除されない § 10(3)	免税（ただし，FBを有する場合はそれに帰属する所得のみ課税） § 10(1)	教授又は教員で以下に該当する場合，教育により取得する報酬は免税 (1) 目的：教育機関での教育 (2) 滞在期間：２年以内 § 13

学生・事業修習者			事業習得者	芸能人
学生	奨励金受領者	事業修習者		
生計，教育又は訓練のため受け取る給付で，滞在地国外から支払を受けるものは免税 § 16		生計，教育又は訓練のため受け取る給付で，滞在地国外から支払を受けるものは，最初に訓練を開始した日から2年を超えない期間のみ免税		
公認された教育機関での勉学又は資格取得に必要な訓練を受けること，あるいは政府又は学術等の非営利団体から交付金・手当・奨励金を受ける者として行う勉学・研究を目的として滞在地国に滞在し，受ける以下の給付は滞在地国への到着の日から5課税年度を超えない期間免税 1) 生計，教育，勉学，研究又は訓練のための滞在地国外からの送金 2) 交付金，手当，奨励金 3) 滞在地国で提供する人的役務について受ける所得で，年間60万円以下のもの § 21(1)(2)				「短期滞在者免税」及び「自由職業者の免税」の適用なし 政府間の文化交流計画に基づくものは免税 § 17(1)
公認された教育機関での勉学又は資格取得に必要な訓練を受けること，あるいは政府又は学術等の団体から交付金・手当・奨励金を受ける者として行う勉学・研究を目的として滞在地国に滞在し，受ける以下の給付は免税 1) 生計，教育，勉学，研究又は訓練のための滞在地国外からの送金 2) 交付金，手当，奨励金 § 20				「短期滞在者免税」及び「自由職業者の免税」の適用なし 政府間の文化交流計画に基づくものは免税 § 17(1)
生計，教育又は訓練のため受け取る次のものは免税 (1) 滞在地国外からの送金 (2) 奨学金，交付金，手当，奨励金 § 14(1)	政府，学術，教育等へ団体からの交付金，手当，奨励金で以下に該当する場合は免税 (1) 目的：研究 (2) 滞在期間：2年以内 § 14(2)	生計，教育又は訓練のため受け取る次のものは免税 (1) 滞在地国外からの送金 (2) 奨学金，交付金，手当，奨励金 § 14(1)	本国の企業若しくは奨励金等交付団体の使用人として，又はこれらの企業・団体との契約に基づきこれら以外の者から技術上・職業上の経験習得のため，1年を超えない期間で滞在する場合で，生計のため本国から送金されたものは免税 § 14(3)	「短期滞在者免税」及び「自由職業者の免税」の適用なし § 10(5)

特例を適用される者 / 国名	短期滞在者	自由職業者	教授等
フィリピン	以下の全てに該当する場合は免税 (1) 暦年を通じて183日以内の滞在 (2) 報酬は滞在地国の居住者でない雇用者が支払う (3) 報酬が滞在地国内に雇用者が有するPE又はFBにより負担されない § 15(2)	以下の場合を除き免税 (1) FBを有する …帰属する所得のみ課税 (2) 暦年を通じて120日を超えて滞在 …その間に滞在地国で取得した所得のみ課税 § 14(1)	教授，教員又は研究者で以下に該当する場合，教育又は研究により取得する報酬は免税 (1) 目的：公認された教育機関での教育又は研究 (2) 滞在期間：２年以内 § 20(1)
フィンランド	以下の全てに該当する場合は免税 (1) 暦年を通じて183日以内の滞在 (2) 報酬は滞在地国の居住者でない雇用者が支払う (3) 報酬が滞在地国内に雇用者が有するPE又はFBにより負担されない § 15(2)	免税（ただし，FBを有する場合はそれに帰属する所得のみ課税） § 14(1)	教授又は教員で以下に該当する場合，教育又は研究により取得する報酬は免税 (1) 目的：教育機関での教育又は研究 (2) 滞在期間：２年以内 § 20(1)

学生・事業修習者			事業習得者	芸能人
学生	奨励金受領者	事業修習者		
公認された教育機関での勉学又は資格取得に必要な訓練を受けること，あるいは政府又は学術等の団体から交付金・手当・奨励金を受ける者として行う勉学・研究を目的として滞在地国に滞在し，受ける以下の給付は継続する３年（教育機関での勉学の場合は５年）にわたり免税 (1) 生計，教育，勉学，研究又は訓練のための滞在地国外からの送金 (2) 交付金，手当，奨励金 (3) 滞在地国で提供する人的役務について受ける所得で，年間1,500米ドル以下のもの § 21(1)(2)			(1) 本国居住者の使用人として又は契約により，これら以外の者から技術上・職業上等の経験習得のため，１年を超えない期間で滞在し，経験習得に関連して行う自己の役務提供に係る報酬が国内外からのものを含めて4,000米ドル以下の場合は免税 § 21(3) (2) 政府が主催する計画への参加者として，訓練・研究又は勉学を目的とし，１年を超えない期間で滞在する場合で訓練・研究等に関連して行う自己の役務提供に係る報酬が，国内外からのものを含めて4,000米ドル以下の場合は免税 § 21(4)	「短期滞在者免税」及び「自由職業者の免税」の適用なし 政府間の文化交流計画に基づき，かつ公的資金等により賄われる場合は免税 § 17(1)
生計，教育又は訓練のため受け取る次のものは免税 (1) 滞在地国外から受け取る給付 (2) 滞在地国で提供する人的役務について受け取る所得で，年間2,000米ドル以下のもの § 21		生計，教育又は訓練のため受け取る次のものは免税 (1) 滞在地国外から受け取る給付 (2) 滞在地国で提供する人的役務について受け取る所得で，年間2,000米ドル以下のもの § 21		「短期滞在者免税」及び「自由職業者の免税」の適用なし § 17(1)

特例を適用される者 / 国名	短期滞在者	自由職業者	教授等
ブラジル	以下の全てに該当する場合は免税 (1) 暦年を通じて183日以内の滞在 (2) 報酬は滞在地国の居住者でない雇用者が支払う (3) 報酬が滞在地国内に雇用者が有するPE又はFBにより負担されない § 14(2)	免税（ただし，FBを有する場合はそれに帰属する所得のみ課税） § 13(1)	教授又は教員で以下に該当する場合，教育又は研究により取得する報酬は免税 (1) 目的：教育機関での教育又は研究 (2) 滞在期間：2年以内 § 16
フランス	以下の全てに該当する場合は免税 (1) 滞在開始後12か月又は滞在終了前12か月の期間に183日以内の滞在 (2) 報酬は滞在地国の居住者でない雇用者が支払う (3) 報酬が滞在地国内に雇用者が有するPEにより負担されない § 15(2)		以下に該当する場合，教育又は研究により取得する報酬は免税（本国で課税されるものに限る） (1) 目的：公認された教育機関での教育又は研究 (2) 滞在期間：2年以内 § 21
ブルガリア	以下の全てに該当する場合は免税 (1) 暦年を通じて183日以内の滞在 (2) 報酬は滞在地国の居住者でない雇用者が支払う (3) 報酬が滞在地国内に雇用者が有するPE又はFBにより負担されない § 15(2)	免税（ただし，FBを有する場合はそれに帰属する所得のみ課税） § 14(1)	以下に該当する場合，教育又は研究により取得する報酬（本国で課税されるものに限る）は免税 (1) 目的：公認された教育機関での教育又は研究 (2) 滞在期間：2年以内 § 21(1

学生・事業修習者			事業習得者	芸能人
学生	奨励金受領者	事業修習者		
生計，教育又は訓練のため受け取る次のものは免税 (1) 滞在地国外から受け取る給付 (2) 滞在地国で提供する人的役務について受け取る所得で，継続した3年を超えない期間で，いずれの年においても1,000米ドル以下のもの § 17		生計，教育又は訓練のため受け取る次のものは免税 (1) 滞在地国外から受け取る給付 (2) 滞在地国で提供する人的役務について受け取る所得で，継続した3年を超えない期間で，いずれの年においても1,000米ドル以下のもの § 17		「短期滞在者免税」及び「自由職業者の免税」の適用なし § 15
生計，教育又は訓練のため受け取る給付で，滞在地国外から支払を受けるものは免税 § 20(1)	滞在期間が2年以下の者は，政府・学術等の団体から勉学又は研究のため支払われる交付金・手当・奨励金は免税 § 20(2)	生計，教育又は訓練のため受け取る給付で，滞在地国外から支払を受けるものは免税 § 20(1)	本国の企業若しくは奨励金等交付団体の使用人として，又はこれらの企業・団体との契約に基づきこれら以外の者から技術上・職業上の経験習得のため，1年を超えない期間で滞在する場合で，生計のため本国から送金されたものは免税 § 20(3)	「短期滞在者免税」の適用なし その活動が公的資金等により賄われる場合は免税 § 17(1)
(1) 生計，教育又は訓練のため受け取る給付で，滞在地国外から支払を受けるものは免税 (2) 教育等に関する実務上の経験習得のため，又は生計を補うため，到着の日から5課税年度を限度として滞在地国での勤務に係る報酬は免税 § 20		(1) 生計，教育又は訓練のため受け取る給付で，滞在地国外から支払を受けるものは免税 (2) 教育等に関する実務上の経験習得のため，又は生計を補うため，到着の日から5課税年度を限度として滞在地国での勤務に係る報酬は免税 § 20		「短期滞在者免税」及び「自由職業者の免税」の適用なし 政府間の文化交流計画に基づくものは免税 § 17(1)

特例を適用される者 国名	短期滞在者	自由職業者	教授等
ブルネイ 〔ブルネイ・ダルサラーム〕	以下の全てに該当する場合は免税 (1) 滞在開始後12か月又は滞在終了前12か月の期間に183日以内の滞在 (2) 報酬は滞在地国の居住者でない雇用者が支払う (3) 報酬が滞在地国内に雇用者が有するPEにより負担されない § 14(2)		
ベトナム (ヴィエトナム)	以下の全てに該当する場合は免税 (1) 暦年を通じて183日以内の滞在 (2) 報酬は滞在地国の居住者でない雇用者が支払う (3) 報酬が滞在地国内に雇用者が有するPE及びFBにより負担されない § 15(2)	以下の場合を除き免税 (1) FBを有する …帰属する所得のみ課税 (2) 暦年を通じて183日以上滞在 …その間に滞在地国で取得した所得のみ課税 § 14	
ベラルーシ (日ソ租税条約を適用)	以下の全てに該当する場合は免税 (1) 暦年を通じて183日以内の滞在 (2) 報酬は滞在地国の居住者でない者が支払う (3) 報酬が滞在地国内に滞在地国の居住者でない者が有するPEにより負担されない § 12(1)		以下に該当する場合，教育又は研究により取得する報酬は免税 (1) 目的：公認された教育機関での教育又は研究 (2) 免税期間：滞在地国への最初の到着の日から2年以内 § 17(1)
ベルギー	以下の全てに該当する場合は免税 (1) 滞在開始後12か月又は滞在終了前12か月の期間に183日以内の滞在 (2) 報酬は滞在地国の居住者でない雇用者が支払う (3) 報酬が滞在地国内に雇用者が有するPEにより負担されない § 14(2)		

学生・事業修習者			事業習得者	芸能人
学生	奨励金受領者	事業修習者		
生計，教育又は訓練のため受け取る給付で，滞在地国外から支払を受けるものは免税 § 19		生計，教育又は訓練のため受け取る給付で，滞在地国外から支払を受けるものは，最初に訓練を開始した日から３年を超えない期間のみ免税 § 19		「短期滞在者免税」の適用なし § 16(1)
生計，教育又は訓練のため受け取る給付で，滞在地国外から支払を受けるものは免税 § 20		生計，教育又は訓練のため受け取る給付で，滞在地国外から支払を受けるものは免税 § 20		「短期滞在者免税」及び「自由職業者の免税」の適用なし 政府間の文化交流計画に基づくものは免税 § 17(1)
生計，教育又は訓練のため受け取る給付で，滞在地国外から支払を受けるものは免税 § 18		生計，教育又は訓練のため受け取る給付で，滞在地国外から支払を受けるものは免税 § 18		「短期滞在者免税」の適用なし 政府間の文化交流計画に基づくものは免税 § 14(1)
生計，教育又は訓練のため受け取る給付で，滞在地国外から支払を受けるものは免税 § 19		生計，教育又は訓練のため受け取る給付で，滞在地国外から支払を受けるものは，最初に訓練を開始した日から１年を超えない期間のみ免税 § 19		「短期滞在者免税」及び「自由職業者の免税」の適用なし § 16(1)

特例を適用される者 / 国名	短期滞在者	自由職業者	教授等
ポーランド	以下の全てに該当する場合は免税 (1) 暦年を通じて183日以内の滞在 (2) 報酬は滞在地国の居住者でない雇用者が支払う (3) 報酬が滞在地国内に雇用者が有するPE又はFBにより負担されない § 15(2)	免税（ただし，FBを有する場合はそれに帰属する所得のみ課税） § 14(1)	教授又は教員で以下に該当する場合，教育又は研究により取得する報酬は免税 (1) 目的：公認された教育機関での教育又は研究 (2) 滞在期間：2年以内 § 20(1)
ポルトガル	以下の全てに該当する場合は免税 (1) 滞在開始後12か月又は滞在終了前12か月の期間に183日以内の滞在 (2) 報酬は滞在地国の居住者でない雇用者が支払う (3) 報酬が滞在地国内に雇用者が有するPEにより負担されない。 § 14(2)		
香港	以下の全てに該当する場合は免税 (1) 滞在開始後12か月又は滞在終了前12か月の期間に183日以内の滞在 (2) 報酬は滞在地国の居住者でない雇用者が支払う (3) 報酬が滞在地国内に雇用者が有するPEにより負担されない。 § 14(2)		
マレーシア	以下の全てに該当する場合は免税 (1) 暦年を通じて183日以内の滞在 (2) 報酬は滞在地国の居住者でない雇用者が支払う (3) 報酬が滞在地国内に雇用者が有するPE又はFBにより負担されない § 15(2)	以下の場合を除き免税 (1) FBを有する …帰属する所得のみ課税 (2) 暦年を通じて183日以上の滞在 …その間に滞在地国で取得した所得のみ課税 § 14(1)	

学生・事業修習者			事業習得者	芸能人
学生	奨励金受領者	事業修習者		
公認された教育機関での勉学又は資格取得に必要な訓練を受けること，あるいは政府又は学術等の団体から交付金・手当・奨励金を受ける者として行う勉学・研究を目的として滞在地国に滞在し，受ける以下の給付は滞在地国への到着の日から５課税年度を超えない期間免税 (1)　生計，教育，勉学，研究又は訓練のための滞在地国外からの送金 (2)　交付金，手当，奨励金 (3)　滞在地国で提供する人的役務について受ける所得で，年間60万円以下のもの § 21(1)(2)				「短期滞在者免税」及び「自由職業者の免税」の適用なし 政府間の文化交流計画に基づくものは免税 § 17(1)
生計，教育又は訓練のため受け取る給付で，滞在地国外から支払を受けるものは免税 § 19		生計，教育又に訓練のため受け取る給付で，滞在地国外から支払を受けるものは，最初に訓練を開始した日から１年を超えない期間のみ免税 § 19		「短期滞在者免税」の適用なし § 16(1)
生計又は教育のため受け取る給付で，滞在地国外から支払を受けるものは免税 § 19				「短期滞在者免税」の適用なし § 16(1)
生計，教育又は訓練のため受け取る給付で，滞在地国外から支払を受けるものは免税 § 20		生計，教育又は訓練のため受け取る給付で，滞在地国外から支払を受けるものは免税 § 20		「短期滞在者免税」及び「自由職業者の免税」の適用なし 政府間の文化交流計画に基づくものは免税 § 17(1)

特例を適用される者／国名	短期滞在者	自由職業者	教授等
南アフリカ	以下の全てに該当する場合は免税 (1) 暦年を通じて183日以内の滞在 (2) 報酬は滞在地国の居住者でない雇用者が支払う (3) 報酬が滞在地国内に雇用者が有するPE又はFBにより負担されない § 15(2)	以下の場合を除き免税 (1) FBを有する …帰属する所得のみ課税 (2) 暦年を通じて183日以上の滞在 …その間に滞在地国で取得した所得のみ課税 § 14(1)	
メキシコ	以下の全てに該当する場合は免税 (1) 継続する12か月の期間において183日以内の滞在 (2) 報酬は本国の居住者である雇用者が支払う (3) 報酬が滞在地国内に雇用者が有するPE又はFBにより負担されない § 15(2)	以下の場合を除き免税 (1) FBを有する …帰属する所得のみ課税 (2) 継続する12か月の期間において183日を超えて滞在 …その間に滞在地国で取得した所得のみ課税 § 14(1)	
モルドバ (日ソ租税条約を適用)	以下の全てに該当する場合は免税 (1) 暦年を通じて183日以内の滞在 (2) 報酬は滞在地国の居住者でない者が支払う (3) 報酬が滞在地国内に滞在地国の居住者でない者が有するPEにより負担されない § 12(1)		以下に該当する場合，教育又は研究により取得する報酬は免税 (1) 目的：公認された教育機関での教育又は研究 (2) 免税期間：滞在地国への最初の到着の日から2年以内 § 17(1)
ラトビア	以下の全てに該当する場合は免税 (1) 滞在開始後12か月又は滞在終了前12か月の期間に183日以内の滞在 (2) 報酬は滞在地国の居住者でない雇用者が支払う (3) 報酬が滞在地国内に雇用者が有するPEにより負担されない § 14(2)		

学生・事業修習者			事業習得者	芸能人
学生	奨励金受領者	事業修習者		
生計，教育又は訓練のため受け取る給付で，滞在地国外から支払を受けるものは免税 § 19		生計，教育又は訓練のため受け取る給付で，滞在地国外から支払を受けるものは免税 § 19		「短期滞在者免税」及び「自由職業者の免税」の適用なし 政府間の文化交流計画に基づくものは免税 § 17
生計，教育又は訓練のため受け取る給付で，滞在地国外から支払を受けるものは免税 § 20		生計，教育又は訓練のため受け取る給付で，滞在地国外から支払を受けるものは免税 § 20		「短期滞在者免税」及び「自由職業者の免税」の適用なし 政府間の文化交流計画に基づくものは免税 § 17(1)
生計，教育又は訓練のため受け取る給付で，滞在地国外から支払を受けるものは免税 § 18		生計，教育又は訓練のため受け取る給付で，滞在地国外から支払を受けるものは免税 § 18		「短期滞在者免税」の適用なし 政府間の文化交流計画に基づくものは免税 § 14(1)
生計，教育又は訓練のため受け取る給付で，滞在地国外から受け取るものは免税 § 19		生計，教育又は訓練のため受け取る給付で，滞在地国外から支払を受けるものは，最初に訓練を開始した日から1年を超えない期間のみ免税 § 19		「短期滞在者免税」及び「自由職業者の免税」の適用なし § 16(1)

特例を適用される者 / 国名	短期滞在者	自由職業者	教授等
リトアニア	以下の全てに該当する場合は免税 ⑴ 滞在開始後12か月又は滞在終了前12か月の期間に183日以内の滞在 ⑵ 報酬は滞在地国の居住者でない雇用者が支払う ⑶ 報酬が滞在地国内に雇用者が有するPE又はFBにより負担されない § 15⑵	免税（ただし，FBを有する場合はそれに帰属する所得のみ課税） § 14⑴	
ルーマニア	以下の全てに該当する場合は免税 ⑴ 課税年度を通じて183日以内の滞在 ⑵ 報酬は滞在地国の居住者でない雇用者が支払う ⑶ 報酬が滞在地国内に雇用者が有するPE又はFBにより負担されない § 15⑵	以下の場合を除き免税 ⑴ FBを有する …帰属する所得のみ課税 ⑵ 課税年度を通じて183日を超えて滞在 …その間に滞在地国で取得した所得のみ課税 § 14⑴	教授又は教員で以下に該当する場合，教育又は研究により取得する報酬は免税 ⑴ 目的：公認された教育機関での教育又は研究 ⑵ 滞在期間：２年以内 § 20⑴
ルクセンブルク	以下の全てに該当する場合は免税 ⑴ 暦年を通じて183日以内の滞在 ⑵ 報酬は滞在地国の居住者でない雇用者が支払う ⑶ 報酬が滞在地国内に雇用者が有するPE又はFBにより負担されない § 15⑵	免税（ただし，FBを有する場合はそれに帰属する所得のみ課税） § 14⑴	以下に該当する場合，教育又は研究により取得する報酬（本国で課税されるものに限る）は免税 ⑴ 目的：公認された教育機関での教育又は研究 ⑵ 滞在期間：２年以内 § 21

学生・事業修習者			事業習得者	芸能人
学生	奨励金受領者	事業修習者		
生計，教育又は訓練のため受け取る給付で，滞在地国外から受け取るものは免税 § 20		生計，教育又は訓練のため受け取る給付で，滞在地国外から支払を受けるものは，最初に訓練を開始した日から１年を超えない期間のみ免税 § 20		「短期滞在者免税」及び「自由職業者の免税」の適用なし § 17(1)
(1) 生計，教育又は訓練のため受け取る給付で，滞在地国外から支払を受けるものは免税 (2) 滞在地国内での人的役務の提供に基づき受け取る所得で，年間60万円以下のものは免税 § 21		(1) 生計，教育又は訓練のため受け取る給付で，滞在地国外から支払を受けるものは免税 (2) 滞在地国内での人的役務の提供に基づき受け取る所得で，年間60万円以下のものは免税 § 21		「短期滞在者免税」及び「自由職業者の免税」の適用なし 政府間の文化交流計画に基づくものは免税 § 17(1)
生計，教育又は訓練のため受け取る給付で，滞在地国外から支払を受けるものは免税 § 20		生計，教育又は訓練のため受け取る給付で，滞在地国外から支払を受けるものは免税 § 20		「短期滞在者免税」及び「自由職業者の免税」の適用なし 政府間の文化交流計画に基づくものは免税 § 17(1)

特例を適用される者 / 国名	短期滞在者	自由職業者	教授等
ロシア	以下の全てに該当する場合は免税 (1) 滞在開始後12か月又は滞在終了前12か月の期間に183日以内の滞在 (2) 報酬は滞在地国の居住者でない雇用者が支払う (3) 報酬が滞在地国内に雇用者が有するPEにより負担されない § 14(2)		

学　生　・　事　業　修　習　者			事業習得者	芸　能　人
学　　　生	奨励金受領者	事業修習者		
生計，教育又は訓練のため受け取る給付で，滞在地国外から支払を受けるものは免税 § 19		生計，教育又は訓練のため受け取る給付で，滞在地国外から支払を受けるものは，最初に訓練を開始した日から１年を超えない期間のみ免税 § 19		「短期滞在者免税」の適用なし § 16(1)

【編著者紹介】

橋本　秀法、税理士
昭和53年高崎経済大学卒業後、東京国税局に採用。同局では、昭和59年総務部税務相談室局主任、平成元年調査一部調査審理課調査官、平成22年調査一部主任国際調査審理官、平成23年査察部査察国際課長、平成24年課税一部資料調査第四課長、また、国税庁や他局等では、平成７年国税庁課税部審理室プロジェクトチーフ、平成11年東京国税不服審判所審査官、平成17年税務大学校研究部教授、平成20年名古屋国税局調査部国際調査課長等に勤務し、審理事務及び国際課税事務に長らく従事し、平成27年７月中野税務署長を最後に退職。現在は法人税、消費税、国際課税に係るコンサルティングなどに従事。

阿部　行輝、税理士
昭和52年慶應義塾大学法学部卒業後、東京国税局採用。その後、昭和62年東京国税局査察部、平成３年国税庁広報課、平成７年東京国税局資料調査課（外国人担当）、平成11年麹町税務署国際税務専門官、平成20年渋谷税務署特別国税調査官（国際担当）、平成26年東京国税局主任税務相談官、平成27年太陽グラントソントン税理士法人入社、令和元年独立開業。東京国税局在職中は、海外取引を行っている個人富裕層及び外国人に対する調査・指導・相談事務に長く携わってきた。専門分野は個人富裕層、外国人、非居住者等、個人に関する国際税務全般についてのコンサルティング、調査対応等。

原　武彦、太陽グラントソントン税理士法人ディレクター、税理士
中央大学法学部卒業、筑波大学大学院ビジネス科学研究科企業法学専攻修了（修士（法学））
昭和58年４月東京国税局入局、税務署では、国税調査官、国際税務専門官、荻窪税務署副署長、中野税務署長、東京国税局では、課税第一部資料調査第四課総括主査、審理課総括主査、主任国税訟務官、主任税務相談官、国税庁では、長官官房主任税務相談官付、海外税務分析官、東京国税不服審判所副審判官、税務大学校研究部主任教授などとして勤務の後、平成30年７月に退職し、平成30年９月太陽グラントソントン税理士法人入社。現在、外国人、非居住者を含む個人の国際課税についてのコンサルティング、執筆、研修講師などに従事。

本書の内容に関するご質問は、ファクシミリ等、文書で編集部宛にお願いいたします。(fax　03-6777-3483)
なお、個別のご相談は受け付けておりません。

本書刊行後に追加・修正事項がある場合は、随時、当社のホームページ(https://www.zeiken.co.jp)にてお知らせいたします

Q＆A　外国人の税務

令和2年4月1日　四訂版第1刷印刷　（著者承認検印省略）
令和2年4月10日　四訂版第1刷発行

橋本秀法（はしもと ひでのり）
阿部行輝（あべ ゆきてる）
原武彦（はら たけひこ）

発行所　税務研究会出版局
週刊「税務通信」「経営財務」発行所
代表者　山根　毅
〒100－0005
東京都千代田区丸の内1―8―2
鉄鋼ビルディング
振替00160―3―76223

電話〔書籍編集〕03(6777)3463
〔書店専用〕03(6777)3466
〔書籍注文〕〈お客さまサービスセンター〉03(6777)3450

● 各事業所　電話番号一覧 ●

北海道	011(221)8348	関信	048(647)5544	中　国	082(243)3720
東　北	022(222)3858	中部	052(261)0381	九　州	092(721)0644
神奈川	045(263)2822	関西	06(6943)2251		

<税研ホームページ>　https://www.zeiken.co.jp

乱丁・落丁の場合は，お取替えします。　印刷・製本　藤原印刷㈱

ISBN978-4-7931-2512-6